対話的・深い学びの保育内容

人間関係

塚本美知子 編著

はじめに

　2018（平成30）年度施行の新「幼稚園教育要領」「保育所保育指針」「幼保連携型認定こども園教育・保育要領」では、幼児期の教育・保育においてはぐくみたい資質・能力や、幼児期の終わりまでに育ってほしい姿が明確にされました。保育者を目指すみなさんは、それをしっかりと理解し、保育内容の各領域の学習を深める必要があります。

　本書は、それらを踏まえ、領域「人間関係」について深く学べるよう3部構成としました。第1部では、「保育内容　人間関係」とはなにかをテーマとして、人間関係の意義やねらい、内容、社会状況について学びます。第2部では、子どもの発達と人間関係をテーマとして、さまざまな角度から具体的な指導方法について学びます。そして第3部では、子どもを取り巻く人間関係をテーマとして、地域社会とのつながりを学べるよう編集しました。

　次に、本書の大きな特徴を2つ挙げます。

　一つ目は、第2部において、教育・保育実習を通して、これまでの実習生が体験したとまどいや問題、気づきなどを「先輩の声」として掲載していることです。実習で体験する疑問や課題には、類似したものがあるようです。そこで、各執筆者が、みなさんの先輩たちが学生時代に抱いた疑問、考えた事柄のいくつかを抽出し、それらを盛り込むことで、皆さんの学びをさらに深められるようにしました。先輩たちは、実習でどのような体験をし、どのような疑問を抱き、どのようなことに気づき、学びを深めたのでしょうか。本書に掲載している事例は、ほんの一例ですが、これを読むと、先輩たちの体験に共感したり、自身の思考を深めたりすることができると思います。また、自分では気づかなかったことを発見することができるかもしれません。これらを参考に、新たな気づきを得、思考力や実践力が高まることを期待したいと思います。

　書名の『対話的・深い学びの保育内容　人間関係』の「対話」には、先輩との対話もあれば、ともに学ぶ仲間との対話もあります。また、実習で関わる保育現場の子どもや指導者との対話もあるでしょう。保育を志す仲間と問題を共有し、

あるいは、実習体験をもとに討議をすることで学びの一層の深まりが期待できます。

　二つ目は、「保護者との連携」についての記述です。子どもたちの「人間関係」の育ちを考えるとき、保護者とのかかわりを抜きにして考えることはできません。本書では、各章の内容に即して保護者との対応を盛り込んでいます。社会状況の変化により、子育ての難しさに直面している保護者が多い現状を踏まえ、一人ひとりの保護者に寄り添い、保護者の子育てを支援することは保育者の役割です。異なる価値観をもつ保護者を理解し、適切に関わっていくことは難しいことですが、子どもの成長・発達と保護者の支援については一体的に考え、取り組んでいくことが必要でしょう。子どもも、保護者も、保育者も、ともに成長し、向上していくような幼児教育・保育でありたいと思います。

　本書は、保育者を目指す学生の学びを深めることを目的に作成したものですが、保育現場で活躍する保育者の学び直しにもなるものと考えています。保育者のみなさんのスキルアップのために、広く活用されることを願ってやみません。本書の執筆者は、保育の現場を熟知した養成校の教員です。保育への情熱をもっており、子どもの視座を大切にしています。そのため、本書には、一人ひとりの子どもに対して適切な援助ができる力量のある保育者になってほしいという、未来の保育者（学生）に対する熱いメッセージが込められていると思います。

　本著の刊行に当たって、萌文書林社長の服部直人氏には、このような機会を与えていただき、心よりお礼申し上げます。企画編集部の赤荻泰輔氏には、「幼稚園教育要領」「保育所保育指針」「幼保連携型認定こども園教育・保育要領」の改訂（定）にともない、さまざまな業務で繁忙のなか、編集に多大なお力添えを賜りました。衷心より、お礼を申し上げます。

2018年3月

編著者　塚本美知子

もくじ

はじめに／ii

第1部 保育内容の人間関係とはなにか

第1章 保育の基本と領域「人間関係」——2
- 1-1 幼児期の発達の特性と幼児教育・保育 …… 2
- 1-2 人間関係をめぐる問題と領域「人間関係」の意義 …… 5
- 1-3 人間関係の構築 …… 8
- 1-4 体験の質と保育者の援助 …… 11
- 1-5 領域「人間関係」と他の領域との関連 …… 13

第2章 子どもを取り巻く社会の状況——16
- 2-1 縮小する家族 …… 16
- 2-2 母親の就労 …… 20
- 2-3 変化する生活環境 …… 23
- 2-4 人と関わりながら育つ …… 26

第3章 領域「人間関係」の「ねらい及び内容」の取扱い——30
- 3-1 幼稚園教育要領「人間関係」 …… 30
- 3-2 「保育所保育指針」「幼保連携型認定こども園教育・保育要領」の「人間関係」 …… 43

第 2 部　子どもの発達と人間関係

第4章　0・1・2歳児における人との関わりの発達と保育者の援助 ── 46
　4-1　有能な乳児···46
　4-2　乳児の生得的な能力··47
　4-3　「人との関わり方」の習得とはぐくみ·····················48
　4-4　乳児と人との関わり··49
　4-5　幼児（1〜3歳未満のころ）と人との関わり···············55
　4-6　保護者への対応··60
　　【事例1】自分でやりたい！（1歳児）／61
　　【事例2】好き嫌い！（2歳児）／61

第5章　3・4・5歳児における人との関わりの発達と保育者の援助 ── 64
　5-1　人と関わる力をはぐくむ····································64
　5-2　3歳児の人との関わりと保育者の援助······················65
　　【事例1】なに、見てるの？（3歳児　4月）／65
　　【事例2】パーティー、パーティー（3歳児　11月）／67
　　【事例3】僕も入れて！（3歳児　10月）／68
　5-3　4歳児の人との関わりと保育者の援助······················69
　　【事例4】10数えたら交代ね（4歳児　5月）／69
　　【事例5】ダメ、私が使うの（4歳児　1月）／70
　5-4　5歳児の人との関わりと保育者の援助······················71
　　【事例6】おはよう　お部屋に行こうね（5歳児　4月）／72
　　【事例7】いいね、ここにしよう（5歳児　11月）／73
　　【事例8】身振り、手振りで（5歳児　9月）／75
　5-5　保護者への対応··76

第6章　愛着形成の理論と実際 ─────────────── 78
　6-1　愛着とは···78
　6-2　愛着の発達··81
　　【事例1】笑顔でバイバイできるまで（3歳児　4月）／83
　6-3　愛着の個人差···84

　　　　【事例2】甘えたい、でも……（1歳児　6月）／87
　6-4　保育と愛着 ………………………………………………………… 88

第7章　子どもの自立心 ── 93
　7-1　子どもの自立心 …………………………………………………… 93
　　　　【事例】砂場で大きなお山を作りたい（4歳児　9月）／94
　7-2　自立の種類 ………………………………………………………… 98

第8章　子どもの自己主張と自己発揮 ── 107
　8-1　自我の発達と人との関わり ……………………………………… 107
　　　　【事例1】「見る」ことにおける能動性（4カ月児）／109
　　　　【事例2】小さな能動性のかがやき（3歳児　6月）／109
　8-2　自己主張と自我意識の芽生え …………………………………… 111
　　　　【事例3】一度口に入れたにんじんを吐き出す（7カ月児）／112
　　　　【事例4】「いないいないばぁ」を要求する（9カ月児）／112
　　　　【事例5】コワイけど足が動く？（2歳児　1月）／117
　8-3　自己発揮・自己抑制から自己統制へ …………………………… 117
　　　　【事例6】園が自分の居場所となるまで（3歳児　4月）／118
　8-4　子どもの主体性・能動性を保障する保育者の関わり ………… 120

第9章　いざこざ・けんかなどのトラブル ── 123
　9-1　子どものいざこざ・トラブル …………………………………… 123
　9-2　いざこざの特徴と対人関係の発達 ……………………………… 125
　9-3　いざこざ・トラブルでの成長 …………………………………… 128
　9-4　事例を通して学ぶ保育者の関わり ……………………………… 130
　　　　【事例1】サッちゃんのー（2歳児　5月）／130
　　　　【事例2】私がミカちゃんと遊ぶの（3歳児　10月）／131
　　　　【事例3】なに、見てるの？（4歳児　5月）／132
　　　　【事例4】だって、うまく回らなかったんだもん
　　　　　　　　（5歳児　10月）／133
　9-5　トラブルの解決に向けた援助の基本 …………………………… 135

第10章 共感・思いやり ─────────────────── 140

10-1 共感 ・・ 140
【事例1】子どもの気持ちに共感した実習生と子ども
（4歳児　5月）／141

10-2 思いやり ・・・・・・・・・・・・・・・・・・・・・・・・・・・・・・・・・・・・・ 143
【事例2】リレーで友だちを思いやる姿（5歳児　9月）／143
【事例3】砂場でのトラブル（4歳児　6月）／144
【事例4】子どもたちの気持ちを思いやる保育者の援助
（5歳児　10月）／145

第11章 道徳性・規範意識 ─────────────────── 149

11-1 幼児期における道徳性の芽生え／149
【事例1】ぬいぐるみをめぐる葛藤の体験（4歳児　10月）／150
【事例2】クラスの約束をめぐって（5歳児　9月）／152

11-2 道徳性の基本「人を大切にする」気持ちをはぐくむ ・・・・・・・・・ 154
【事例3】保育者に温かく支えられて（4歳児　6月）／154

11-3 道徳性の芽生えをはぐくむために ・・・・・・・・・・・・・・・・・・・ 156
【事例4】お母さんの役をめぐってのいざこざ（4歳児　9月）／156
【事例5】弱ったチョウへ心を寄せる（4歳児　5月）／158

11-4 規範意識をはぐくむ ・・・・・・・・・・・・・・・・・・・・・・・・・・・・ 159
【事例6】ルールのある遊びのなかで起きたトラブル
（5歳児　10月）／160
【事例7】保育者に思いを受け止めてもらう（4歳児　6月）／162

第12章 コミュニケーション能力 ─────────────── 166

12-1 コミュニケーションの理論 ・・・・・・・・・・・・・・・・・・・・・・・・ 166
12-2 子ども同士のコミュニケーション ・・・・・・・・・・・・・・・・・・・・ 170
【事例1】好きな遊びの場面でのくい違い（4歳児　2月）／171
【事例2】遊び方をめぐる相談（5歳児　6月）／172

12-3 コミュニケーション能力を育てる保育者の関わり ・・・・・・・・・・ 174

第13章　個と集団の育ち ─────────────── 182
　13-1　個と集団の関連 ・・・・・・・・・・・・・・・・・・・・・・・・・・・・・・・・・・・・・・ 182
　13-2　協同性をはぐくむ ・・・・・・・・・・・・・・・・・・・・・・・・・・・・・・・・・・・・ 186
　　【事例1】ぼくの餌、食べてよ（3歳児　5月）／188
　　【事例2】同じ場でおしゃべり（3歳児　12月）／189
　　【事例3】誕生会、今夜は雪です（4歳児　12月）／190
　　【事例4-1】新たに2人加わってグループで相談
　　　　　　（5歳児　11月）／192
　　【事例4-2】回転の術、サキちゃん頑張れ／193
　　【事例4-3】他の術も考えよう／194
　　【事例4-4】相談─お客さんに見せるには─／195

第3部　子どもと人間関係

第14章　子どもを取り巻く人間関係 ─────────── 200
　14-1　保護者との関わり ・・・・・・・・・・・・・・・・・・・・・・・・・・・・・・・・・・・ 200
　14-2　保育者同士、同僚との関係 ・・・・・・・・・・・・・・・・・・・・・・・・・・・ 204
　14-3　幼児の関わりを広げる地域との関わり ・・・・・・・・・・・・・・・・・ 208

編者・著者紹介／213

【凡例】
本書の事例に登場する子どもの名前は、すべて仮名といたしました。

第1部

保育内容の人間関係とはなにか

第1章　保育の基本と領域「人間関係」
第2章　子どもを取り巻く社会の状況
第3章　領域「人間関係」の「ねらい及び内容」の取扱い

第1章
保育の基本と領域「人間関係」

　本章では、幼児期の発達の特性と幼児教育・保育についての基本的な考え方、保育内容の領域「人間関係」の意義、人間関係の構築に必要な内容などを理論的に学習する。幼児期に人間関係をはぐくむためには、子どもたちの現状を知り、子どもにとっての多様な体験の必要性や保育者の関わりの重要性について学習を深めることが必要である。また、領域「人間関係」は、子どもの発達を見る側面であるが、他の領域とも密接に関連していることを理解しよう。

1-1　幼児期の発達の特性と幼児教育・保育

（1）幼児期の教育・保育

　日本の幼児教育は、大きく分けると、幼稚園・保育所・認定こども園などの三つの施設において行われ、就学前の教育・保育における重要な役割を果たしている。それぞれ、「幼稚園教育要領」「保育所保育指針」「幼保連携型認定こども園教育・保育要領」といった国によって定められた教育・保育（以降、保育に統一する）の基本に基づき、地域や子どもの実態などを考慮しつつ、日常の保育が展開されている。いずれにおいても、幼児期にはぐくみたい資質・能力として、「知識及び技能の基礎」「思考力・判断力・表現力等の基礎」「学びに向かう力・人間性等」の三つが示されている。

　また、小学校教育との円滑な接続については、「幼児期の終わりまでに育ってほしい姿」として「健康な心と体」「自立心」「協同性」「道徳性・規範意識の芽生え」「社会生活との関わり」「思考力の芽生え」「自然との関わり・生命尊重」「数量・図形、標識や文字などへの関心・感覚」「言葉による伝え合い」「豊かな感性と表現」が明確にされている。

保育内容は、五つの領域（「健康」「人間関係」「環境」「言葉」「表現」）で示されており、保育施設の目的により、内容・文言に多少の違いはあるが、幼児期にはぐくみたい資質能力、幼児期の終わりまでに育ってほしい姿については共通している。そして、幼児の生活する姿から、なにを意図して保育が行われるかが明確にされている。

　なかでも、保育内容の「人間関係」は、人との関わりに関する領域として重要なものである。

(2) 幼児教育の基本

① 環境を通して行う教育

　幼児期の教育は、生涯にわたる人格形成の基礎を培う重要な役割を担っている。幼稚園教育は、学校教育法第22条に規定する目的を達成するため、幼児期の特性を踏まえ、環境を通して行われることを基本としている。

　環境を通して行う教育とは、「幼児が、教師と共に生活する中で、ものや人などのさまざまな環境と出会い、それらとのふさわしい関わり方を身に付けていくこと、すなわち、教師の支えを得ながら文化を獲得し、自己の可能性を開いていくことを大切にした教育」[1] である。そしてそれは、「環境の中に教育的価値を含ませながら、幼児が自ら興味や関心をもって環境に取り組み、試行錯誤を経て、環境へのふさわしい関わり方を身に付けていくことを意図した教育[2]」である。

　このことから、子どもが環境と関わり、直接的・具体的な体験を通して、感性や人と関わる力、思考力、表現力などをはぐくむようにすることが重要となる。幼稚園・保育所・認定こども園などの施設では、幼児期の教育全体を通して、人として生きていくための基礎を培う必要がある。環境を通して行う教育は、幼稚園、保育所・認定こども園に共通するものである。

② 重視する事項

　「幼稚園教育要領」「保育所保育指針」「幼保連携型認定こども園教育・保育要領」では、保育者は子どもの主体的な活動が展開されるよう、子ども一人ひとりの行動の理解と予想に基づき、計画的に環境を構成しなければならないことや、子どもと人やものとの関わりが重要であることを踏まえ、教材を工夫し、物的・空間的環境を構成しなければならないことが述べられている。

　また、「幼稚園教育要領」には、教師は、子どもの主体的な活動が確保されるよう、子ども一人ひとりの行動の理解と予想に基づき、計画的に環境を構成しな

ければならないこと、子ども一人ひとりの活動の場面に応じてさまざまな役割を果たし、その活動を豊かにしていかなければならないことなども記述されている。したがって、子どもがさまざまな人やものに出会い、それらとの関わりを深めることで充実した生活を作り出せるようにすることが重要となる。

幼児教育でとくに重視しなければならないことは、次の3点である。

> ・幼児期にふさわしい生活が展開されるようにすること
> ・遊びを通しての総合的な指導が行われるようにすること
> ・一人ひとりの特性に応じた指導が行われるようにすること

また、子どもが幼稚園や保育所、認定こども園などで自分の力を発揮できるようにするために忘れてならないことは、保育者との信頼関係である。なぜならば、子どもは、保育者との信頼関係が成立してはじめて、のびのびと活動できるからである。そこで、子どもと保育者との人間関係、信頼関係が極めて重要になる。

(3) 幼児期の発達の特性

幼児期は、家庭における親しい人間関係を軸にして営まれていた生活からより広い世界に目を向けはじめ、生活の場や他の人との関係、興味や関心などが急激に広がっていく時期である。この時期の子どもは、周囲から自分の存在を認められ、受け入れられているという安心感を基盤にして、周囲の環境に主体的に関わり、自分の力で活動に取り組むようになる。つまり、周囲の環境に主体的に関わり、さまざまなことを体験しながら心身の諸側面を発達させていくといえる。

しかし、子どもによって家庭環境や生活体験が異なるので、環境への関わり方やその受け止め方、見方は一人ひとり異なる。したがって、子どもの発達する姿は大筋では共通していても、一人ひとりを見ると同じではない。幼児期は、大人の援助を受けながら自分の力でできることが多くなり、自分でやりたいという意識が強くなるが、一方で、大人に依存していたいという気持ちも強く残っている。こうした発達の特性も認識しておく必要がある。

幼稚園や保育所、認定こども園などで、子どもは人との関わりから楽しさを経験し、仲間とともに活動する喜びを味わうことができる。同年齢・異年齢の子どもが互いに影響を受け、それを自分の行動に取り入れることもある。しかし、友だちとうまくいかないことで悲しい気持ちを味わうことも、思うようにならない

ことでつまずくこともあるので、自分自身との葛藤も体験する。子どもは、そうしたさまざまな体験を通して、自分を知り、友だちと折り合いをつけることを学び、少しずつ、自己抑制ができるようになっていく。また、そうした体験を通して、ともに成長・発達していくのである。

子どもがさまざまな体験を通して成長するとき、その過程での保育者の関わりは極めて重要になる。保育者は、その子らしい見方、考え方、感じ方、関わり方などを理解して対応することが求められる。子ども一人ひとりを見つめると、その子の発達の姿や課題が見えてくるので、それに応じた指導が必要となる。

1-2 人間関係をめぐる問題と領域「人間関係」の意義

（1）保育現場の子どもの姿

実際に保育に携わる保育者は、現代の子どもの姿をどのようにとらえているのだろうか。保育現場の保育者からは、子どもの発達や健康を憂えるさまざまな声が聞こえてくる。たとえば、朝食を抜いて登園する子どもや、すぐに疲れてしまう、午前中の保育時間から寝てしまう子どもがいるなど、健康に関する問題である。また、思っていることを言葉で表現できない、気に入らないことがあると物を投げたり、全身で怒りをぶつけたりする、人の話が聞けないといった、自己表現に関する問題もある。他者理解が苦手で他の子どもの気持ちを想像できないなど、人間関係に関する問題は実に多い。さらに、衣服の着脱、排泄などの基本的な生活習慣が身についていないことも挙げられている。

こうした問題は、子どもたちの心身の健康が脅かされていることであり、人とコミュニケーションをとることに問題が生じている警告とも受け止められる。また、親を過剰に意識し、親の言う通りに行動しようとする子どももいて、それが保育の場にまで影響をおよぼすことがある。たとえば、親が過度に洋服の汚れを気にする場合、子どもは砂場での活動をためらうし、絵の具などを使う活動にも積極的になれない。

家庭や地域社会における人間関係の希薄さ、保護者の価値観の多様化、子ども自身の体験不足などは、保育現場の問題と直結しているので、家庭との連携や一人ひとりに応じた援助が必要となる。

（2）生活や学びの連続性を踏まえる

いうまでもなく、子どもたちの生活は、家庭と幼稚園・保育所・認定こども園などでの生活を切り離して考えることはできない。それは、子どもの生活が家庭、地域社会と連続性のなかで営まれているからである。前述したことは、本来、家庭の教育に責任があるといえるが、今や家庭だけでは解決できなくなっている問題である。保護者のなかには、体験不足であったり、人との関わりが苦手だったりする人もいることを踏まえ、保育を工夫していく必要がある。そこで、幼稚園・保育所・認定こども園などの保育では、子どもの生活の連続性および発達や学びの連続性を踏まえた幼児教育の充実が求められる。体験不足による成長への弊害が生じないよう、家庭と緊密な連携を図り、子どもたちの生活を豊かにして人間関係を深めていくことが大切になる。

人は生涯を通じて発達していくので、乳幼児期、児童期、青年期、成人期、老年期のそれぞれの時期に体験したこと、学んだことが自分自身を成長させていく。この視点から、幼児期に、自然やいろいろな人、ものとの関わりを体験する重要性をしっかりと認識して保育をしていかなければならない。

（3）子どもの「人間関係」と大人の関わり

人間は社会的な生き物である。したがって、人と関わるなかで自分の力を発揮しながら他の人々と調和的に生きていけるようにすることが大切である。幼児期から自分の力を発揮できるようにすること、そして、その過程で他の人とのぶつかり合い、折り合いのつけ方を経験的に学習することは極めて重要なことである。

子どもは、人との関わりのなかで自己の存在感を知り、徐々に自己を確立していく。自己の確立は豊かな社会生活をおくる基盤となるので、大人への信頼感に支えられて自分自身の生活を確立していく必要がある。そして、自分も他の人も大切に感じ、人と関わることは楽しく、1人ではできないことも友だちといっしょであればできることを知り、自己発揮する喜びを実感できるようにすることが大切になる。

幼児期の人との関わりは、その関わりが温かなものであれば人に対する信頼感が生まれ、将来において温かな人間関係を構築する土台となる。このことは乳児期においても同様である。すなわち、人との関わりの基盤は、乳幼児期に形成されるということを踏まえて、保育者はこの時期の人間関係の構築に責任をもって関わらなければならない。もちろん、乳幼児期に経験できなければ絶望的という

ことではなく、それ以降の成長の過程で出会う人の存在や関わりによって変化はするが、乳幼児期にどのような人間関係を経験するかは、その人の生涯を左右するほどの大きな意味をもつということを心にとめておこう。

(4) 人間として豊かな生活を営むために

　幼稚園教育の基本に関連して重視する事項には、大きく3点が挙げられていることは前述した通りであるが、そのなかの、幼児期にふさわしい生活の展開では、「友だちと十分に関わって展開する生活」として、子どもが相互に関わることを通して自己の存在感を確認すること、自己と他者との違いに気づき、他者への思いやりを深めたり、集団への参加意識を高めたりしていくこと、自律性を身につけていくことなどが述べられている。幼稚園生活において、友だちと十分に関わる生活をすることの意味や大切さがわかる。

　昨今、大きな問題となっている青少年による事件のなかには、家庭内の人間関係がうまくいかずに、親子間で引き起こされる問題も多い。自分の欲求や要求が通らないことでいらだちを覚え、そのいらだちを衝動的に他人に向けたり、ゲーム感覚で人を傷つけたりする傾向もみられる。どれもが痛ましい事件であり、あってはならないことである。

　しかし、このような問題は、いきなり起こるわけではない。小さい子どもがいきなり青少年になるわけではないので、発達の過程が重要となる。人間が、人間として成長するには、そのときどきに必要な人との関わりを経験し、生きていくうえで必要な学びを獲得しなければならない。将来にわたって他の人々とともに生き、互いに生かし合って生活できるように、幼児期から自我をはぐくみ、人と関わるなかでの衝突をも経験しながら、ともに生きていくことの喜びが味わえるようにしなければならないのである。

　そして、幼児期からの自己の確立には、次のようなことが大切となる。

・身近な大人に対する信頼感をもつこと
・大人との信頼感を基盤に自我がはぐくまれること
・自己主張ができるようにすること
・他者の気持ちを想像できること
・自己抑制ができること

保育の基本と領域「人間関係」

これらのことを、人との関わりのなかで体験的に学ぶ必要がある。どれもが、人との関わりを通して身につけていく内容なので、こうしたことを発達にともなって経験できるようにすることが重要である。

1-3 人間関係の構築

(1) 子育て事情の変化

　子どもを取り巻く環境の変化として、少子化、核家族化、都市化、情報化などが指摘されているが、人が人として生きていくうえでの最大の問題は、それによって人間関係が希薄になっていることであろう。

　子どもたちが生活する家庭をみると、親と子どもだけという核家族が増えており、子どもの数が1人という家庭も少なくない。きょうだいが複数いれば、年上の子どもは年下の子どもの面倒をみながら成長し、年下の子どもは年上の子どもの言動をモデルにして憧れを形成しながら育つことができる。また、きょうだい間のぶつかり合いを経験しながら、我慢することや主張の仕方などを学ぶ機会が得られる。しかし、少子化の進行で、家族のなかの狭い人間関係では、そうした学びは得られにくい。

　さらに、現代の育児にかなり大きな位置を占めているのがインターネットの活用である。これには、働く女性の増加や、子どもの遊び環境の変化も影響しているだろう。外遊びは、環境汚染や防犯への不安など、いろいろな問題がはらんでいることから、室内で過ごすことが増えている。みなさんも、小さな子どもがスマートフォンを操作して遊んでいる姿や、親がスマートフォンで育児をする姿を目にすることがあるのではないだろうか。

　2015（平成27）年のベネッセ教育総合研究所の調査研究[3]では、育児にスマートフォンを週1日以上使う比率は約3割となっている。5年前の調査と比較して、テレビの視聴頻度は減少しているが、ビデオ、DVD、ハードディスクレコーダーの使用はほとんど毎日と回答している比率が45.8％あり、8.5ポイント増加している。これを見ても、社会の変化とともに育児の方法が変化してきていることがわかる。育児の大変さを思うとき、やむを得ない事情もあるだろうが、保育者を目指す者として、子どもにとってそれがどのような影響をおよぼすのかを考えてみる必要がある。

(2) 子どもたちの体験内容の変化

　子どもが身近な自然や人と関わって遊ぶなかで葛藤の体験をすることは、生きていくうえで必要な力を養うために大切である。しかし、自然や遊び場、人との関わりの減少による体験不足は否めない。そのことは、基本的な生活習慣の欠如、コミュニケーション能力や自制心、規範意識の不足、運動能力の低下にもつながっている。

　子どものおもちゃ売り場をのぞくと、電池で動くおもちゃやカラフルなブロック、きれいに色づけされた粘土、お話や漫画の世界の登場人物が身につけている衣装など、多種多様なものが並んでいる。視聴するテレビ番組の影響もあり、子どもの欲求を刺激するものが多い。これらのなかには、手にしたときの喜びは大きくても、比較的早く飽きてしまうものも少なくない。子どもの成長発達には、整えられた玩具で遊ぶだけでは不十分で、身近な素材を使って創意工夫するおもしろさを味わうことも重要である。将来にわたって自分の力を発揮できるようにするには、子ども時代に自然体験や創造的な遊びを通して、五感を刺激し、興味関心をもって意欲的に遊ぶ経験が必要となる。それは、物事をやり抜く力や仲間と協調して取り組むなどの非認知能力を育てていくことにもなる。

　また、家庭の食生活をみると、人々の生活に手作り感が減って日常生活に潤いがなくなってきているようだ。家庭生活は、食事が作られ、食べる楽しさを味わう過程や、それぞれの家庭で大切にしてきた行事などが受け継がれていくなかで豊かになっていくが、人々の生活が忙しくなり家庭の文化が薄れゆくなかでは、それを期待することも難しくなっている。

　ベネッセ教育総合研究所の調査研究[4]をみると、ほとんど毎日、「家族みんなで食事をする」と回答しているのは、約5割である。同じ家にいても、個室に入ってしまえば家族との関わりをもたない。子どもが1人で食事をすることは珍しいことではないのである。

　コンビニエンスストアやスーパーの店頭には、一食分の総菜が並んでいる。少ない人数であれば材料を揃えて調理するより安価で便利である。多様な働き方、一人暮らしの世帯の増加などを考えると、現代の人々の生活に合っているのだろうが、子どもの視点からすると喜んでばかりもいられない。ものが作られる工程を子どもたちが目にすることや、直接作る体験をすることが減り、生活体験の乏しさとして表れてきているからである。子どもにとっての食のあり方が問われている現在、成長過程にある子どもたちにとって大きな問題であることを認識しておく必要がある。

(3) 多様な体験の必要性

　子どもたちが人と関わる力を身につけていくには、園生活においてさまざまな体験を積むことが必要である。家庭や地域社会での体験が乏しくなっている現代では、とくにその重要性を認識して取り組まなければならない。入園前に大人としか関わったことがない子どもは、同年齢の子どもとの関わり方がわからない。

　3歳で入園してきた子どもに、次のような行動をとる子がいた。仮にA児としよう。のちにA児は、集団生活を通して成長していったが、入園当初は保育者が思いもよらない行動をとった。縦に一列に並んだときのことである。A児の前の子どもは髪が長く、二つに結わえていた。A児は髪が短い。A児は、前の子どもの髪をつかんで引っ張った。引っ張られた子どもは泣いたが、A児は、相手がなぜ泣いたのかがわからず、「あー、泣いてるー」と言って、泣いた子どもの顔をのぞきこんで不思議そう見つめていた。A児は、長い髪、結わえた髪に関心をもったわけで、その子を泣かせようとしたわけではないのである。引っ張られて痛いから泣くという、そのこと自体が未経験だったようだ。保育所や認定こども園の場合には、入園時の年齢が低いので、早い時期から人と関わる経験があり、このようなことは起こらないかもしれないが、3歳から入園する幼稚園では、育った環境によっては、まれに似たようなことが起こる。子ども同士の関わりが乏しいことが原因で起こるので、さまざまな人との関わりを経験できるような機会の提供、指導の工夫が求められる。

　幼稚園や保育所、認定こども園などでは、異なる年齢、障害をもった子ども、高齢者などとの関わりも重要になる。多様な人との関わりを経験することは、自然なかたちでの関わりができるようになる。

　また、体験は、人との関わりだけに絞る必要はない。命の尊さを感じ、感性を豊かにしていくには自然体験が欠かせない。筆者が、4歳児クラスの子どもたちとアゲハチョウの幼虫を育てたときのことである。さなぎからチョウになった姿を見た子どもたちは、驚きのあまり、目がくぎ付けになったまま言葉を発しなかった。時間の経過とともにチョウの体が見えてきたが濡れているので動かない。「チョウは飛ぶ」ということを知っている子どもたちは、なぜ飛ばないのかを想像した。そして、「お母さんがいないからだよ」「飛び方を教えてくれる人がいないから、飛べないんだよ」など、口々に言う。そのうちに、「そうだ、僕たちが飛び方を教えてあげよう」と言って、両腕を大きく広げ、上下に動かして広げたり閉じたりする表現を繰り返した。保育室は、飛び方を教えようとして、チョウの表現をする子どもでいっぱいになった。そしてチョウが大空に飛び立つとき、

子どもたちはチョウを追いかけながら「元気でねー」と大きな声を大空に響かせた。友だちといっしょのこうした体験は、命を尊ぶことを知り、喜びや感動を共有する大切な体験となる。

1-4 体験の質と保育者の援助

(1) 体験の質と学び

　集団生活を営むには、その集団のルールがある。子どもたちの遊びにも、楽しく遊ぶためのルールがある。それを守らないと集団生活の秩序が保てないし、楽しく遊べないからである。園内の共同の遊具を譲り合って使うこと、仲間と物事を進めるときに協力すること、いざこざが起きたら解決して気持ちよく生活することなど、子どもたちは体験を通して学ぶ。したがって、幼児期にどのような人と出会い、どのような関係性のなかで体験を重ねていくかが極めて重要になる。

　入園したての3歳児は、園生活の仕方、友だちとの関わりなど、さまざまな援助を受け、次第に「友だちといっしょに楽しく遊ぶためにはどうしたらよいか」を学習する。友だちと関わるなかで、子どもは、相手に受け入れてもらうことができれば「受け入れてもらえた喜び」を味わい、「友だちと協力して遊ぶことができて楽しかった」という感情を体験する。一方で、拒否されれば「仲間に入れてもらえない悲しさ」「気持ちが通じないもどかしさ」「悔しさの感情」などを味わうことになる。どちらも、子どもの成長発達には必要な体験であるが、前者は、自分を肯定する体験となり、友だちとの関わりを積極的に求める姿勢につながり、後者は、否定的な意味合いをもつため、関わりに消極的になったり、自信をなくしたりすることがある。したがって、後者の体験には、とくに留意して援助をする必要がある。

　日常的に繰り返される子どもたちの遊びには、その遊びに潜在する内容の楽しさと、仲間関係によって得られる楽しさがある。この二つは密接な関係にあるので、子どもの発達をとらえ、発達に即した援助をするには、二つの面から遊びをみていく必要がある。つまり、遊びそのものの特質と仲間関係の両面から子どもの遊びをみて、そこでの経験内容をとらえていくことが遊びの質を高めるうえで大切になる。

(2) 保育者との関係構築

　子どもたちの体験を意味あるものとするには、保育者の援助が極めて重要になる。幼稚園や保育所などの集団生活では、多様な子どもたちがともに生活しているため、子ども同士の人間関係も受け入れ合えることばかりではない。子どもが友だちに拒否されたり否定されたりするとき、保育者はどのように援助すればよいのだろうか。否定された子どもには、困難にめげずにたくましく育ってほしいと思って、慰めたり、励ましたり、場合によっては見守る援助をすることが多い。そして、拒否や否定をした子どもには、その行為を止めるために注意をすることが多くなるようだ。本当に大切なことはなんだろうか。その経験が両者にとって学習につながる援助でなければならないということである。保育者は、拒否・否定した方の子どもを注意するだけで終わらせずに、両方の子どもの気持ちを理解したうえで援助する必要がある。とくに、子ども自身が、自分の言動が相手に与えた影響に気づくように働きかけることが大切になる。そうした援助を受け、子ども自らが自分の行動を振り返り、相手に謝るという姿勢につながっていった事例はたくさんある。保育者に言われて謝るのではなく、自ら謝る姿勢をもって相手に関わることは勇気がいるし、尊いことである。そこをしっかりと認めることが大切になる。

　子ども同士の関係に保育者が介入するということは、双方に影響を与える責任の重いものである。保育者は、子どもの気持ちに寄り添い、言葉にならない声を聴き、理解者として関わることが大切である。子どもが、保育者に受け止められ、理解されていると実感できたとき、保育者と子どもの信頼関係が生まれる。それがあってはじめて子どもは意欲的に取り組むことができる。保育の専門家として、子どもに寄り添う姿勢を大切に、どの子も保育者に受け止められているという実感を味わえるようにしなければならない。

(3) 小学校との関連

　幼児期には、小学校以降の生活や学習の基盤をつくることが重要で、そのためには幼稚園・保育所・認定こども園などの保育と小学校教育の円滑な接続を考えなければならない。「幼稚園教育の基本に関連して重視する事項」のなかでは、「幼児期の教育は、次の段階の教育に直結することを主たる目標とするものではなく、後伸びする力を養うことを念頭に置いて、将来への見通しをもって、……」[5]と記述されている。このことを再確認しよう。義務教育およびその

後の教育を見据えて取り組むことが重要であり、そのうえで、幼児と児童の交流、教師間の意見交換や合同研究などの機会を設けて連携を図り、発達や学びの連続性を重視することが必要になる。

　学校教育のはじまりとしての幼稚園教育は、小学校以降の教育とは教育課程の編成や指導の方法において異なっている。しかし、生きる力をはぐくむことをねらいとし、各時期の発達の特性を踏まえた教育課程に沿って指導計画を作成し、専門家が指導に当たる点では小学校以降の教育と共通している。これらは、幼児教育を行う保育所、認定こども園などにおいてもほぼ同様である。

　また、「幼稚園教育要領」では、教育課程にかかる教育時間の終了後などに行う教育活動などについて、子どもの心身の負担に配慮すること、家庭との緊密な連携を図るようにすること、弾力的な運用への配慮などの留意事項や、地域における幼児期の教育のセンターとしての役割を果たすよう努めることといった内容も記述されている。こうした取り組みも含めて、幼児期の人間関係が豊かになるような実践が求められる。

1-5　領域「人間関係」と他の領域との関連

(1) 領域の指導の考え方

　「幼稚園教育要領」の遊びを通しての総合的な指導のなかで、「幼児期には諸能力が個別に発達していくのではなく、相互に関連し合い、総合的に発達していく」[6]ことが記述されている。また、同「第2章ねらい及び内容」の冒頭では、ねらいおよび内容の考え方と領域の編成について次のように記されている。

　「この章に示すねらいは、幼稚園教育においてはぐくみたい資質・能力を幼児の生活する姿から捉えたものであり、内容はねらいを達成するために指導する事項である。各領域は、これらを幼児の発達の側面から、心身の健康に関する領域『健康』、人との関わりに関する領域『人間関係』、身近な環境との関わりに関する領域『環境』、言葉の獲得に関する領域『言葉』及び感性と表現に関する領域『表現』としてまとめ、示したものである。」[7]

　このことから、五つの領域は、子どもの発達をみる側面であり、それぞれが個別に指導されるものではないということがいえる。子どもたちにとっての経験は、相互に関連し合って積み重ねられていく。そして、心身のさまざまな側面が発達していくのである。

(2) 子どもの発達と領域との関連

　遊びにみられる子どもの姿を考えてみよう。まず、子どもたちが数人集まって砂場で大きな山や川を作る姿を想像してほしい。年齢や時期によって遊び方に違いがあるので、5歳児の姿としよう。1人がスコップで穴を掘れば、他の子どもも同じように穴を掘る。「もっと高くしよう」と誰かが言い、それに賛同すれば同じ目的に向かって行動する。砂の山は次第に大きくなり、子どもの腹のあたりまで高くなる。この辺りまで進むと、みんなで作っている楽しさが増してくる。仲間の1人が「トンネルを掘ろう」と言えば、「うん、そうしよう」と言って、トンネルづくりに移行していく。少しずつ砂が掻き出され、トンネルのなかで互いの手が触れたとき、「やったー」「つながった」と、開通した喜びを言葉と体で表現する。

　遊びの途中で、誰かが仲間に入れてほしいと言ってくる場合もある。仲間入りの交渉には、言葉やアイディアの提供などもみられる。その後、川づくりに発展すれば、「水、汲んでこようよ」「○○ちゃん、水、汲んできて」「水、流していいかな」と、子どもたちの遊びは変化しながら継続、発展していく。

　一つの場面を想定してみたが、この姿から領域に示されている内容が想像できるだろう。力いっぱい体を動かして砂を掘って山を作る、砂山の穴を掘ってトンネルを作る、水を汲んできて川を作る、といった一連の活動は、子どもたちの心身が躍動している姿である。「健康」の領域には、「いろいろな遊びの中で十分に体を動かす」「進んで戸外で遊ぶ」という内容があるが、その姿が現れている。イメージを実現するために道具を操作し、考えたり工夫したりして遊ぶのは、「環境」や「表現」の領域の内容でもある。どのように遊ぼうかと相談したり、遊びのなかで感じたり考えたりしたことを友だちに言葉で伝え、同じ目的に向かって協力して遊びが進んでいくとき、「言葉」や「人間関係」の領域の内容がみられる。

　また、別の例で、発表会で学級の友だちと劇や合奏をすることを考えてみよう。発表会というと、歌ったり踊ったり、役になりきって言葉や身体で表現するというような「表現」の領域の内容が浮かぶかもしれないが、その過程には、いろい

ろな内容が含まれている。学級のみんなで劇を構成し、みんなの前で発表するには、友だちと相談をする、考えたことを保育者や友だちに伝える、劇に必要なものを作る、互いの動きに関心をもつ、互いの動きを認める、友だちと協力する、最後までやり遂げる、仲間と協力してできた喜びを味わうなど、多様な経験内容が含まれているのである。ここでも五つの領域の内容が関連していることがみえるだろう。

　このように、一つの遊びには、さまざまな経験内容があり、それぞれの領域の内容が相互に関連し合っているのである。保育者は、子どもの遊びの内容を読みとり、そこでの経験内容と、その経験内容が成長発達にどのようにつながっていくのかをとらえて援助をしていかなければならない。

引用文献

1) 文部科学省『幼稚園教育要領解説』フレーベル館，2018，p.27
2) 同上，p.27
3)『第5回幼児の生活アンケート』速報版，ベネッセ教育総合研究所，2015
4) 同上
5) 前掲書1），p.29
6) 前掲書1），p.31
7) 前掲書1），p.133

参考文献

・文部科学省『幼稚園教育要領』フレーベル館，2017
・厚生労働省『保育所保育指針』フレーベル館，2017
・内閣府・文部科学省・厚生労働省『幼保連携型認定こども園教育・保育要領』フレーベル館，2017
・塚本美知子・大沢裕編著『新・保育内容シリーズ　人間関係』一藝社，2010
・一般社団法人日本人間関係学会編『人間関係ハンドブック』福村出版，2017
・国立教育政策研究所『幼児期から児童期への教育』ひかりの国，2005

第2章
子どもを取り巻く社会の状況

　本章では、子どもを取り巻く社会がどのように変化しているかという実態を学び、現代社会における「人と関わる力」の必要性や重要性について考える。まず、子どもにとって最も身近な存在である家族の構成や母親の就労について、調査結果をもとに理解する。さらに、地域社会や食生活の変化、情報化や技術革新など社会の現状に課題意識をもち、乳幼児期に人と関わりながら豊かな体験をする意義を考えよう。

2-1 縮小する家族

　子どもたちは一人ひとり、かけがえのない存在としてこの世に生まれてくる。そして、乳児期および幼児期は、生涯にわたる人間形成の基礎を培ううえで重要な時期といわれてる。したがって、その時期にどのような養育者のもとで、どのような環境のなかで生活するのかが、子どもの人生において非常に大きな意味をもつ。

　一般的に、乳幼児期の子どもの生活の基盤となるのは家庭である。子どもが生まれてはじめて出会い、日常生活のなかで最も密度の濃い人間関係を形成する対象は家族である。そして、家族とは、「夫婦の配偶、親子・きょうだいなど血縁関係で結ばれた親族を基礎として成り立つ小集団であり、社会を構成する基本単位」[1]である。

　家族の構成人数や形態の傾向は、時代の流れによって変化している。たとえば、親夫婦、子の夫婦、孫たちが同居する大人数の家族は、今では珍しくなっている。現在の日本における家族構成の特徴としては、「縮小する家族」という実態が挙げられる。以下の四つの項目について、調査結果をもとに概観しよう。

(1) 平均世帯人員

厚生労働省「平成28年国民生活基礎調査の概況」[2]をもとに現在の日本の状況をみていこう。なお、この調査で示される「世帯」とは「住居及び生計を共にする者の集まり又は独立して住居を維持し、もしくは独立して生計を営む単身者」[3]をいう。

世帯数と平均世帯人員の推移に着目すると、世帯数は年々増加する傾向にある。それに対し、平均世帯人員は減少し続けている（図2-1）。平均世帯人員、すなわち世帯を構成している人数の平均は、1953（昭和28）年には5人であったのが、平成元（1989）年には3.10人となり、2016（平成28）年には2.47人にまで減少している。世帯を家族と考えれば、63年間で家族の人数が半分以下になったことを表している。

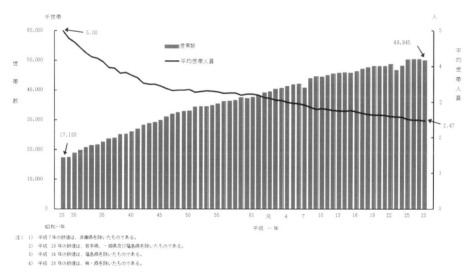

図2-1　世帯数と平均世帯人員の年次推移
　　　　（厚生労働省「平成28年国民生活基礎調査の概況」2017年より）

(2) 核家族世帯と三世代世帯

同上の調査結果をもとに世帯構造別に比較してみると、1989（平成元）年、2016（平成28）年の核家族世帯（夫婦のみ、夫婦と未婚の子のみ、ひとり親と未婚の子のみの世帯の総称）の割合は、それぞれ60.3％、60.5％でほとんど変わらない。それに対し、三世代世帯の割合は、14.2％、5.9％で半分以下になり、大幅に減少している。一方、単独世帯（一人暮らし）は、20.0％、26.9％で増加している。

また、高齢者（65歳以上）のいる世帯に関する結果[4]を見ると、1986（昭和61）年には高齢者のいる世帯の約半数の44.8％が三世代世帯であった。ところが、高齢者のいる三世代世帯は平成の時代になって急速に減少し、1995（平成7）年には33.3％、2004（平成16）年には21.9％、そして2016（平成28）年には11.0％にまで減少している。すなわち現在では、孫と同居する高齢者の祖父母は、高齢者世帯全体の約1割になっている。それに対して、高齢者の単独世帯や夫婦のみの世帯が増加している。

(3) 少子化

家族の縮小化、すなわち家族の規模が小さくなったのは、子どもの数が減少したことも大きな要因となっている。児童（18歳未満の未婚の者）のいる世帯といない世帯の調査結果[5]によると、1986（昭和61）年には、「児童のいる世帯」と「児童のいない世帯」がほぼ半数ずつだったのに対し、年ごとに「児童のいない世帯」の割合が増加し、2016（平成28）年には全体の76.6％に上っている（図2-2）。

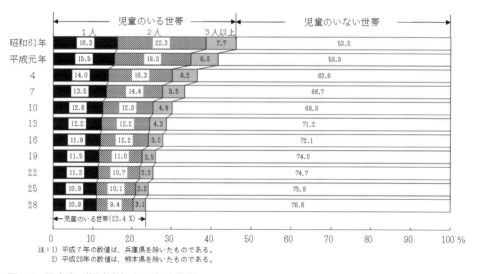

図2-2　児童有（児童数）無の年次推移
　　　（厚生労働省「平成28年国民生活基礎調査の概況」2017年より）

また、「児童のいる世帯」において児童数を比較すると、昭和から平成の初期にかけては、児童2人の世帯が常に多い。しかし、2001（平成13）年に全体の12.2％ずつで1人と2人が同率になり、それ以降、2004（平成16）年以外は、児童1人の世帯の方が多くなっている。同じ調査で明らかになったこととして、2016

（平成28）年では、児童のいる世帯の平均児童数は1.69人である。そして、児童のいる世帯のうち核家族世帯は80.5％に上り、三世代世帯は14.7％である。

合計特殊出生率は、1人の女性が一生のうちに生む子どもの数の平均を表す。厚生労働省の統計[6]では、この合計特殊出生率は2005（平成17）年に1.26という最低値を記録した後、2010（平成22）年に1.39、2013（平成25）年に1.43と上昇し、2015（平成27）年の実績値1.45に至っている。そして、国立社会保障・人口問題研究所の将来推計[7]では、今後、2024年の1.42に至るまで緩やかに低下し、以後やや上昇して2035年の1.43を経て、2065年には1.44へと推移すると予測されている。これは、近年の30〜40歳代の出生率実績上昇などを反映していると考えられる。いずれにしても、少子化の傾向は続いている。

(4) ひとり親世帯

「平成27年国勢調査」[8]によると、ひとり親世帯の世帯数は一般世帯の8.9％を占め、父子世帯が1.3％、母子世帯が7.6％である。平成22年に比べると、ひとり親世帯は、全国で22万5千世帯、増加している。同調査[9]によると、ひとり親世帯における子どもの数は、母子世帯では、子ども1人の世帯は53.8％と最も多く、子ども2人の世帯は35.6％となっており、これらの世帯で全体の約9割を占め、子ども3人以上の世帯は10.6％である。父子世帯もほぼ同様で、子ども1人の世帯が57.3％と最も多く、子ども2人の世帯は33.9％となっており、これらの世帯で全体の9割以上を占め、子ども3人以上の世帯は8.8％である。

ひとり親世帯における最年少の子どもの年齢に着目すると、6歳未満の乳幼児がいるのは、母子世帯の17.5％、父子世帯の7.4％を占める。そして、母子世帯の7割以上、父子世帯の約6割には、中学生以下の子どもがいる。

以上のように、現在の実態として核家族化や少子化が進み、家族が縮小する傾向が見られる。家族の構成人数が多いと、それだけ多くの人間関係が生まれ、子どもたちはさまざまな感情を味わい、いろいろな経験を積むことができる。それは必ずしもうれしいことばかりではなく、時には困難なことやわずらわしいこともあるだろうが、それらすべてを含めて、子どもたちの成長・発達の過程で貴重な経験であるといえる。

家族が縮小することによって、日常生活のなかでこのような人間関係にまつわる多様な経験が不足するということを認識する必要がある。したがって、それを補い、さらに積極的に人とのつながりを広げていくために、幼稚園や保育所など

で保育内容を工夫していくことが重要になる。たとえば、同年齢や異年齢の子どもたちがいっしょに遊んだり、小学校や高齢者の施設に出かけて行ったり、地域の人々を園に招待したりしてさまざまな人に出会い、交流を深めることが大切である。

三世代が同居する世帯は減少したものの、勤務状況や生活環境などを考慮して、祖父母世帯と子ども夫婦世帯が近隣に住むなどの実態もみられる。ひとり親世帯を近くで支援する祖父母世帯もある。これは、互いの生活ペースや価値観の違いを理解し、無理なく長続きする人間関係を築き、生活を豊かにするための工夫であるともいえる。たとえば、子育ての手伝い、保育所への送迎、病院への付き添い、買い物など、互いが必要なときに必要なことについて助け合う、合理的で多様な生活スタイルがみられる。子どもたちにとっても、身近な大人同士が仲良く協力し合う姿を見ることはよい見本になるし、多くの人のおかげで生活できていることを実感でき、感謝する気持ちにつながるだろう。

ひとり親世帯において、育ち盛りの子どもを育てながら、親1人で仕事と家庭を両立させていくのはさまざまな困難を伴う。周囲の人々の温かい理解と協力がとても重要になってくる。幼児教育を担う保育者は、子どもの家庭環境をていねいに把握し、保護者と信頼関係を築いて連携を深めていく必要がある。

 母親の就労

(1) 末子の年齢と母の就労

上述した「平成28年国民生活基礎調査」[10]で、児童（18歳未満の未婚の者）のいる世帯における母の仕事の有無をみると、「仕事あり」の母は67.2％となっている。その内訳は「非正規の職員・従業員」36.3％、「正規の職員・従業員」22.0％、「その他」8.9％である。

末子の年齢別で比較すると、0歳では「仕事なし」60.7％で、半数を超えている。しかし、末子が1歳になると逆転し、「仕事あり」50.1％で半数を超え、それ以降は末子の年齢が高くなるにしたがって「非正規の職員・従業員」の母の割合が高くなり、全体としても「仕事あり」の母が増えていく。一例を示すと、末子の年齢が7～8歳、すなわち小学1、2年生の母のうち、71.3％が「仕事あり」で、その内訳は「非正規の職員・従業員」43.1％、「正規の職員・従業員」19.4％、「その他」8.8％である。仕事をしていない母は28.7％で、3割を下回っている。

以上のように、児童のいる世帯において、末子の年齢が1歳という幼い時期から母親の就労は半数を超え、その後も末子の年齢の上昇とともに就労する母親が増加することが明らかである。現在、各地で待機児童の問題が取り上げられているが、母親たちは、我が子を安心して預けられる園や、信頼できる保育者を求めている。

　保育者は、乳幼児期の発達の特性や育ちの見通しをもって、保育内容を豊かなものにし、質の高い保育・教育を実践していくことが重要である。そして、就労の有無にかかわらず、すべての母親が子育てに意欲や関心がもてるように、保育者はさまざまな機会を通して子どもの成長の姿を伝え、ていねいに働きかけることが大切である。また、仕事をしていない母親のなかには、仕事がしたくても諸般の事情で働けない場合もある。子育ては他の仕事と同様に、忍耐力が必要だが、創造性にあふれ、自分自身もともに成長できる魅力がある。母親が笑顔で元気に育児を楽しめるように、園舎内を開放したり、多様な交流の機会を作ったりするなど、子育て支援の輪を広げていくことは、幼稚園・保育所・認定こども園などが社会の人々から期待される大切な役割である。

(2) 母子世帯の母の就労

　「平成27年国勢調査」[11]をもとに、母子世帯の母及び女性全体の就労について、年齢階級別に労働力率の変化を表したものが（図2-3）である。労働力率とは、15歳以上の人口に占める労働力人口（就業者＋完全失業者）の割合を示す。

　女性全体における年齢別労働力率を表すグラフは、M字カーブを描くのが特徴とされている。一つ目の山が未婚のとき、そして結婚・出産を機に退職する女性が多いと労働力率は下がるため、谷ができる。その後、子どもが育つにつれて再び働く女性が増えることによって二つ目の山ができる。このM字カーブの形は、世代ごとに違うことが落合[12]により、指摘されている。たとえば、1946〜50年生まれの団塊の世代を表すグラフでは、他の世代に比べ、谷の部分が最も深くなっており、その谷に当たる年齢階級は25〜29歳になっている。

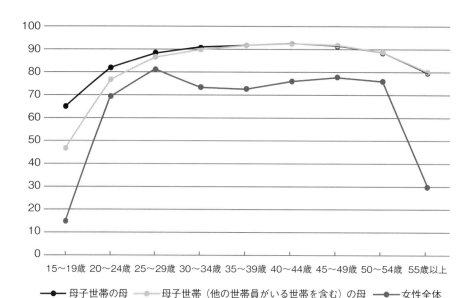

図2-3　母子世帯の母及び女性全体の年齢（5歳階級）別労働力率（全国）（2015年）
　　　（総務省統計局「平成27年国勢調査」2017より）

　2015（平成27）年のグラフ（図2-3）は、女性全体のM字カーブの谷がとても浅く、30〜54歳の各年齢階級において、70〜80％の労働力率を保っている。しかも、25〜29歳が最も高い値の81.4％になっている。このことから、現在では、25〜29歳の女性が最も高い労働力率を示し、経済社会を支えていることがわかる。このグラフからは結婚の有無は判明しないが、30〜39歳にM字カーブの浅い谷があることから、この時期に結婚・出産で離職する女性がいることが推測される。そして、40歳以降も仕事を続ける女性が一般的になっていることがわかる。

　一方、母子世帯の母親の労働力率は、母子世帯91.1％、母子世帯（他の世帯員がいる世帯を含む）90.7％で、女性全体の労働力率50.0％に比べると、約1.8倍と高い水準になっている。M字カーブは描かず、55歳以上でもそれぞれ79.7％、80.0％と高い数値である。

　課題として、母子世帯の年齢15〜19歳の母の労働力率が、64.9％、46.8％で、同年齢階級の女性全体の労働力率14.7％に比べて非常に高いことが挙げられる。生活のために労働と育児を両立させる10代の母親たちには、自分自身の教養を高めたり、子育てについての知識を得たり、気軽に相談したりできるような環境が必要である。母子生活支援施設、児童家庭支援センター、子育て支援センター、保育所・認定こども園、そして近隣の人々など、多方面でさまざまな協力を得ながら、若い母親たちが孤立せず意欲的に子育てができるよう、きめ細かな支援

2-3 変化する生活環境

(1) 地域社会の変化

　幼児期の子どもたちは、地域社会のなかで自然と触れ合い、さまざまな人々と交流し、豊かな体験を重ねて成長していく。それぞれの地域の気候や地形が織りなす自然環境は、その大きさ、美しさ、不思議さなど、子どもたちの心を引きつける魅力にあふれている。夏には夏の、秋には秋の、その季節ならではの自然があり、さまざまな事象がある。それらとの関わりを通して、子どもたちの豊かな心情をはぐくみ、好奇心や探究心の芽生えにつなげていくことが大切である。

　地域によっては、都市開発が進み、自然が少なくなっているところもある。しかし、よく見ると、身近なところに小さな自然はいくつも存在している。大人が率先して子どもたちを戸外へ連れて行き、さまざまな自然に触れて、気づいたり発見したりする喜びを味わえるようにすることが大切になる。子どもたちは、自然のなかで、思い切り走ったり遊んだりすることで、心身ともに健やかに育っていくのである。

　子どもたちの遊びをみると、現在は、地域のなかで複数の子どもたちが群れになって遊ぶ様子はほとんど見られなくなった。公園は、ボール遊び禁止などの制約があったり、固定遊具の種類や数が限られていたりする。このような現状を考えても、幼児期の子どもたちが安全にのびのびと遊ぶ場として、幼稚園・保育所・認定こども園などの役割がより一層重要になるといえる。

　また、地域社会の変化として、人間関係の希薄化が指摘されている。代々続いてきた地縁的な関係をわずらわしく感じる人も増えてきている。関わりを断つことで気楽になることもあるだろうが、その反面、所属感や人とのつながりが感じられず、孤独感を味わうこともある。地域社会の大人が地域の子どもの育ちに関心をもたず、自分から積極的に関わろうとしない傾向が顕著になれば、次世代の子どもたちが健やかに育つことは困難になる。その問題意識を大人たちが共有し、身近なことから子育て支援をはじめることが大切である。

　一人ひとりの大人がまわりの人々と適度な距離感を保ちつつ、適度につながりながら、自分のできること、得意なこと、興味のあることを実行する。その活動を通して、人の役に立つ喜びを味わい、自分も成長していく経験が重要である。

地域によっては、人々が協力して伝統的な祭りや行事を盛り上げたり、さまざまな交流を企画・実行したりしている。このような地域での活動や交流を通して、子どもたちは身近な人々に興味をもち、人と関わる楽しさを味わい、人間関係を広げ、深めていくことができる。

(2) 食生活の変化

　衣食住は生活の基本である。いずれも子どもたちの成長・発達にとって欠かせない大切なものである。身長や体重が増加し、心も体も著しく発育・発達する乳幼児期の子どもにとって、食生活はとくに重要である。

　急速に変化する社会のなかで、大人たちは日々忙しい生活をおくっている。仕事をもつ母親が増え、育児との両立は母親にとっても父親にとっても大きな課題であろう。そうした現状にかんがみ、家事の負担感を少しでも減らすために、さまざまな商品やサービスが提供され、利用されている。食生活においても、調理時間を短縮できるもの、手軽で便利なものなど、消費者の要望に応える商品や食品が開発されている。小分けにされた総菜、サラダや弁当などの色とりどりの食品は、デパートの食品売り場やスーパーマーケットの店頭に並べられ、忙しい現代の家庭の食生活を支えている。

　その一方で、食への関心が高まり、さまざまな工夫がなされている。たとえば、新鮮な野菜や果物を多く取り入れたり、根菜がたっぷり入ったスープをまとめて作ったり、休日に1週間分の料理を作って冷凍保存したりするなどの工夫である。忙しい毎日であるからこそ、ときには時間と手間をかけて調理することに大きな意味がある。料理から作る人の愛情が伝わってくる。食生活の重要性、成長期の子どもの食習慣の大切さを考えれば、私たちは食材や食品に敏感になる必要がある。食に関する知識を増やし、体によいものを積極的に取り入れ、栄養バランスの取れた好ましい食生活にするよう、計画的で継続可能な方法を実行していくことが重要である。

　幼稚園・保育所・認定こども園などにおいて、食生活はとても大切にされている。食への興味・関心を広げるために、絵本や紙芝居も活用されている。子どもたちが直接的・具体的な体験ができるように、園内や近隣の畑で野菜を育て、収穫し、調理する。その一連の活動を通して、子どもたちは野菜を含むさまざまな食べ物に興味や親しみを感じ、食べることに意欲をもち、みんなといっしょに食べる喜びを味わうようになる。

　食生活の大切な要素として、誰とどのように食事をするかに関心をもつ必要が

ある。家庭のなかで親や子どもが仕事や習い事などで忙しいと、互いの時間がすれ違うことが多く、「孤食」「個食」と呼ばれる状況を生みやすい。いつも家族全員がそろうのは困難かもしれないが、家族が集まって楽しく食事をしたり、それぞれがその日のできごとを話したりすることで、一人ひとりがほっとしたり元気がでたりする効果を忘れてはならない。家庭が憩いの場となり、温かい心のつながりが生まれることを大事にしたい。子どもたちの健やかな成長のために、日常の食生活の重要性を再認識し、日本の伝統的な良さを次世代に受け継いでいくことが大切である。

(3) 情報化社会

現代では、テレビだけでなく、インターネットが各家庭で活用され、国内や海外のさまざまな情報をリアルタイムで受け取ることができるようになった。このような情報化社会は、私たちの暮らしを豊かにし、大きな変化をもたらしている。

総務省の「通信利用動向調査」[13]では、2016（平成28）年9月末において、過去1年間にインターネットを利用したことのある人は1億84万人となり、インターネット利用者の割合は83.5％となっている。男女別では、男性87.0％、女性80.1％で、13～59歳の各年齢階層で9割を上回っている。

個人のモバイル端末の保有状況をみると、「スマートフォン」の保有者の割合が56.8％と前年より3.7ポイント上昇しており、「携帯電話・PHS」（33.6％）の保有者の割合よりも23.2ポイント高くなっている。そして今や、6～12歳の33.8％がスマートフォンを保有しているという状況である。同調査[14]によると、インターネットの利用目的・用途は、「電子メールの送受信」が79.7％と最も高く、次いで「天気予報の利用（無料のもの）」（62.0％）、「地図・交通情報の提供サービス（無料のもの）」（61.9％）となっている。

このように、情報化社会の進展により、多種多様な情報の入手や個人による情報の発信が簡単に行えるようになった。情報通信機器のさまざまな機能を活用すれば、写真や動画の撮影、ゲーム、買い物、特定の仲間内での通信なども可能である。

一方で、機器との関わり方は、ほど良い程度が求められる。みなさんも子どもが一生懸命母親に話しかけているのに、当の母親はスマートフォンの操作に夢中で、まともに応じようとしない、というような場面に遭遇したことがあるのではないだろうか。これでは、機器が母と子の意思疎通を妨げていることになる。私たちは、的確に状況判断しながら、便利な機器を適切に使いこなしていくことが

必要である。

(4) 技術革新

　最近の技術革新は、めざましい。人工知能（AI）の開発や実用化は、今後ますます広がっていくだろう。たとえば、自動運転機能を備えた車や、家族の一員のように話しかけたり見守ったりしてくれるコミュニケーションロボットなどはすでに開発されている。夢のような社会が近未来に実現することが想像できる。人間ができないことを代わってしてくれたり、補ってくれたりするロボットが活躍する時代だからこそ、人間にしかできないことの価値が高まる。私たちは、技術の進歩を社会に役立てながら、人工知能などとの理想的な共存を創造していくことになるだろう。予測困難で、変化が急速な時代のなかで、子どもたちに求められる資質・能力を考え、子どもたちを育てていく必要がある。

　そして、情報や新しい技術との関わり方も重要になる。今や広く活用されているインターネットは、私たちにとって必要不可欠な存在になっている。しかし、そこから得られる情報は正しいものばかりとは限らず、なかには信頼できないものも含まれている。その真偽を見極め、適切に選択し、活用する知恵や判断力が必要になる。また、機器の有能性に依存し過ぎて自分で考える習慣を怠ったり、実体が見えない不特定多数の人と安易につながってしまったりするなどのマイナス面があることも忘れてはならない。便利なものは使い方を誤ると、大きな危険性が潜んでいることを、私たち一人ひとりが強く自覚し、子どもたちにもしっかりと教えていくことが重要である。

2-4 人と関わりながら育つ

(1) 子育てで力を入れていること

　ベネッセ教育総合研究所の調査結果[15]によると、母親たちがどのようなことに力を入れて子育てをしているのかがわかる。母親が子育てで「とても力を入れている」と答えた項目の10年間の変化を示している（図2-4）。上位3項目は2005年からの10年間で変化がなかった。それらは、「他者への思いやりをもつこと」「親子でたくさんふれあうこと」「基本的生活習慣を身につけること」である。また、2010年調査から追加された「社会のマナーやルールを身につけること」「自

分でできることは自分ですること」「自分の気持ちや考えを人に伝えること」の3項目も選択率は約4割で、上位項目となっている。これらは、ほとんどが領域「人間関係」に関連する内容になっており、多くの母親が子育てにおいて「人と関わる力」を身につけてほしいと願っていることが推察される。

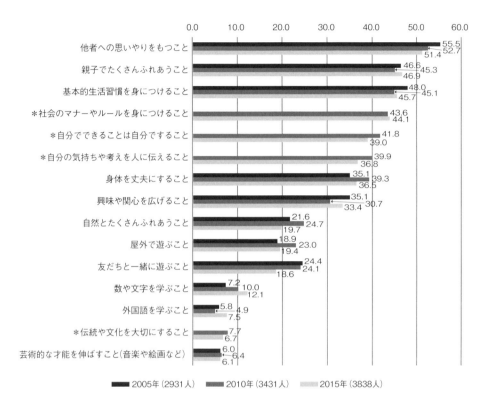

図2-4 子育てで力を入れていること（経年比較）
（ベネッセ教育総合研究所『第5回幼児の生活アンケート』2016年より）

一方、「友だちと一緒に遊ぶこと」は、2005年では24.4％であったのに対し、2015年では18.6％に減少している。これも「人間関係」の項目である。共働き世帯の増加による保育の長時間化や少子化の影響を受けて、園以外で子ども同士が遊ぶ機会を作りにくくなっていることが一因として考えられる。しかし、「友だちと一緒に遊ぶこと」の大切さを正しく認識する母親が少なくなってきている表れだとしたら、好ましいことではない。乳幼児期の子どもたちが同年代の子どもたちと出会い、いっしょに遊ぶことによってさまざまな体験をすることの意義を、保育者は母親たち、そして父親たちにも積極的に伝えていく必要がある。さらに、「親子でたくさんふれあうこと」を発展させ、父親が各家庭のなかだけではなく、園の活動にも積極的に関わることの意義も伝えたい。なによりこれが、子どもたち全体によい影響を与えることになる。

(2) 共生社会のなかで育つ

　日本では、人口減少・少子高齢化が進む傾向がみられ、その対策が大きな課題となっている。その一方でグローバル化が進み、多様な文化や価値観をもった外国の人々に出会い、ともに活動する機会が増えている。海外で育った子どもたちが日本に帰ってきたり、外国籍の子どもたちが日本で暮らしたりするケースもある。今後、海外に家族とともに旅立ち、異文化の社会で生活する子どもたちも増えていくだろう。

　このような状況のなかで、子どもたちにとって重要なのは、信頼感を基盤とした豊かな人間関係をつくりあげていくことである。子どもは自分自身のさまざまな感情を温かい言葉や態度で受容される経験を通して、安心感を得て、自己表現できるようになっていく。人に関心をもち、ともに過ごす喜びを味わうことで、日常生活の楽しさが増していく。困難を乗り越えてやり遂げた満足感や、目標に向かってみんなと力を合わせて成し遂げた達成感を味わうことで、自分への自信が深まり、人間性を高める原動力となる。

　幼いころからさまざまな人に出会い、多くの経験をすることは大切である。たとえば、高齢者の人々との活動を通して、コマ回しやお手玉など昔からの素朴な遊びを教わり、いっしょに楽しんだり、ゆったりした雰囲気を味わったりできる。障害のある子どもたちとともに暮らす保育の日常からは、助け合い支え合って暮らすことが自然な状況であると感じられ、人から親切にされたり人の役に立ったりする喜びを幼いころから味わうことができる。地域の祭りや行事を通して、昔から大切にされてきた食文化や風習の素晴らしさに気づき、伝統を受け継いでいく意識が高まる。

　今後、どのように時代が変化するとしても、社会を支えているのは私たち人間である。新しい技術や発明によって得られる効率的で快適な生活に感謝しながら、昔から受け継がれている伝統も重んじていく。子どもたちが育っていく過程で、乳幼児期に欠かせない必要な体験はなにかを見極め、あえて豊か過ぎない環境を構成することも大切であろう。

引用文献
1) 森上史朗・柏女霊峰編『保育用語辞典（第7版）』ミネルヴァ書房　2013，p.347
2) 厚生労働省『平成28年国民生活基礎調査の概況』　2017，p.3
3) 同上，p.56
4) 同上，p.4

5）同上，p.7
6）厚生労働省『平成27年人口動態統計（確定数）の概況、統計表第5表』2016，p.14
7）国立社会保障・人口問題研究所『日本の将来推計人口（平成29年推計）結果の概要』2017，p.8
8）総務省統計局『平成27年国勢調査、世帯構造等基本集計結果、結果の概要』2017，p.5
9）同上，pp.12-13
10）前掲書2），p.8
11）前掲書8），pp.14-15
12）落合恵美子『21世紀家族へ（第3版）』有斐閣　2012，p.17
13）総務省『平成28年通信利用動向調査の結果（概要)』2017，p.1，p.7
14）同上，p.8
15）ベネッセ教育総合研究所『第5回幼児の生活アンケート』2016，pp.41-42

参考文献
・文部科学省『幼稚園教育要領』フレーベル館，2017
・厚生労働省『保育所保育指針』フレーベル館，2017
・内閣府・文部科学省・厚生労働省『幼保連携型認定こども園教育・保育要領』フレーベル館，2017
・藤原勝子編『たべもの・食育図鑑』群羊社，2009
・内山葉子『子どもの病気は食事で治す～体質と発達にあわせた食養生と酵素食』評言社，2014

第3章
領域「人間関係」の「ねらい及び内容」の取扱い

本章では、幼稚園教育要領に示されている人との関わりに関する領域「人間関係」の「ねらい」及び「内容」、「内容の取扱い」を中心に学ぶ。2017年の改定で新たに記載された保育所保育指針、幼保連携型認定こども園教育・保育要領の満1歳以上満3歳未満の園児の保育に関する「人間関係」の「ねらい及び内容」についてもふれる。いずれにおいても社会的発達に関する視点である「身近な人と気持ちが通じ合う」ことの重要性を押さえておきたい。

3-1 幼稚園教育要領「人間関係」

(1) 領域「人間関係」の目指すもの

領域「人間関係」は、人間はみな独自な存在であり、世の中には考え方も習慣も異なるさまざまな人々がいることを前提として、私たちがともに支え合って生きていけるようになることを目指している。幼稚園教育要領の領域「人間関係」は、

> （ア）自立性や自立心などの自己の育ちに関すること
> （イ）他者との関係の育ちに関すること
> （ウ）生活の中のきまりやルールを理解し守ることの育ちに関すること

の三つから構成されている。三つの内容は互いに絡み合っている。
たとえば、友だちといっしょに行動していて仲良く見えていても、いつも友だちの言いなりになっていたのでは人と関わる本当の力が育っているとはいえない。

子ども同士の人間関係が育つには、それぞれの子どもたちが自分の考えや気持ちを表現できること、そして、行動する意欲をもつという自己の育ちが必要である。そのうえで、相手の気持ちや考えを受け止め、互いの考えや要求を調節しながら、どうすればよいかを判断して行動できるようになることが大切である。人と関わる力を獲得していくには自己の発達が不可欠である。子どもは、他者との関わりのなかで自己が形成されていくので、他者との関係で培った自信や意欲がさらに育ちゆく原動力になる。この過程で、友だちと関わるのに必要な約束やルールの大切さに気づき、守ろうとする気持ちも出てくる。それを実行し、他者との関わりを学んでいく。

また、人と関わる力は、実際の体験を通して身につくことであり、子どもたちが実感を通して培っていくことが大切である。そして人と関わる力を身につけていくためには、園生活においてさまざまな人との関わりを通して「嬉しい」「悲しい」「悔しい」などの多様な感情体験を積むことが大切である。しかし、体験さえすれば子どもたちが成長するわけではない。そこには、子どもたちが有意味な体験ができるよう、子どもたちの気持ちを理解し、的確に援助する保育者の役割があり、それが実践されることが重要になる。

(2) 領域「人間関係」のねらい

「幼稚園教育要領」が定めるねらいは「幼稚園教育において育みたい資質・能力を幼児の生活する姿から捉えたもの」であり、「幼稚園における生活の全体を通じ、幼児が様々な体験を積み重ねる中で、相互に関連をもちながら次第に達成に向かうものであること」[1]と示されている。また、「保育所保育指針」では「子どもが保育所において、安定した生活を送り、充実した活動ができるように、保育を通じて育みたい資質・能力を、子どもの姿から捉えたものである」[2]。「幼保連携型認定こども園教育・保育要領」では「幼保連携型認定こども園における生活の全体を通じ、園児が様々な体験を積み重ねる中で、相互に関連をもちながら次第に達成に向かうものであること」[3]と示されている。いずれも、子どもの気持ちに寄り添い、子どもとともに考え、子どもが自ら考え自立して行動できるように、内面を育てていくことが示されている。

領域「人間関係」は、子どもの発達を人との関わりに関する側面からまとめ、示したものである。はじめて入園する子どもたちの生活は、今までの家庭生活と異なり、同年齢の大勢の子どもたちとの関わりを経験する場となる。こうした園生活において、乳幼児期の子どもたちには「他の人々と親しみ、支え合って生活

するために、自立心を育て、人と関わる力を育てる」ことを目指すことが重要になる。そして、ねらいとして、次の3点が挙げられている。

> ① 幼稚園生活を楽しみ、自分の力で行動することの充実感を味わう。
> ② 身近な人と親しみ、関わりを深め、工夫したり、協力したりして一緒に活動する楽しさを味わい、愛情や信頼感をもつ。
> ③ 社会生活における望ましい習慣や態度を身に付ける。

　ねらいの意味を考えてみよう。子どもにとって楽しい幼稚園生活とは、「やってみたい」と思うことに自分から主体的・意欲的に取り組み、思い切り体験し充実感がもてる生活である。それにはなにが必要なのだろうか。第一には、保育者との信頼関係の成立が挙げられる。そして、遊びたい友だちがいることも重要である。また、子どもがやりたいことが実現できることは重要だが、「やってみたいこと」と、「できること」は同じではないので、思いや考えを実現する過程で、つまずきや困難を乗り越えなければならない。そうした折に、保育者に支えられ、見守られながら、自分で行動することの充実感を味わえるようにしなければならない。つまり、その根底には、保育者を中心とした身近な人々の愛情豊かな温かい関わりがあることが大切になる。子どもは安心感や信頼感のなかで、工夫したり協力したりして友だちや保育者といっしょに活動する楽しさを味わい、自己を発揮し、園での生活を楽しく過ごせるようになるのである。

　また、園生活は集団の場であり、当然、生活のなかにも遊びにも決まりや約束がある。子どもたちは、決まりや約束を守ると楽しく生活できることを学び、それを身につけていくことが大切になる。子どもは、信頼感に満ちた身近な人との関わりを基盤にし、楽しい園生活を維持し継続していく過程で、社会生活における望ましい習慣や態度を身につけていく。

(3) 領域「人間関係」の「内容」

　「ねらい」の達成に向けて、指導する事項が内容である。つまり、内容は、子どもが身につけていかなければならない事項であり、保育者が指導する事項である。「保育所保育指針」では、「ねらいを達成するために、子どもの生活やその状況に応じて保育士等が適切に行う事項と、保育士等が援助して子どもが環境に関わって経験する事項」[4]が示されている。また、「幼保連携型認定こども園教

育・保育要領」では「園児が環境に関わって展開する具体的な活動を通して総合的に指導されるものであることに留意しなければならない」[5]とある。ここでは「内容」について、子どもたちの園での生活を思い浮かべながら、幼児の実態とそれに対する援助について考えていく。

①先生や友達と共に過ごすことの喜びを味わう

　園ではじめての集団生活をする子どもたちは、喜び、戸惑い、不安などさまざまな感情を味わう。とくに、今まで自分の気持ちを察し理解してくれる家族に囲まれ温かく過ごしていた生活から、同年齢の子どもたちのなかで過ごすようになるので、不安にもなる。名前も顔も知らない子どもがまわりにいるし、自分のもっている物を黙ってもって行かれてしまうことがあるかもしれない。そんなときは、悲しい気持ちになるだろう。そのようなとき、自分の名前を呼んでくれたり、優しく温かく笑顔で接してくれたりする保育者の存在は極めて大きい。さらに、子どもは、自分の気持ちを分かってくれたり、困ったことに対処してくれたりする保育者を信頼するようになる。自分を見守ってくれる保育者がいることで、安心して自分のやりたいことに取り組むようになっていく。そのなかで、偶然に隣にいた子と言葉のやり取りや物の貸し借りなどがはじまったり、たまたま走っていた子と意気投合していっしょに走り、「友だちといっしょってなんだか楽しい」という気持ちが湧いてきたりもする。

　そうした経験を通して、徐々に友だちと関わる機会が増えていく。関わりが多くなると、物の取り合いや順番争いなど、自己主張のぶつかり合いが起こるが、保育者の援助を受けながら、少しずつ保育者や友だちとともに過ごす喜びを味わえるようになる。その過程では、子どもによってさまざまな姿がみられる。園の遊具や環境に興味や関心を示し、活発に行動する子どももいれば、なにかをじっと見て過ごしている子どももいる。一人ひとりの子どもの発達する姿は違っているのである。

　保育者は、子どもの言動を発達の過程であると認識し、受け入れることが大切になる。一人ひとりの子どもに思いを寄せ、その子どもの内面を理解し、自分なりの目当てをもって生活できるように、それぞれの実態に合わせて関わることが大切になる。

②自分で考え、自分で行動する

　園生活に慣れてくると、子どもたちの行動範囲も広がり、自分からさまざまな場所へ行動することが増えてくる。楽しいことへの実現や困ったときの解決策な

ど、子どもたちは、さまざまな場面で自分なりに考えて行動する姿がみられるようになる。

　子どもが自分で考えて行動する姿勢は、生きる力を身につけ、自らの生活を確立していくうえで大変重要である。そうした姿になるためには、自分がやりたいことをもつことが大切である。子どもにとって、自分の思いや考えが受け止められた喜びを味わいながら保育者といっしょにじっくり考える時間を過ごす体験が必要となる。それが自分で考え行動しようとする気持ちをもつ基盤となるからである。保育者がやるべきことのみ与えてしまうと、他者に追随し、自分のやりたいことがなくなってしまうことがあるので、そうならないように留意しなければならない。

　保育者は、子どもが自分から興味・関心をもって関わり、活動を生み出すことができるように、子どもが試行錯誤をしながら思いを巡らせている時間を十分認め、環境の構成や教材の提示などの援助をすることが大切になる。

③自分でできることは自分でする

　子どもは、自分でできることが増えると自信をもつようになる。たとえば、ジャンパーのファスナーの開閉など、衣服の着脱が自分でできると嬉しそうにする。また、製作活動できちんとセロテープがつけられて作品ができたときなども、とても喜ぶ。自分でできることは自分でやってみたいという意欲をもったり、やったらできたという充実感や満足感を味わったりすることになる。このことは自立の第1歩である。

　子どもは自分のやりたいことは何でもやりたがり、頑固に貫き通そうとする姿がみられる時期もある。一見わがままなようだが、自我が芽生え自分の力でやろうとする意欲の表れでもあるので、大切にしなければならない。また、実現できないときには、保育者に援助を求めてくることもある。子どもは、保育者を心の拠り所としながら、行きつ戻りつする過程のなかで、次第に自立へと向かっていく。依存と自立は対立するものではない。

　保育者は、子どもが自分でやり遂げることの満足感を十分に味わえるように、それぞれの子どもの発達に即した受容や励ましなど、適切な援助をする必要がある。身の回りの始末についても、大人の手がかからなくなることばかりを求めていると逆に、子どもの自立を妨げることにもなる。できないときには行動に言葉を添えて、少しだけ援助をしながら、自分でできた満足感を味わえるようにすることが大切である。

④いろいろな遊びを楽しみながら物事をやり遂げようとする気持ちをもつ

　子どもが、さまざまな遊びを心ゆくまで楽しみ、そのなかで物事をやり遂げようとする気持ちをもつことは、子どもの自立心をはぐくむうえで大変重要である。

　しかし、子どもは興味や目当てをもって遊びをはじめても、途中でうまくいかなくなったり、やり続ける気持ちがなくなったりして止めてしまったりすることがある。このようなとき子どもは、保育者の適切な援助を受けることで、最後までやり遂げようとする気持ちが育っていく。たとえば、自分の思いを実現しようとしてつまずくことがあるが、保育者が考えを認めてくれたり、必要に応じていっしょに考えてくれたり、アイディアを提供してくれたりすれば、思いを実現することができる。信頼する保育者に見守られ、支えられていることを感じることで、子どもは難しいことでもあきらめずにやり遂げようとする粘り強さや自分で解決しようとする気持ちが生まれ、自立心や責任感もはぐくまれてくる。

　保育者は子どものやり遂げたいという気持ちを大切にし、子どもが自分なりの満足感や達成感を感じることができるように側面から援助することや、ともに喜ぶ姿勢が大切である。

⑤友達と積極的に関わりながら喜びや悲しみを共感し合う

　おもしろいことをみつけて友だちと顔を見合わせて笑う、いっしょに作った製作物が完成して喜びを分かち合うなど、友だちといっしょに喜びや感動を味わうことは重要である。そこには、園生活を楽しんでいる子どもの姿がみえる。しかし、その過程では、うまくいかないことも起こる。作っていた物を壊されてしまうことや、友だちと考えが合わなくなってぶつかることも起こるだろう。友だちとの遊びのなかで悲しみや怒りなどのさまざまな感情体験をすることになるが、このようなできごとを経験するなかで、「〇〇ちゃん、悲しくて泣いていたのかな」「僕がこれをしたから怒ったのかな」など相手の感情にも気づけるようになる。そのことが人と関わる力をはぐくむうえで重要になる。

　保育者は、子どもたちが安心して自分のやりたいことに取り組むことにより、友だちと過ごす楽しさを味わったり、自分の存在感を感じたりして、友だちと感情の交流ができるような手助けをすることが大切である。

⑥自分の思ったことを相手に伝え、相手の思っていることに気付く

　子どもは相手に親しみを感じると自分の思いを知ってほしいと思って伝えようとする。また、自分の思いが強ければ、相手にわかってもらおうとして、一生懸命に伝えようとするだろう。はじめは互いに一方的に自分の意見を言うだけで

❸ 領域「人間関係」の「ねらい及び内容」の取扱い

あっても、相手に親しみを増してくると自分の意見を主張しながらも、少しずつ相手にわかるように伝えようとする。伝わることが喜びになり、やがて、相手の思いにも気づくようになる。こうして子ども同士の関わりが深まっていく。

このように、子どもは園の生活のさまざまなできごとを通して、思いが相手に伝わらずに困ったり、伝わったことで遊びがより楽しくなったりする体験をし、相手の思いを感じられるようになっていく。この過程で自分の思いがうまく言葉で表現できずにいざこざが生じることもあるが、思いを伝えることと気持ちを抑えることの両方を経験する。自己主張をしてぶつかり合うことは、自己発揮と自己抑制の調和のとれた発達に重要な意味をもっている。

保育者は、それぞれの子どもの主張や気持ちを十分に受けとめ、互いの気持ちが伝わるように言葉で仲介役をしたり、納得して気持ちの立て直しができるような言葉かけやスキンシップなどの援助をすることが必要になる。

⑦友達のよさに気付き、一緒に活動する楽しさを味わう

園での遊びや生活で、子どもはさまざまな友だちと出会い、自分と異なる個性をもつ友だちと触れる機会があり、よさに気づいていく場面が多々ある。はじめは絵が上手、走るのが速いなど、友だちの目に見える表面的なよさに気づく。やがて、「○○ちゃんは最後まで頑張ってやっている」などと、内面に目を向けたとらえ方もするようになる。また、「○○ちゃんはお花とかきれいなものが好きだからプレゼントに作ってあげよう」など、友だちの考え方、感じ方などにも気づいていくようになり、相手に応じて関わるようになっていく。遊びのなかで互いのよさが生かされると、いっしょに活動する楽しさが増し、より生活が豊かになっていく。

保育者は、子どもと生活するなかで、子どもの気持ちや行動の意味など内面の様子をつぶやいたり、友だちと心を動かすできごとを共有したりして、互いの感じ方や行動の仕方に関心を寄せ、子どもたちがそれぞれの違いや多様性に気づいていく機会をつくっていくことが大切になる。一人ひとりのよさや可能性を見出す保育者の姿勢は、子ども自身が友だちのよさに気づいていく姿につながる。

⑧友達と楽しく活動する中で、共通の目的を見いだし、工夫したり、協力したりなどする

子どもは互いのよさや特性に気づき、友だち関係を形成していくと、次第に人間関係が深まり広がっていく。そうすると、「ここ地球にしよう」「いいね。じゃ～僕ロケット作るよ」など、子ども同士がイメージや思いを表しながら遊びを進めようとし、そこに共通の思いや目的が生まれる。それに向かって活動を展開す

るなかで、子ども同士が「ロケットの中に入れるといいね」「こっちゆわくから、もってて」など、工夫したり協力したりしていくなかで充実感を味わえるようになる。

このような経験を積み重ねるなかで、「基地できたら○○組呼ぼう」など、いろいろな友だちといっしょに遊ぼうとしたり、学級全体で協同して遊ぶことができるようになったりする。集団での遊びの醍醐味を味わうようになるのである。しかし、こうした共通の目的に向かって取り組む活動には、その過程で、必ずと言ってよいほど、意見の違いが起こり、思い通りにならないことにぶつかる子どもがいる。力の強い子が意見を主張して進めようとすることもある。

保育者は、遊びの目的を確認したり、いっしょに考えたり、方向性を示したりすることが必要になる。その過程で、一人ひとりの子どもが自己発揮し、友だちと多様な関わりがもてるように援助をしていくことや、子どもが試行錯誤しながら、考えたり、友だちと話し合ったり、協力したりする姿を認め、みんなでやり遂げた喜びを味わえるようにすることが大切になる。

⑨よいことや悪いことがあることに気付き、考えながら行動する

子どもは、自分の行動に対して周囲の人々の反応を見て、よい行動や悪い行動があることに気づき、自分なりの善悪の判断の基準をつくっていくことが多い。とくに信頼する保育者や保護者などの反応によって自分の行動を確認していくことがある。したがって、人としてしてはいけない行為は「悪いことであること」を明確に示していく必要がある。たとえば、友だちをたたくことはよいことではないし、子どももそれを知っている。しかし、自己制御できないために、欲求のまま行動する時期もある。物を壊したという目に見える物理的な行為も悪いことだとわかるだろう。しかし、相手を傷つけたという心理的、内的な側面には気づかない子どもも多い。これらは、発達と関連しているので、発達を理解しておくことが適切な援助をするうえで必要となる。また、小さいときには大人に教えてもらって覚えるが、徐々に自分で考えて行動できるように援助していく必要がある。

保育者は、相手の気持ちに気づいていけるように、一人ひとりの子どもに応じて繰り返し働きかけていく必要がある。「どうしていけないのか」「どうしたらよいのか」など、子どもが自分なりに考えることができるようにすることが重要である。そして、よいことをしたときや、考えて行動したときには、しっかりと褒めることである。

⑩友達との関わりを深め、思いやりをもつ

　友だちとさまざまなやり取りをするなかで、自他の気持ちが異なることがわかるにつれ、他者の気持ちを理解したうえでの共感や思いやりのある行動ができるようになっていく。子どもは、とくに気の合う友だちや行動をともにしたい友だちに対しては、思いやりのある行動を示す傾向があるので、ともに遊ぶ仲良しの友だちをもつことが思いやりのある行動につながる。また、自分の気持ちが穏やかで肯定的な気分のときの方が思いやりのある行動を示しやすいので、日ごろから保育者や友だちに受け入れられ自分を発揮できる心地良さを体験できるようにすることが大切である。

　保育者は、子どもが友だちとの関わりを深められるように援助するとともに、一人ひとりの子どもを大切にして思いやりのある行動を示し、子どもにとってモデルとなる行為をすることを忘れてはならない。保育者の思いやりが子どもの行動に影響するのである。

⑪友達と楽しく生活する中で、きまりの大切さに気付き、守ろうとする

　子どもは集団生活や友だちとの遊びを通して、さまざまな決まりがあることに気づき、それに従って自分を抑制する自己統制力を徐々に身につけていく。

　しかし、「先生に言われたから守る」「叱られたくないから守る」などと、決まりの必要性に気づいていない子どももいる。たとえば、ドッチボールをしているときに自分がボールを持ちたくてずっと持っていたことで遊びが止まってしまい、おもしろくなくなってしまうことがある。そのようなとき、保育者はいっしょに遊んでいる子どもたちの気持ちを聞いたり、楽しくするのにはどうしたらよいかを考えさせたりする。子どもは、ルールを守らないと楽しい遊びにならず継続もできないことを知り、ルールを守った方が楽しく遊べることを体験的に学ぶのである。やがて、友だちといっしょに楽しく遊ぶためには、みんながルールを守ることが大切だと理解できるようになる。また、より楽しくするために自分たちでルールを作ったり、作り変えたりすることもできるようになる。こうしたことは、生活上の決まりを理解し守ろうとする力の基盤になっていく。

　保育者は、日常の生活や遊びのなかでの子ども同士のぶつかり合いを生かし、そのなかで決まりの大切さを伝え、なぜ守らなければならないのか、理由や必要性を理解したうえで守ろうとする気持ちをもてるようにすることが大切である。

⑫共同の遊具や用具を大切にし、皆で使う

　園生活のなかでは、製作に使うセロテープ台や机やいす、積み木、砂場のシャ

ベルなど、みんなで使う遊具や用具がある。これらは、入園当初から遊具や用具はみんなの物ということを強調するのではなく、はじめは遊具や用具を十分に使って遊び、楽しかったという経験を積み重ね、その物への愛着を育てる必要がある。そして、少しずつ、個人と共同の物があり、共同の物は譲り合って使うことの必要性を感じさせていくことが大切である。保育者が一方的に順番を指示したり機械的にじゃんけんなどで決めたりするようなやりかたをすると、子どもが自分で考えないので、心に響かない。すると共同の遊具や用具を大切に思い、みんなで使おうとする気持ちが育たない。

保育者は、そのときどきの状況や子どもの気持ちを尊重して、援助の工夫をする必要がある。子どもたちが自分たちの生活を豊かにしていくために、自分の要求と友だちの要求に折り合いをつけたり、自分の要求を修正したりする必要があることを体験し、それを理解させていくことが大切である。

⑬高齢者をはじめ地域の人々などの自分の生活に関係の深いいろいろな人に親しみをもつ

子どもを取り巻く環境の変化のなかで人間関係の希薄は著しく、地域や高齢者の方々などさまざまな人と関わる機会が少なくなり、関わる力も弱くなってきている。

このような状況のなか、幼稚園でも地域や障害のある人々などさまざまな人と関わる機会を積極的にもつことは、これからの時代に生きていき、人と関わる力を育てるうえで大切である。地域の人々への招待や訪問などの交流を通して、人は1人で孤立して生きているのではなく、周囲の人たちと関わり合い、支え合って生きていることを実感する機会にもなる。幼稚園で高齢者の人々を招待し楽しく遊んだのち、街で偶然に会い、その後もたびたび会うようになり、「東京のおばあちゃん」としての交流が生まれたこともある。

保育者は、このように交流することは子どもの発達に大変重要であることを認識し、同時に、地域の人々にとっても、子どもと関わることよって、夢と希望がはぐくまれるような互恵性のある交流を推進していくことが重要である。

(4) 領域「人間関係」内容の取扱い

保育者が幼稚園生活を展開するなかで、とくに留意しなければならない事項6点が「内容の取扱い」に示されている。ねらいや内容を、子どもの発達に即して適切に指導するためには「内容の取扱い」を十分に考慮して指導にあたる必要がある。本項では、「内容の取扱い」事項の文章を最重要と思われる部分を中心に

簡略化して述べる。また、保育者の援助を中心に記載した。

> （ア）子どもは保育者との信頼関係を基盤に自立していくことが、人と関わる基盤になっていく。そこで、保育者は子どもの行動を見守りながら適切な援助を行うようにする。

　保育者は、その子どもなりのペースで心を解きほぐし、自分で自分を変えていく姿を温かく見守るカウンセリングマインドの基本姿勢をもった接し方が必要である。子ども自身で生活を確立し、自分の力で行う充実感を味わうために、とくに次のようなことが必要となる。
　一つ目は、子どもの心や行動に温かい関心を寄せることである。温かい心を寄せるとは、「見守る」「待つ」姿勢であり、子どもの発達に対する的確な理解と、子どもは自分から伸びていく力をもっているという子ども観から生まれる保育者の表情やまなざし、言葉やしぐさなどに現れる。
　二つ目は、心の動きに応答することである。子どもが多様な感情を体験し、試行錯誤しながら自分の力で行う心の動きに、保育者も子どもの心の動きに沿って柔軟な感じ方をすることが重要である。
　三つ目は、子どもとともに考えることである。保育者は、子どもと同じことをやってみたり、いっしょに試行錯誤することで、気持ちや感情を共有することが大切である。
　四つ目は、子どもの心情や意欲、達成感を味わう経験を支えることである。子どもが取り組むなかでうまくいかず、くじけたり諦めたりすることがある。保育者は子どもの表情や仕草、体の動きから気持ちを読みとり、見通しがもてるようにともに考えたり、やり方を知らせて励ましたり、子どもが自分の力でやり遂げることができるように支えることが大切である。

> （イ）一人ひとりを生かした集団を形成しながら人と関わる力を育成する。その際、子どもが集団の中で自己発揮や他者からの認めを体験し、自分のよさに気づき、自信をもって行動するようにする。

　子どもは集団生活の保育者や同世代の友だちの影響を受け、互いのモデルとなりながら育ち合っていく。周囲の人々に温かく見守られ、ありのままを認められ

るなかで、自分らしい動きをして自己発揮をしていく。子ども一人ひとりとの温かい人間関係は、一人ひとりの子どもをかけがえのない存在としてとらえる保育者の姿勢から生まれてくる。一人ひとりのよさを認めることで「認め合う集団」が形成されていくので、個と集団の両面からの指導が大切である。

> (ウ) 子どもは互いに関わりを深め、協同して遊ぶようになる。そこで、他の子どもと試行錯誤しながら活動を展開する楽しさや共通の目的が実現する喜びが味わえるようにする。

　子どもが協同して遊ぶようになるには、一人ひとりがその子らしく遊ぶことができる自発性を基盤として深みのある人間関係を繰り広げていくことが大切になる。仲間とともに活動するなかで、みんなといっしょにやってみたい目的が生まれ、工夫したり協力したりしていく。子ども同士が試行錯誤する過程で大切なことは、目的がはっきりしていて、子ども自身が目的に向かって活動を進めることを楽しむことである。

　行事などでは、結果やできばえを重視しすぎて子どもが活動を楽しめなくならないように、保育者同士が行事のねらいや指導方法などを共通理解し、活動の過程での子どもの変容を読みとりながら進めていくことが大切である。

> (エ) 道徳性の芽生えを培うにあたっては、生活習慣の形成を図るとともに、友達との関わりのなかで、他人の存在に気づいたり相手を尊重する気持ちをもって行動したりできるようにする。身近な動植物や人に対しては葛藤やつまずきの体験を乗り越えて、次第に豊かな心情や、思いやりの気持ちが芽生えていくようにする。

　他者とのやり取りのなかで、自分や他者の気持ちや自他の行動の結果などに徐々に気づくようになり、道徳性の芽生えを確かなものにしていく。さまざまな葛藤の体験は子どもにとって大切な学びの機会ではあるが、いざこざや言葉のやり取りが激しかったり、長く続いたりするような場合には、保育者の仲立ちも必要である。子どもがなかなか気持ちを立て直すことができそうにない場合も、保育者が子どもの心の拠り所となる必要がある。道徳性の芽生えには、多様な人との関わりや自然との関わりを意図的に計画することが必要である。

> （オ）規範意識は、子どもが人との関わりを深めるなかでその芽生えが培われていく。互いに主張し、折り合いをつける体験を通して、きまりの必要性や自分の気持ちを調整する力が育つようにする。

　人と人が尊重し合い協調して社会生活を営んでいくためには、守らなければならない社会の決まりがある。規範意識は、繰り返される生活や人との関わりを通して形成されていく。
　しかし、幼児期は決まりが大事とわかっていても、興奮すると忘れてしまったり、時間がかかると嫌になって守らなかったり、自分の欲求を無理に通して守らないこともある。そのため、友だちとの遊びや仲間関係が壊れてしまうことがある。子どもが自分の気持ちを調整することの必要性を理解していけるように、保育者は、日常の生活を通して、モデルを示しながら適切な援助をしていく必要がある。

> （カ）さまざまな人と触れ合い、自分の感情や意志を表現しながら、ともに楽しみ、共感し合う体験や人の役に立つ喜びを味わう。また、家族の愛情に気づき、家族を大切にしようとする気持ちが育つようにする。

　子どもは、限られた人間関係のなかで生活しているので、小中学生、高齢者などの異年齢の人々や障害をもつ人、警察や消防署など地域で働いている人々など、さまざまな人の訪問や招待などを通した交流が、人と関わる力のもととなる。さらに家族との関わりに関心を向けることは、大人の考え方や生活の仕方を学ぶことができ、大変重要である。
　保育者は家族のことを話題にしたり、家族の気持ちを考えたり伝えたりする機会を設け、子どもが家族の愛情に気づき、家族を大切にしようとする気持ちをもつよう働きかけることが必要である。家族とのよりよい関係をはぐくむ、子どもの情緒の安定を図り、幼稚園生活のなかで安心して自己発揮できるようにすることが大切である。

3-2 「保育所保育指針」「幼保連携型認定こども園教育・保育要領」の「人間関係」

(1) 3歳以上児の保育に関する「ねらい及び内容」

「ねらい及び内容」の内容は、「保育所保育指針」「幼保連携型認定こども園教育・保育要領」「幼稚園教育要領」ともほぼ変わりはない。保育を受ける側と保育をする側の呼び方は「幼児、子ども、園児」、「教諭、保育士、保育教諭」など、各施設によって違っている。

(2) 1歳以上3歳児未満児の保育に関する「ねらい及び内容」

「ねらい及び内容」の内容は、保育所と幼保連携型認定こども園と変わりはない。「子ども、園児」「保育士、保育教諭」など、保育を受ける側と保育をする側の呼び方は施設によって違っている。ここでは、保育所の内容を中心に述べる。

①基本的事項

　この時期は、基本的な運動機能や身体的機能が発達してくる。やがて発声も明確になり、語彙も増加し、自分の意志や欲求も言葉で表出できるようになってくる。このように自分でできることが増えてくる時期であることから、保育士などは、子どもの生活の安定を図りながら、自分でしようとする気持ちを尊重し、温かく見守るとともに愛情豊かに応答的に関わる必要がある。

②領域「人間関係」のねらい

　他の人々と親しみ、支え合って生活するために、自立心を育て、人と関わる力を養う。
　（ア）保育所での生活を楽しみ、身近な人と関わる心地よさを感じる。
　（イ）周囲の子ども等への興味や関心が高まり、関わりをもとうとする。
　（ウ）保育所の生活の仕方に慣れ、きまりの大切さに気づく。

③領域「人間関係」内容
　（ア）保育士等や周囲の子ども等との安定した関係の中で、共に過ごす心地よさを感じる。
　（イ）保育士等の受容的・応答的な関わりの中で、欲求を適切に満たし、安定

感をもって過ごす。
- （ウ）身の回りに様々な人がいることに気付き、徐々に他の子どもと関わりをもって遊ぶ。
- （エ）保育士等の仲立ちにより、他の子どもとの関わり方を少しずつ身につける。
- （オ）保育所の生活の仕方に慣れ、きまりがあることや、その大切さに気づく。
- （カ）生活や遊びの中で、年長児や保育士等の真似をしたり、ごっこ遊びを楽しんだりする。

④ 領域「人間関係」内容の取扱い
- （ア）自分でなにかをしようとする気持ちが旺盛になる時期なので、子どもの気持ちを尊重し、温かく見守るとともに愛情豊かに、応答的に関わり適切な援助を行う。
- （イ）子どもの不安定な感情表出には、保育士等が受容的に受け止めるとともに、その気持ちから立ち直る経験や感情をコントロールすることへ気付いていけるような援助をする。
- （ウ）子どもの自我の育ちを見守るとともに、保育士等が仲立ちとなって自分の気持ちを相手に伝えることや相手の気持ちに気付くことの大切さ、友達の気持ちや友達との関わり方をていねいに伝えていく。

引用文献
1) 文部科学省『幼稚園教育要領』フレーベル館，2017，p.14　3〜4
2) 厚生労働省『保育所保育指針』フレーベル館，2017，p.13　2〜4
3) 内閣府・文部科学省・厚生労働省『幼保連携型認定こども園教育・保育要領』2017
4) 前掲書2)
5) 前掲書3)

参考文献
・文部科学省『幼稚園教育要領』フレーベル館，2017
・厚生労働省『保育所保育指針』フレーベル館，2017
・内閣府『幼保連携型認定こども園教育・保育要領』フレーベル館，2017
・塚本美知子・大沢裕編著『新保育所内容シリーズ２人間関係』一藝社，2010
・榎沢良彦・入江礼子編著『保育内容人間関係（第2版）』建帛社，2013
・成田朋子・小澤文雄・本間章子編著『保育実践を支える人間関係』福村出版，2013
・田代和美・松村正幸編著『演習保育内容人間関係』建帛社，2015
・酒井幸子『保育内容人間関係』萌文書林，2015

第2部

子どもの発達と人間関係

第4章　0・1・2歳児における人との関わりの発達と保育者の援助

第5章　3・4・5歳児における人との関わりの発達と保育者の援助

第6章　愛着形成の理論と実際

第7章　子どもの自立心

第8章　子どもの自己主張と自己発揮

第9章　いざこざ・けんかなどのトラブル

第10章　共感・思いやり

第11章　道徳性・規範意識

第12章　コミュニケーション能力

第13章　個と集団の育ち

第4章
0・1・2歳児における人との関わりの発達と保育者の援助

　本章では、0〜2歳児の発達がどのようなものか、保育者はどのように一人ひとりに関わって人との関わりを促していくのかを学習する。保育場面での子どもとの関わりでは、さまざまな対応が求められる。実際に、一人ひとり異なる子どもに適切に対応するには、一般的な子どもの発達を踏まえたうえで、個に応じた関わりを工夫していかなければならない。個に応じた温かな関わりができるように、子どもの発達過程を熟知し、援助の方法を考えてみよう。

4-1　有能な乳児

　人間は、他の哺乳動物と比べると、特別な存在であるといわれている。同じ哺乳類である仔牛は、生まれるとすぐに立ち上がり、自分の力で親牛に近づき、「乳」を吸うことができる。人間の子ども（乳児）の場合は、自身の生命を維持することを人に委ねている。その身体的発達の過程で「首が座る」「寝返り」から「歩行の完成」への成長を重ね、「初語（はじめて発する言葉）」までに、約1年もの時間を費やすのである。
　スイスの生物学者アドルフ・ポルトマンは、哺乳動物のなかでも、とくに未熟な状態で生まれるこのような現象を「生理的早産」という言葉で表現している。乳児は、養育者の世話がなければ生きていけない。他方、生まれたときから人に強い興味を抱き、人を引きつける多くの能力をもっている。このような生まれたときから身についている能力のことを、「生得的な能力」という。

4-2 乳児の生得的な能力

　赤ちゃんを対象とした研究の進展によって、乳児はこれまでに考えられていた以上に発達段階と密接に関係する特別な能力を備えていることが明らかになった。ここでは、視覚、聴覚、味覚、嗅覚、触覚の発達をみることとする。

　視覚は、五感のなかで一般的視覚情報は約87％を占めているとされている。新生児の視力は0.01程度、視野もごく狭く、両目の焦点もごく限られているが、一定距離をとらえる視覚機能はあるとされている。また、水晶体を調節する機能も未成熟なため、その焦点距離はおよそ20㎝といわれている。この距離は、大人が乳児を抱き抱えながらあやしかける距離に一致する。

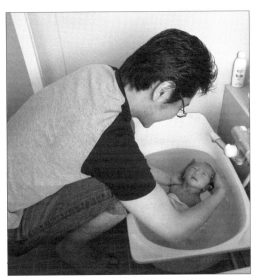

生まれたばかりの新生児

　聴覚は、胎児のころから機能しており、大人の会話などを胎内で音の刺激として受けている。とくに生後数日しかたたない新生児は、ほかの声よりも自分の母親の声を聴くことを好み、母親の声とほかの女性の声とを区別することができる[1]。さらに、新生児が他の音よりも人間の声に反応し、選好する結果も示されている[2]。

　味覚は、妊娠30週（胎児の時期）を過ぎると、舌の味の感じる部分が発達し、苦味や甘味を覚えはじめる[3]。さらに、味覚は離乳食のころに育つといわれており、酸味、辛みなどの刺激の強いをもの口に含むと驚いた反応とともに口から吐き出す様子がみられる。

嗅覚は、妊娠23週ごろ（胎児の時期）には完成して、臭いを感じる準備ができている[4]。出生後には、母親の乳房のにおいやミルクのにおいなどに対して敏感に反応し、顔を向けてまさぐるような行動をみせる。

　触覚について、抱きつく、接触するという行動が乳児の精神に影響をおよぼしていることを明らかにしたのがハーロウの赤毛サルの実験である。

　この実験結果から、乳児にとって、養育者の存在は不快なことや不安な要因を取り除き、情緒的に安心感を与える存在に愛着を抱くといえ、生命維持のための栄養だけを与えてくれる存在には愛着を感じないと考えられる。山口は、「子どもの脳は『肌』にある」と述べた[5]。皮膚は「露出した脳」ともたとえられるように、最近の研究で皮膚にも脳と同じ物質が含まれていることがわかった。だからこそ、皮膚にふれるスキンシップは重要といえる。乳児期における肌の接触は、スキンシップを高める効果のみならず、人との関わりの原点ともいえる。

4-3　「人との関わり方」の習得とはぐくみ

(1) 相互同期性（エントレインメント）

　生まれたばかりの乳児は音の高さや強さ、音色などの違いを区別しており、人の声に対しては、とくに反応しやすい傾向を生得的に備えている。そのため、保育者に声をかけられたりあやされたりすると、人の声にあわせるように身体的にリズミカルに反応する行動をとる。これを相互同期生という。

　乳児は未熟ながらも五感を機能させ、人を引きつける力を発揮している。乳児は保育者の顔を見て、母乳やミルクなどのにおいを感じ、耳で保育者の声を聴き、その声に反応する。保育者は乳児のそのような反応に気づき、乳児の反応に合わせて応答すると、両者が「ことばのやり取り」をしているかのようなコミュニケーションが続く。乳児にとって、保育者とのこのような関わりを繰り返すことで、保育者との間で信頼関係が築かれ、今後の人との関わりにおいて重要な基盤となる。

(2) 共鳴動作（模倣行動）

　新生児には「共鳴動作」といわれる一種の模倣行動がみられる。メルツォフらは、新生児を見つめてゆっくり舌を出したり、大きく口を開けたりするなどの表

情を繰り返すと、それをじっと見ていた新生児が自分自身の口を動かしはじめ、やがて同じような表情をする現象を報告している[6]。このような現象は「新生児模倣」と呼ばれ、生後すぐにみられ生後3〜4カ月のうちに徐々に消失することがわかっている。

　菊野によれば、乳児後期（生後8〜12カ月）になると、イメージする表象能力が発達し大人の顔の動きを視覚的にとらえながら乳児は再び表情の模倣を行うようになる。新生児期にみられる模倣は、のちに現れる乳児後期の模倣と同じではなく、生得的に備わっている「共鳴動作」としてとらえられており、新生児の内部に動作を統合するプログラムが生得的に組み込まれているではないかと述べている[7]。共鳴動作の働きは、保育者の母性本能を刺激し、相互同期性が同時に加わることにより母子間の関係性を一層強めることにつながり、人との関わりに重要な役割を果たしていると考えられる。

4-4 乳児と人との関わり

(1) 手足を動かすころ（新生児〜3カ月のころ）

　誕生したばかりの子どもは、1日中ほとんど眠って過ごす。空腹やおむつが濡れて不快に感じると泣きで知らせ、生理的欲求が満たされると心地よくなり、再び眠りはじめる。2カ月を過ぎたころより目覚めている感じがはっきりしてくる。室内の明るいほうへ顔を向けたり、動くものを目で追ったり（追視）、授乳してくれる人をじっと見つめ、手足をよく動かす。また、泣き声もおむつが汚れたときや空腹のときとで泣きの変化がみられ、保育者に抱かれたりあやされたりするとじっと顔を見つめ微笑むなどの反応がみられる。

　泣くという行為は、出生時から携わっている表現であり、「泣き」は乳児が生き抜くためにどうしても必要な自己表現の手段である。「泣き」の理由は空腹だけではない。おむつが汚れたとき、おむつなどで締め付けられたとき、体位を変えてほしいとき、からだの内部の痛みなどの不快な状況から逃れたい、とくに理由がなくても泣くこともある。保育者が速やかに泣きの原因を見極めることは大切といえる。

　新生児期にみられるほほ笑む表情は、「生理的微笑（新生児微笑、微笑反射）」といわれている。この笑いは乳児が意識して笑っているのではない。生理的に生じているものなので、おもしろいことで笑う大人とは違い、反射的に笑っている

のである。しかし、このほほ笑みは、保育者にとって乳児に対する愛らしさから育児意欲が向上すると考えられ、「生理的微笑」は人との関わりを築くきっかけとして非常に重要な表現である。1カ月過ぎから3カ月ころにみられる「社会的微笑」は、大人（他者）と関わることが楽しいという快感情の基盤となるため、保育者はしっかりと受け止めてほほ笑み返してあげることが大切である。

新生児は社会に適応していくために、自身に働きかけてくる大人の応答を全身の機能を使って受け止めている。ゆえに、自分自身の不快な状態を心地よい状態に変えてくれる人との触れ合いは「人と関わることの心地よさ、安心感」のはじまりにつながる。このころの保育者の関わりが、乳児のこれから先の健全な発達や情緒の安定に欠かすことのできない基礎となる。

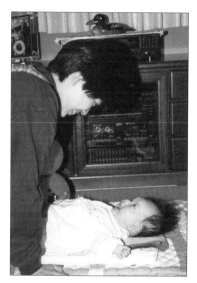

2カ月のころ

(2) 首がすわるころ（3～5カ月のころ）

このころになると、日中の午睡が3回くらいになり、昼と夜の生活リズムが安定してくる。目覚めているときに周囲のものに対する興味が生まれ、一人で遊んでいる様子がみられる。また、首がすわり、たてに抱かれると子どもの視野が広がり、周囲に対する興味も増してくる。腹ばいにすると両手をついて上半身をそらせて顔を上げられるようになる。

人に対する関心が高まり、「人に対する信頼感」「人といっしょにいることが楽しい」ということを「笑い」で表現する。このころになると自分から笑いかけたり、大人のあやしかけに応じたり、自分の声を聞いて楽しみながら、さまざまな

発声を試しながら、大人がその発声をまねたり、応答（あいづち）すると一層活発になる。笑いは、「楽しいね」「おもしろいね」と保育者との心が通じ合う関係ができて成立する。乳児にとっての「笑い」は言語であり、また、笑い声は言語で発するときの重要な発声方法でもある[8]。乳児との触れ合い遊びを通して、たくさんの笑いを引き出し、豊かな感情をはぐくむことが大切といえよう。「触れ合い遊び」とは、歌やリズムに合わせて、保育者と子どものからだや肌の一部を触れあわせることによって親近感をはぐくむ遊びである。

　触れ合い遊びを通して保育者との信頼関係が深められ、子どもは安心感を得られるためのびのびと成長することができる。

グライダーポーズ4カ月のころ
　＊グライダーポーズ：首が安定し腹ばいにするとお腹を視点にして、両手足を持ち上げる
　　（ハイハイの準備段階）

(3) 寝返りからハイハイのころ（5〜8カ月のころ）

　成育が早い子どもは、5カ月ごろからになると仰向けからうつ伏せへの寝返りができるようになり、腹ばい姿勢で遊ぶことが多くなる。やがて、前に進もうとして這おうとする意欲を見せはじめ、7カ月ごろにはうつ伏せから仰向けへの寝返りもできるようになる。寝返りを獲得する時期は個人差が大きいため、個人差に合わせた援助が必要である。首が坐り、次いで脊柱がまっすぐになり、パラシュート反応を獲得するころになるとお座りができるようになるが、この時期の座り方は手を前の床について支えなしに座る姿勢で長く続けることはできない。

次第に手を使わず足を前に投げ出して座る姿勢に移行し、9カ月ころになると自由に向きや姿勢を変えることができる。お座り姿勢が安定したことで手近にあるものを掴んで持ち替えたり、口にもっていってなめたり、いろいろな物をいじりながら、短時間ひとりで座って遊べる。さらに、盛んに喃語（なんご）を話すようになり、大人とのやりとりを楽しむなかで、ことばと事物や状況を結び付けて理解しはじめていく。

　6カ月ころになると、いつも世話をしてくれる人（母親や特定の養育者）には笑顔を見せるが、見なれない人はじっとみるなど相手を見分けるようになり、8カ月ころになると、「人見知り」がはじまる。これは子どもが人を識別して見分ける力が育った証であり、見知らぬ人への警戒心が強まったことを意味する。子どもの視界から愛着の対象である人（母親や特定の養育者）が見えなくなることの不安から起こるとも考えられている。子どもが不安を示す場合には、できるだけそばにいて安心させることが大切といえる。

　4月に入園したK児（11カ月）の例を挙げよう。K児は警戒心がとても強く、特定の保育者でないとおむつ替えや着替えもさせてくれない。もちろん、クラスの担当以外の保育者には、抱っこされることも嫌がる。担任以外の保育者が部屋に入ると、背中を向けて遊びはじめて、ときおり振り返り見ているが、その保育者と視線が合うと目をそらしていた。昼寝の時も担当の保育者がそばについてトントンすると、すぐに寝入るが、15分もしないうちに起き上がり、座り込んで泣いていた。

　こうしたことはなぜ起こるのだろうか。発達上で起こる人見知りの行為かもしれないし、その子の気質と関連しているのかもしれない。

　ある日、みんなが寝静まったころ、クラス担当の保育者が「お散歩しようね」と声をかけ、おんぶをして園内を散歩してみた。保育者の身体にギュッとしがみつき、少し緊張していたが、K児の気に入っている「いぬのおまわりさん」を歌いはじめると緊張がほぐれ、安心したようであった。お尻をトントンしたり、身体をゆらゆらしたりしていると、歌に合わせて「あ～あ～」と指さしして機嫌がよくなった。

　この機会があってから、K児とは他の子どもが昼寝をしている間、園内散歩をすることにした。担当の保育者とだけでなく、徐々に担当以外の保育者とも時間をかけてゆっくりと1対1の関わりをもつなかで、散歩のあとの昼寝の時間が少しずつ長くなり、情緒的に安定していった。

　保育所における担任間の連携は、子どもの昼寝時間を活用することが多い。K児の場合も昼休みの時間を活用し、担任間でK児への対応を検討した。また、家

での過ごし方や母親のK児への関わり方、父親の育児協力などの情報を得るなかで、K児への関わり方を工夫した。

　入園直後の母親には仕事と育児の負担がかかり、不安感とともに心身の疲労も予測される。K児の母親も、育児休業明けで緊張のなかで職場に復帰したに違いない。保育者としては、子育て支援も重要な役割である。他のクラスの保育者にも昼間の短時間でK児の様子を伝え、母親に温かい声をかけてもらうよう協力を求め、保育所全体でK児の育ちを見守る体制をとった。降園時には、母親にK児の昼間の様子を伝えるようにし、また、母親の都合のよい日に「園内散歩の場面」を見てもらい、K児が機嫌よく過ごす姿を見て安心してもらう機会もつくるなど、母親の不安感を少しでも減らせるような支援を行った。

　0歳児は、月齢による発達の差はもちろんのこと、育ってきた家庭環境の影響や個人的な気質により、保育所という集団への適応には個人差がある。個々の家庭や子どもの状況に応じた柔軟な対応こそが、保育者の専門的な技術といえる。

ハイハイの様子：6カ月のころ

　草薙らは、心理社会的要因が子どもの気質発達に影響することを見いだした。このことは、乳児はそれぞれ気質をもって生まれてくるが、その後の養育の仕方や家族や仲間関係、保育所や幼稚園など集団との関係のなかで変化していくことを示唆した[9]。つまり、大人の養育態度（環境）が子どもの成長に大きな影響をおよぼすということである。保育者は専門家として、しっかりと子どもの個性をとらえて理解し、個々にあった関わり方をすることが重要といえる。

（4）つかまり立ちのころ（1歳未満のころ）

　9～10カ月ごろになると、腰を持ち上げ、手のひらと足の膝を使って這う四つ這いができるようになる。四つ這いができるようになると自由自在に移動できるようになり、自由に動けることで満足感を得られる。また、このころになるとつかまり立ちやつたい歩きがはじまり、探索活動が見られ、行動範囲が広がるとともに好奇心も旺盛になり、何にでも手をふれたがり、試そうとする様子がみられる。一般的には生後9カ月以後になると、子どもの発達に大きな変化が生じる（9カ月革命と呼ばれている）。

　生後9カ月より前では、自己と他者または自己と物という2者間での関係（二項関係）で乳児の認識の世界は成り立つ（たとえば、「いないいないばぁ」）。

　生後9カ月以降では、自己と他者と物という3者間の関係が成立するため、保育者が「あれ、なにかな？」と指をさすと、指をさされた対象を、見るようになる（三項関係）。その後、知っている物やおもしろいことを発見すると「あっ、あっ」という声や表情で教える。言葉によるコミュニケーションの芽生えである。保育者は子どもの指さしに一つひとつ言葉をかけて受け止め、喃語を豊かにし、言葉への関心をもてるようにすることが大切である。

指さし：9カ月のころ

> **先輩のつぶやきに学ぶ**
>
> 0歳児保育の実習で難しかったこと。0歳児の保育実習では実習生は、おむつ交換をするのが大変だと言う。実習生は、「子どもがすごく動くので変えるのが難しかった」と話している。こんなとき、保育者はどのように関わったらよいのだろうか。

1日数回あるおむつ替えのときは、素肌のスキンシップのチャンスといえるので、保育者自身の働きかけが重要となる。優しく言葉をかけたり、体をなでてみたり、自由にメロディをつけて軽く手足を動かしてみたりと、子どもの機嫌をみながら楽しい時間にすることが大切である。

4-5 幼児（1～3歳未満のころ）と人との関わり

(1) よちよち歩きのころ（1歳～1歳6カ月のころ）

1歳の誕生日を迎えるころになると、少しの間ならひとり立ちができるようになり、大人が両手を持つとよちよちと歩くことができる。歩きはじめる期間には個人差があるが、全国調査によれば、ひとり歩きは「1歳を迎えると7割の乳児が可能」で、「1歳3カ月未満ですでに9割のものが可能となっている」と報告されている[10]。

また、一語でいろいろな意味を表現する「一語文」（ママ、マンマ、ブーブーなど）が言えるようになるが、自分の要求を言葉で表現することは、この段階ではまだ困難である。

自分の要求が強くなることで、自分が使いたい玩具があると他者と取り合いになり、友だちを叩いたり、押したり、かんだり、引っかいたりする様子がみられる。まだ、相手を思いやる気持ちが育つ段階ではないため、保育者は仲介者となり、両方の子どもが満足する対応を心がけるとよい。

また、バイバイなど、簡単な身振りをまねすることができるようになり、「ちょうだい」など生活に必要なことばがわかり、動作と結びつく。保育者は、生活のなかで事物や場面にあった言葉がけを積極的に行うことが大切になる。「ちょうだい」「ハイ」と言いながら物をやりとりする遊びは話し言葉の獲得につながっていく。また、保育者が子どもの興味を抱いているものに自分も関心を向

け、同じ目線に立って同じものを見てみるという子どもに寄り添った関わり方が言語の獲得に有効といえる。

「0歳児は話をしないし、1人で遊んでいるから0歳児との関わりが難しい」という話を学生から聞いたことがある。岡本は、子どもの発達が、一定の順序でなされるのに対応して、子どもは言語を獲得していくようになる。言語だけで一つの独立した発達があるわけではなく、それは子どもの全体的な発達のなかから生み出されると述べている[11]。菊野によれば、乳児の言語の発達は、時間の経過とともに発達するものではない。どれだけ多くの人からたくさんの言葉をかけてもらったか、どれだけ多く笑いかけてもらったか、どれだけまわりの友だちや大人から相手にしてもらったかが、言葉の発達にとって重要であると示している[12]。

1歳は言語の獲得期である。保育者は「しっかりと関わる」「話しかける」「笑いかける」「その子の気持ちを受容し、応答的に関わる」などまわりの大人の働きかけが重要である。この「受け止め」と「それへの対応」が、語彙量を豊かにし、話しことばにつながる土台となる。

よちよち歩き（1歳のころ）

(2) しっかり歩けるころ（1歳6カ月〜2歳未満のころ）

このころの子どもは、手足の運動が活発になり、協応動作が次第に発達してきて、全身の平衡機能が増してくる。小走りや後ずさりをしたり、わざと段差のあるところを歩いたり、段差から飛び降りたりするなど、自分で何でも試そうとする意欲が強くなり、そのことが生活の場面でも表れて、自分でやろうとする様子

がみられる。

　言語面では大人のことばを模倣する能力が育つため、語彙が急に増える。大人のことばがかなり理解できるようになり、二語文を使いはじめる子どももいる。物に名前があることに気づきはじめ、「なに？」と聞いたり、指さしたりして知りたがる。「お口は？」「お鼻は？」などと聞かれると、自分の身体の部分を指すことができる。

　他児と少しの時間は関わって遊べるようになるが、独占欲が強いために、物を取り合ったり、邪魔をされるとかみついたり、叩いたりと喧嘩をする場面もみられる。しかし、こうした経験のなかで大人との関わりとは異なる子ども同士の関わりが育っていく。保育者といっしょに、他児と遊んだり、早朝保育や延長保育の時間に年上の子どもの遊びをみたり、遊んでもらうなど、触れ合いを通した子ども相互の親しみが増す機会をつくるとよい[13]。

先輩のつぶやきに学ぶ

●保育実習で難しかったこと
　1歳児クラスに入った実習生からは、「さまざまなものに興味があり、高いところや危ないところにいってしまうので、子どもをよく見て危険を未然に防ぐことが難しかった」という言葉を聞く。こんなとき、保育者はどのように関わったらよいのだろうか。

　まずは、子どもの発達を押さえることが必要になる。この時期の子どもは、「やってみたいな」「できるかな」「これなんだろう」「さわってみたいな」という興味にあふれる。興味本位で行動することから思わぬ事故につながることがあるため、目を離さないようにすることが大切である。子どもの気持ちを大切にしながらも、危ないときにはきちんと知らせることが重要である。

(3) 自立と依存の間で揺れるころ（2歳～2歳6カ月のころ）

　赤ちゃんらしい丸みをおびた体型から、幼児らしい体型に変わるころである。行動面も変化し、身の回りのことを自分でしようとする。しかし、自立と依存の間で揺れることが多く、食事や衣服の着脱などを「自分で」最後までやろうとしているときに手助けされると、最初からやり直す姿もみられる。その反面、ときどき甘えて保育者にやってもらいたがることもある。

1歳のころには物の名詞や動詞、形容詞などを単語としての一語文という形で表現していたが、2歳になるころには知っている単語を組み合わせて、「これなぁに？」「わんわん、きた」と周囲で話されている言葉、保育者（大人）の話している言葉をすぐに模倣して習得していく（2語文）。しかし、このころは多くの語彙を使って自分の意思を表示する子どももいれば、理解力があってもなかなか話そうとせず、聞かれたときだけうなずくことで自分の意思を表そうとする子どももいて、言語の発達はウェルニッケ・フィールドに3000語の語彙が集積されるタイミングと関係しており、個人差が大きいと考えられている。

　人間のもつ感情のほとんどは、2歳代に芽生えるといわれているが、しだいに感情が分化し複雑になってくる。保育者に対する愛情も深まってくる反面、恐れや不安も強まって情緒が不安定になりやすい時期といえる[14]。2歳になったばかりのころは、自我意識が強くなるが、それをコントロールすることはまだできない。アンバランスの状態で、自分で自己を統制することが難しく、思い通りにならない場面では感情をコントロールできずに苛立ち、かんしゃくや頑固な行動をとる様子が見られる。

　保育者はできる限り冷静に対応し、子どもの心情や原因となった背景をくみ取り、様子を見ながら話しかけたり、抱っこをしたり、抱きしめたりと工夫し、同時に子どもの気持ちが転換できるタイミングをつかむことが必要である。

　また、このころは、他児への関心も高まってきているため、物の所有欲や独占欲が芽生えるため、「ほしい」という欲求のまま行動する様子がみられる。そのために他児が持っている玩具や遊びに興味を引かれ、物の取り合いによるけんかもしばしば生じる。そのような場面においては、保育者がそれぞれの言い分を十分聞く姿勢を示すことで、子どもは自分の思いを言葉で伝えながら、自己の行動や気持ちを振り返ることができるようになっていく。けんかは相手にも自分と同じようにさまざまな気持ちがあることを知るよい機会となる。取られて悔しい思いをしたり、相手を泣かせたりする経験を通じて、相手の気持ちに気づき、譲る、いっしょに使うなどのことができるようになり、そのような経験を積み重ねることで、人間らしいさまざまな感情が育つのである。

(4) 友だちとの関わりのなかでルールに気づくころ（2歳6カ月～3歳のころ）

　姿勢のコントロールが進み、手や足を片方だけ動かすこともできるようになるなど、手、足、全身の協応動作の巧みさが増し、大型遊具や体全体を使っての遊びが活発になってくる。気の合う友だちといる時間も遊びも多くなる。模倣遊び

においては、大人が日常的にしている言動をよく観察して覚えていて、2～3人の友だちとお店屋さんごっこやままごと遊びのなかで、「いらっしゃいませ」「ありがとうございます」など、みたて・つもり遊びがさかんに行われる。

また、園生活のなかでは、保育者の模倣をして、おやつの時間におやつやおしぼりタオルを配るなど、当番活動（園により違いがある）をすることを心待ちにする姿もみられる。

2歳8カ月のU児は、ままごと遊びをはじめるとエプロンとバンダナを保育者に差し出して、「して～」と言って、保育者の前で背を向けた。保育者が「おかあさん、おいしいごはん作ってね」と話すと、恥ずかしそうににんまり笑っている。仕度を終えたU児はすぐさまキッチン台の前で、フライパンにおもちゃのピーマンとパンを入れ、揺らしていた。テーブルの上にはコップや皿が置いてある。しばらくして、フライパンの中のピーマンを皿に移すと、引き出しから新たなバンダナをもってきて、料理の上にかけてにこにこしていた。このように、自分なりのイメージをもって遊ぶようになる。

他児と共通したイメージをもって遊びを楽しめるころである。遊びや生活にルールがあることがわかりはじめるため、保育者がいっしょにルールのある遊びのなかで友だちとの関わり、順番を守る、交替で使うなどの方法を教えながら、友だちといっしょに遊ぶ楽しさを伝えていくことが大切である。しかし、他児との関わりにおいてまだまだ自分の欲求をコントロールすることは難しいため、関わるなかでさまざまないざこざを引き起こす姿がみられる。人格の形成順序と照らし合わせとき、自我が明確化し、自己中心的な時期があるからこそ、その先に

ある社会性の芽生えや自己コントロール力の育ちにつながっていくと考えられる[15]。自分の気持ちを保育者に代弁してもらったり、保育者を通して相手の思いを聞いたりすることで、自分の気持ちをどう伝えるのか、相手がどういう気持ちなのかを知ることができるようになり、人間関係の基礎をつくり上げていくのである。

●保育実習で難しかったこと

2歳児クラスに入った実習生からは、「衣服の着脱について、どの程度手助けをしたらよいかわからない」という言葉を聞く。こんなとき、保育者はどのように関わったらよいのだろうか。

この時期は、まだ手伝いを必要とするものの、子どもは自ら簡単な身の回りのことができるようになる。なお、まだ甘えたい気持ちもある。試行錯誤しながら成長していくため、子ども自身が取り組む姿を見守り、難しそうな場合はさりげなく手を差し伸べ、自分自身でできたという達成感を積み重ねることが大切である。

4-6 保護者への対応

「保育所保育指針」「幼保連携型認定こども園教育・保育要領」のいずれも第4章において子育て支援について述べている。さらに、保育所・認定こども園などは、「その特性を生かし、保護者が子どもの成長に気づき子育ての喜びを感じられるように努めること」と示されている。

保育の現場においては、保護者への対応方法は保護者に直接的に働きかけるだけでなく、「おたより」「連絡ノート」「掲示版」などの文章を活用することが多い。とくに3歳未満児は、生活の連続性を保障することが重要であるため、保護者への個別支援が可能な連絡ノートの役割は、日々の保育と一体となった子育て支援の機能を果たしている。保護者と保育者との連絡ノートのやりとりを通じて、子育て支援につながる保護者対応の方法を学んでみよう。

【事例1】
自分でやりたい！
1歳児

（家庭から保育者へ）
　自分で食べたがります。お茶碗をひっくり返したり、スープに手を入れてかきまぜたり……。そのたびに床が汚れて、後始末が大変で泣きたくなります。
（保育者から家庭へ）
　お母さん、大変でしたね。自分で食べたい気持ちが出てくるこの時期、手づかみが増えてくると同時に遊び食べも多くなってきます。でも、この時期の手を使って食べることには意味があり、スプーンをもって食べるということに向けての準備段階でとても大切なことです。パン、野菜などは指でつまんで食べやすいようにし、自分で食べたいという欲求を満たしてあげることが大事です。食事の汚れは仕方ないこととして、ある程度は見守るようにしてはどうでしょうか。ただ、遊び食べが多くなったときは、「もうおなかがいっぱいのサイン」です。「ごちそうさまにしようね」と声をかけて片づけてよいでしょう。食事の時間は30分程度を目安にするとよいと思います。

　保護者の悩みごとに共感する一言は大切である。家庭からの相談には必ず応えなければならない。すぐに応答できないことには「園でも様子を見ておきます」などと書き添え、後日必ず応答することが重要である。保護者から相談を受けたときは、保育者の迅速な対応が大切である。それが保護者と保育者との信頼関係を作ることにつながる。

【事例2】
好き嫌い！
2歳児

（家庭から保育者へ）
　食べ物の好き嫌いが多くて困っています。どうしたらいいのでしょうか。昨晩は人参、ピーマンなど野菜がとくに苦手で刻んで入れても吐き出してしまい大泣きでした。
（保育者から家庭へ）
　食べ物の好き嫌いはどのご家庭も悩みのひとつのようです。このころの子どもは味覚が発達してくるので、今まであまり感じなかった味がわかるようになり食べ物の好みがはっきりだすようになります。こういうときは無理してすすめても効果はありません。ただ、保育園では「集団の力」という不思議な力が働き、友だちが食べていると「自分も食べてみようかな」「自分は食べられるんだ」という気持ちになります。これは「おいしさを共有する」ということです。
　大人が苦手だから、子どもが苦手だからと食卓にださないと、さらに好き嫌いにつながっていきます。味覚の幅は経験によって広がっていくといわれています。今は味覚が育っている時期だととらえ、お家の人といっしょに「おいしいね」と

いうことからはじめてみてはどうでしょうか？　また、お家での様子を聞かせてください。
　お迎え時間に余裕があるときに声をかけてください。園での様子をお伝えしたいと思います。

　働いている保護者とは送迎時に話す時間を確保することも難しいときがある。保護者の気持ちを汲み取り、ていねいに返答することが求められる。このような日々のやり取りこそ信頼関係が築かれるのである。

引用文献

1) De Casper, A. and Fifer, W.(1980) 'Of human bonding : Newboens prefer their mothers's voice', Science, 208 : 1174-1176.
　　B・バックレイ著　丸野俊一監訳『0〜5歳児までのコミュニケーションスキルの発達と診断』北大路書房，2016，p.31
2) Friemdlander, B. (1970) 'Receptive language development in infancy', Merrill Palmer Quarterly, 16:7-51.
　　B・バックレイ『コミュニケーションスキルの発達と診断』丸野俊一監訳，北大路書房，2016，p.31〜32
3) 小西行郎『知ればたのしいおもしろい赤ちゃん学的保育入門』フレーベル館，2006，p.14
4) 同上，p.15
5) 山口　創『子どもの「脳」は肌にある』光文社新書，2003
6) Ashmed, D. H. and Lipssitt, L. P(1977) 'Newborn heart rate responsiveness to human voices', paper presented at the Meetings of the Society for Research in Child Development, Detroit.
　　B・バックレイ著　丸野俊一　監訳『0〜5歳児までのコミュニケーションスキルの発達と診断』北大路書房，2016，p.31
7) Meltzoff, A. H., & Moore, M. K. 1977 Imitation of facial and manual getures by newborn infants. Science, 198, 75-78.
8) 菊野春雄編著『乳幼児の発達臨床心理学〜理論と現場をつなぐ〜』北大路書房，2016，p.50
9) 前掲書3)，p.68
10) 草薙恵美子・星　伸子・陳　省仁・安達真由美・高村仁和・大石　正「子どもの気質の学際的研究　−予備調査をふまえて−」『國學院大學北海道短期大学部紀要31』2014，pp11-27
11)「乳幼児の身体発育値ー平成2年厚生省調査ー」高石昌弘編『小児保健シリーズ』No.38，社団法人日本小児保健協会，1992，pp62-64
12) 清水益治・森　敏明編著『0歳〜12歳の発達と学び〜保幼小の連携と接続に向けて〜』北大路書房，2013，p.43
13) 前掲書8)，p.61

14）千羽喜代子編著『新訂　乳児の保育』萌文書林，2010，p.128
15）同上，p.131
16）早川悦子・池田りな・伊藤輝子編著『やさしい乳児保育』青踏社，2014，p.79

第5章

3・4・5歳児における人との関わりの発達と保育者の援助

　本章では、3～5歳児までの保育実践を通して、子どもたちがどのように人と関わっていくのか、関わりのなかでなにが育っていくのかを探り、子どもの人との関わりの発達やそれぞれの時期に応じた保育者の援助のあり方について学ぶ。人間関係が希薄になっている現代社会のなかで、幼稚園や保育所、こども園などでの集団生活は、子どもがよりよい人間関係を築くための経験を重ねる場として大変重要になっていることも押さえておこう。

5-1 人と関わる力をはぐくむ

　人と関わる力をはぐくむには、保育者は子どもとの信頼関係を築くことが第一である。保育者が一人ひとりのあるがままの姿を受け止め、見守り、ときには支えることで、子どもは保育者への信頼関係をはぐくみ、自立心が育っていく。保育者との信頼関係が築かれると、友だちへの興味も広がっていき、関わりが生まれてくる。

　友だちとの関わりのなかで、幼児は自分を出すようになる。そして、自己表現をすることで他児とのぶつかり合いを経験していく。ぶつかり合うことで、相手の存在や自分との思いや考えの違いに気づいていく。そこで、うれしい、楽しい、悔しい、悲しい、怒りなどの多様な感情を体験していく。

　このような経験を通して、自己の気持ちを出したり抑制したりしながら、感情をコントロールする力や、相手の存在や気持ちを推し量り、思いやったり、相手に沿ったり、互いに尊重するなどといった力がはぐくまれていくのである。

　幼稚園教育要領では、幼稚園のあり方として「一人一人の幼児が、将来、自分のよさや可能性を認識するとともに、あらゆる他者を価値のある存在として尊重し、多様な人々と協働しながら様々な社会変化を乗り越え、豊かな人生を切り拓

き、持続可能な社会の創り手となることができるようにするための基礎を培うことが求められる」とある。[1]

5-2 3歳児の人との関わりと保育者の援助

3歳児は月齢や経験の差が大きいので、一人ひとりを受け止め、それぞれのペースを大切にしていくことが保育の基本となる。保育者との信頼関係を基盤とし、好きな遊びを見つけたり、友だちの存在に気づいたり、友だちといっしょに遊ぶ楽しさを体験したりする。ときには、自分の思い通りに行かないことにも気づき、集団生活のなかで人と関わる力をはぐくみ、大きな成長を遂げていく。具体的な事例を通して考えていこう。

(1) 保育者との信頼関係を築く

3歳児の子どもたちは、幼稚園がはじめての集団生活であることが多い。今までの家庭環境と違った幼稚園という環境にどのように慣れていくかは、一人ひとり違っており、個人差がみられる。好きな遊具を見つけて遊び出す子どももいれば、保育者のそばにいつも寄り添っている子どももいる。また、入園前の友だちといっしょにいたり、気に入った場所にいたりする子どももいる。それぞれに、物や人、場など、自分のよりどころとなる環境に身を置くことで安定していく。保育者は、一人ひとりの子どもに心を寄せ、その子がなにを求めているかを読みとり、子どもたちにとって幼稚園が安心できる場となるようにしていくことが必要である。

【事例1】

なに、見てるの？　　　　　　　　　　　　　　　　3歳児　4月

　アツシは、毎日登園後、自分のカバンや帽子を片付けると必ず行くところがある。それは、保育室前のテラスである。そこに座り込み、いつも外を見ている。入園して2週間、毎日そのような状態が続いているので、保育者はアツシの隣に座ってみた。アツシはなにも言わず、外を見ていた。すると、アツシが「アッ」と声を上げたので、「なに？」と聞くと「アリ」と指さした。アツシの足元にアリが1匹寄ってきた。保育者が「アツシくん、いつもアリを見てたの？」と言うと、「うん」と応える。「そうなんだ、アリが好きなのね」としばらくの間、保育者は

アツシとアリを見ていた。
　翌日、アツシの母親から「先生、昨日の夕食のとき、アツシが思い出したように、先生もアリ好きなんだよ、と言っていました。今まで、あまり幼稚園のことを自分から話さなかったので、よっぽどうれしかったようです」と話しかけられた。

　事例では、子どもが1人でいるという状況を、保育者が理解しようとして隣に座り、なにに興味をもっているかを見守っている。保育者は子どもが1人でいると声をかけて遊びを提供したくなるが、まずは今の子どもの気持ちを理解しようとすることが第一である。

　保育者が子どもの興味に理解を示し、いっしょに寄り添って見ている姿勢は、アツシにとって保育者への親しみの気持ちが生まれる出来事となっていった。

　翌日、母親からの報告にあったように「アツシが保育者の話をした」ことから、アツシが少しずつ保育者に関心を寄せていること、自分の好きなものと同じであったことで保育者への親しみの気持ちができはじめたことが理解できる。また、「自分から、幼稚園のことを話さなかったので」と言う母親の言葉からは、母親自身もアツシが担任と関係ができつつあることを喜んでいることが感じられる。

　はじめての集団生活は子どもも母親もいっしょである。子どもの気持ちや興味・関心を読みとり、寄り添いながら、一人ひとりの子どもとの信頼関係を結んでいくとともに、保護者との関係も構築していくことが必要である。

(2) いっしょにいる雰囲気を楽しむ

　子どもたちは、幼稚園に慣れてくると、自分の好きな遊びを見つけて遊び出していく。次の事例は、砂場での遊びの場面である。砂遊びは、自分のイメージしたものを表現しやすく、見立て遊びができる。そのために砂場の遊具の種類や数、砂の固さなど、環境設定の工夫が重要になる。また、砂の感触や水を含んだ泥の感触は、子どもの気持ちを安定させ、心を開放させる。まさに自分を出しやすい場となっている。

【事例2】
パーティー、パーティー　　　　　　　　　　　　　　3歳児　11月

　ユウマはカップに砂を入れ、近くにある丸いテーブルに並べた。6個くらい並べ終わると突然、「へーい、いらっしゃい、カレー、ジュース」と大きな声を出し、お店屋さんになりきっていた。するとテーブルの対面にいたレンが「カレーを一つ」と応えた。ユウマは「カレーね」と言ってカップを差し出した。とくにレンとのやりとりはなく、ユウマはまたカップに砂を入れ、「へーい、いらっしゃい」とテーブルに並べている。レンも「プリン、プリン」と言いながらカップをひっくり返し、プリン作りをしている。横にいたヒロトが「プリン、いいね、パーティー」と言って自分もカップに砂を入れ、レンも「パーティー、パーティー」と言ってカップに砂を入れる。丸いテーブルの上にはそれぞれの作ったご馳走がたくさん並べられた。
　そこに、保育者がやってきて、「おいしそうね」と声をかけると、ユウマ、レン、ヒロトがそれぞれに「パーティー」と言って保育者に差し出した。保育者はそれぞれの食べ物を食べ、「おいしかった、パーティー楽しいね」と声をかけると、3人は「パーティー、パーティー」と言って、またそれぞれに砂をカップに入れて食べ物を作り出した。

　事例では、ユウマはカレーにジュース、レンはプリンとそれぞれが思い思いのご馳走を作っている。自分の思いが達成できて楽しんでいる。ユウマは「へーい、いらっしゃい」と客を呼び込んでいるが、客に来てほしいというよりは、自分自身がお店屋さんになりきっていることで満足感を得ているようだ。
　レンがユウマの声に応えているが、そのあとのやりとりはなく、自分の遊びをそれぞれが楽しんでいる平行遊びが展開されている。しかし、ヒロトが言った「パーティー」の言葉にユウマ、レンも反応して「パーティー」が3人の共通なイメージとなっている。このような状況が友だちを意識したり、関わりのきっかけとなったりしていくのである。環境として、丸いテーブルがあったことも3人の関係性を近づけることになってる。同じ場で、同じような遊びを楽しむことで、友だちとの関わりのきっかけとなっていく。
　保育者は無理に友だち関係をつなげようとせず、まずは一人ひとりの遊びを認めることが大切である。「おいしそうね」の声かけに、それぞれが食べ物を差し出したことから、保育者に「自分を認めてもらいたい」気持ちが強い時期であることがわかる。一人ひとりの気持ちを受け止めながら友だちへの興味・関心が向いていくように、場を設定したり、言葉をかけたりしていくことが必要である。まずは自分の好きな遊びを十分に楽しむことが人間関係のスタートとなるのである。

(3) 自分の気持ちを表現する

　仲間入りはとても勇気がいることである。「入れて」の言葉の奥に隠れている幼児の思いを保育者は受け止め、相手に伝わるようにすることで、自分の気持ちを表現することの大切さを感じさせていく。

【事例3】

僕も入れて！　　　　　　　　　　　　　　　　　　　　　　　3歳児　10月

　ダイキとリクの2人は仲良しで、いつも登園するとすぐに大好きなプラレールで遊びはじめる。ずーと2人の遊びを見ていたショウが「入れて」とやってきた。ダイキとリクは返事をせずに、2人で遊び続けていた。ショウはそれでも「入れて」ともう一度大きな声で言った。2人はやっと顔を上げ、「ダメ」と言ってまた、遊びはじめていた。ショウは困った顔をしてその場で泣いてしまった。

　泣いている姿に保育者が気づき、「どうしたの」とショウに声をかけると、「入れてくれない」とショウは訴えた。「入れてくれないの、悲しいね」と保育者は応えた。

　保育者はダイキとリクに「ショウちゃん何で泣いているのかな」とショウの様子に気づくように声をかけた。2人は「だって、ダイキくんと遊んでいるから」「リクくんと遊んでいるから」と口々に言い、ショウの泣いている姿を見て困った様子であった。

　ショウは「入りたい、いっしょに遊びたい、プラレールやりたい」と思いながら、近くで見ていた。ショウは2人の楽しそうな姿を見ながらいっしょに遊びたい気持ちが高まった。そして、ショウは思い切って「入れて」と言ったのである。自分の思い、友だちへの要求を言葉に表したということを認めたい。

　しかし、ダイキとリクは返事をしなかった。2人の遊びが楽しく、ショウの気持ちを受け入れるまでにはいかなかったのだろう。再度のショウの訴えに「ダメ」と応えたダイキとリク、これも自分たちの気持ちを表現した言葉である。ショウは思い切って言葉を出したものの拒否をされ、悲しい気持ちになっている。

　保育者はショウの入りたい気持ちを受け止め、悲しさを共感するとともに「入れて」と言えたことは認めることが必要である。そして、ダイキ、リクにはショ

ウの泣いている姿に気づかせ、なぜ泣いているのかを考えさせていくことも必要である。ショウもいっしょに遊びたい気持ちを伝えるとともに、なぜ「ダメ」なのか理由も聞いていく。ダイキ、リクの言い分も聞き、ショウにはその理由を伝え、それぞれに思いがあることに気づかせていく。

保育者は「なんでも仲良く」と解決を急ぐのではなく、自分の気持ちを表現すること、それぞれの思いや考えがあることに気づかせることを、ていねいに援助していくことが大切である。それぞれの気持ちを受け止めることによって、子どもたちは自分の気持ちが理解されたことを実感し、気持ちが落ち着いていく。

5-3 4歳児の人との関わりと保育者の援助

4歳児は、気の合う友だちと遊びを展開するようになるが、自分の思いを出すことで互いの考えがぶつかり合い、トラブルが増えてくる。仲よく遊びたいけど遊べないなど、気持ちが揺れ動く時期である。保育者は互いの思いに気づかせ、遊びが楽しくなるように気持ちを調整していくことを学べるようにしていくことが必要である。日々の保育のなかで保育者がていねいに関わり、一人ひとりの力が十分に発揮される学級を経営していくことが大切である。具体的な事例を通して考えていこう。

(1) 相手の気持ちに気づく

みんなに人気のあるブランコ。数が少ないこともあり、取り合いになることが多い。保育者は、相手の気持ちに気づかせ、みんなが交代で乗るためにはどのような方法があるのかを示していくことが必要である。

【事例4】
10数えたら交代ね　　　　　　　　　　　　　　　　　4歳児　5月

サクラは、登園すると大好きなブランコへまっしぐらに走って行く。数日前に自分でこげるようになったのがうれしくてたまらない。走っていくとユウトがブランコをこいでいる。サクラが「貸して」と言うと、ユウトは「今乗ったばかりだからあとで」と断った。どうしても乗りたいサクラは、さっきよりも大きな声で「貸して」と頼んだ。ユウトは替わる気配もなくこいでいる。困ってサクラは泣き出した。

そこに保育者がやってきて、サクラに泣いている理由を聞いた。保育者はユウトに「サクラちゃんも乗りたいみたいよ」と言うと、ユウトは「今、ブランコに乗ったばかりなの、だからダメ」と言った。保育者は「そうなの、乗ったばかりなのね、でも、サクラちゃんも乗りたいから、10ずつで代わりばんこにしたら」と提案した。保育者は「ユウトくん、数えるよ。1、2、3、……」と数えた。10になるとユウトは段々とこぐのをゆるめ、ブランコを降りて「サクラちゃん10ね」と言って交代した。
　サクラが乗り、保育者が「1、2、3、……」と数えるとサクラもいっしょに「1、2、3、……」と数えはじめ、10になると段々とこぐのをやめ、「はい、ユウトくん、10ね」と言って交代した。2人はこのあとも、「1、2、3、……」と数を数えることも楽しみながら遊んでいた。

　事例では、サクラの「貸して」に対して、ユウトは「自分は今乗ったばかりだから、今は貸すことができない、あとでならいい」と、しっかりと自分が貸すことのできない理由を告げている。これは自分の気持ちを相手に伝えていることになる。サクラはユウトの「今、乗ったばかり」という気持ちを受け止めることができず、再度「貸して」と自分の気持ちを伝えている。サクラは自分でこぐことができたばかりであることもあり、乗りたい気持ちがとくに強かったのだろう。
　保育者は、それぞれの気持ちを確認し、互いの気持ちが満足いくような方法を提示している。このように、お互いの気持ちを受け止めながら、どのような方法があるかを知らせていくことが必要となってくる。ユウトもサクラも自分も乗りたいという相手の気持ちに気づき、保育者の提案で、「10ずつで交代する」というルールを学んでいった。

(2) 自己主張のぶつかり合い

　連日続いているどろんこ遊びでは、双方が思い切り自分の思いを言葉で出し合い、自分の思いや考えを伝えようとすることで、ぶつかり合いが生じている。このような経験を十分にしていくことが、人と関わる力をはぐくむために大切である。

【事例5】
ダメ、私が使うの[2]　　　　　　　　　　　　　　　　　　　4歳児　1月

　園庭のいろいろな場所から集めてきた土に水を加減しながら入れ、お玉でよくかき混ぜ、とろとろになるまで溶いている。
　この日は、地面の上に垂らしてクッキーを作っていたユイ。片付けの声がかか

り、作ったクッキーをとっておこうとシャベルで地面からはがしていた。そこへ、少し離れた場所でどろんこ遊びをしていたアイリがやってきた。「私にも貸して」と言うアイリにユイは「ダメ！ ユイが使うの」と一言。「いいじゃん、私だって使いたいの！」「ダメ！ ユイがはじめに使ってたんだから」アイリはユイの使っているシャベルに手をかけ、離そうとする。様子を聞きつけた子どもたちがやってきて、2人のまわりを囲んで、口々にそれぞれの思いを言う。「じゃんけん！」「けんかはなし！」「じゅんばん！」「さいしょにとった人の！」「1日ずつ！」。

　事例では、ユイもアイリも自分の考えを伝えると同時に、相手の考えに応答している。アイリはどうしてもシャベルを使いたくてユイの指をはがそうとした。言葉だけでは解決ができず、行動に移してしまっている。まわりの子どもたちは、「じゃんけん」「けんかなし」「じゅんばん」など解決の方法を提案している。2人の取り合いを自分たちの経験から解決しようと提案しているのだろう。

　どのように解決していくかは、保育者が先に決めてしまうのではなく、子どもたちに十分考えさせ、子どもたちの意見を取り入れながら考えさせていくことも大切である。また、当事者だけでなく、まわりの子どもも引き込むことでいろいろな知恵やアイディアが生まれてくる。なによりも自分たちで解決できたという実感を味わうことが重要である。

　保育者は、まずは互いの主張を見守り、互いの言葉で足りない、伝わりにくいと思うところを言葉で補っていく。そして互いの気持ちを確認しながら気持ちが満足するように援助していくことが必要となってくる。

　こうした経験を積み重ねていくことで、問題を解決する力や相手を理解しようとする気持ち、友だち関係の調整力がはぐくまれていくのである。

5-4　5歳児の人との関わりと保育者の援助

　5歳児は、さまざまな人間関係のなかで相手のことを理解し、関わるようになる。保育者は、幼児が集団生活のなかで個々の力を発揮して生かされる喜びや、

友だちみんなで協同して一つのことを成し遂げた達成感を味わえるように援助していくことが大切である。保育者が、一人ひとりの良さを認めることや、共感していく姿勢が必要となる。それが、子どもの自己肯定感をはぐくみ、互いを尊重する気持ちにつながっていくのである。具体的な事例を通して考えていこう。

(1) 自分自身の成長を感じる

　4月の進級は、年長児にとってとてもうれしいことである。新しい名札を付けて、年長組になった気持ちが高まっていく。ただ、新しい保育室や年長児としての役割など、環境の変化に不安をもつ子どももいる。うれしい反面、不安な気持ちもみられるのである。年長組の最初の仕事は、新しく入園した年少組を一人ひとり出迎える。保育者は、年長児としての自覚や自信がもてるように環境を整えたり援助したりすることが必要である。

【事例6】
おはよう　お部屋に行こうね　　　　　　　　　　　5歳児　4月

　ユキトは、門のところまでいって年少児を待っているが、恥ずかしがりやなので年少児になかなか声をかけることができない。それを見ていた保育者がユキトの手を取り、いっしょに「おはようございます」とあいさつをした。ユキトも思わず声が出て、あいさつすることができた。そして、保育者は年少児の手を取り、ユキトと手をつながせた。ユキトは緊張した様子だったが、他児の流れとともに靴箱に向かっていった。そのあとは、年少児の靴箱の場所を探してあげたり、外靴を入れてあげたり、一生懸命手伝っている。そして、保育室で全部の行程が終わり、また門のところに戻って行った。保育者が「ユキトくん、できたね」と言うと、ユキトは「うん」とうなずき、ほっとした表情を見せた。するとまた、門のところに年少児が登園してきた。ユキトは自然に手を差し出し、年少児を迎え入れていた。送ってきた母親に「お兄さん、よろしくね」と声をかけられると、ユキトは何とも言えない笑顔になった。

　「年少児の登園時の手伝い」という年長としての仕事に、恥ずかしながら取り組んでいるユキトの姿がうかがわれる。保育者はその様子を見て、ユキトが自ら動き出せるように、いっしょになってあいさつをしている。そして、年少児と手をつながせた。このことによって、ユキトも勇気が湧いたようだ。ユキトはそのあと、クラスの友だちの動きを見ながら最後まで年少児の手伝いをやり遂げ、保育者のところに戻っていく。

保育者は、ユキトが戻ってきたときに「ユキトくん、できたね」と声をかけている。これはユキトが最後まで取り組めたことを認めている。ユキトの「うん」と言った表情には、安堵の気持ちが表れている。ユキト自身もやり遂げた満足感を味わっている。そして、年少児の保護者に「お兄さん、よろしくね」と声をかけられたことは、ユキトの年長児としての意識を高めたと思われる。ユキトにとって、年少児との関わりは、自分自身の成長を感じる瞬間であった。

　このように、異年齢児の子どもたちが関わる活動を経験させることは大きな意味をもつ。年長児は年少児との関わりのなかで、年少児の役に立った自分を感じ、自分自身の力や成長を自覚していく。このことが自己肯定感につながっていく。年少児は、年長児が頼りになる存在、憧れの存在となっていく。やがて、その姿が自分たちが年長になったときのモデルとなり、連動していくのである。保育者は自分自身の成長が感じ取れるような場面を逃さず、受け止めていくことが大切である。

(2) 考えを出し合う

　年長組も2学期後半になってくると、自分たちで見通しをもって生活を進められるようになる。年長組では、こども会の発表に向けてグループごとに準備が進められている。「わんぱくだんのロボットランド」を行うQグループは、今日はお掃除ロボットを作る予定になっている。保育者は話し合いの環境を整えていくことが必要である。

【事例7】

いいね、ここにしよう　　　　　　　　　　　　　　　　　5歳児　11月

　グループのメンバーは、保育者といっしょにロボットを作るため、段ボールをどのようにしたらいいか絵本を見ている。しかし、保育室のすみで行っているため、7人で本を見るには狭い。保育者は「みんなで見るためにはどうしたらいい?」と声をかけた。アカリが「座ってみたら、広がれば、ここ狭いから……」と意見を言っているが、状況は変わらない。保育者が「アカリちゃんがなにか言っているよ。みんなに教えてあげて」とアカリに促すと、アカリは「あの、ここ、狭いから広いところで見たら」と言った。
　タクミが「いいね」と言い、保育者も「アカリちゃん、いいこと言ってくれたね。広いところがいいよね」と言って移動をはじめた。グループのメンバーは「どこだろう」と言って歩き回る。アカリは「広いところは廊下のところじゃない」と言って移動しようとしたので、保育者は「ここも広いよ」と保育室のスペースを指さした。「いいね、ここにしよう」と言ってみんなは絵本を囲むように座った。

> 「ここにこうしよう」と絵本を見ながら話し合いがはじまった。オサムは「入れない」とささやいている。保育者は「なにか言っているよ、仲間が。なあに」。オサムは「入れない」と小さな声で言った。「入れないんだって」。ユキナは「いいよ」と言ってみんなが少しずつ横に動き、オサムも輪に加わった。
> 　オサムは劇に使う段ボール箱を抱えていた。保育者は「オサムくん、それ、本番で使うから大事だよね、今は置いておこうか」と声をかけ、オサムも「そうだね、大事だから」と道具置き場に置きにいった。全員が揃うとグループの話し合いがはじまった。

　保育者は問題に気づき、子どもたちが話し合いを自分たちで進めていることは認めながらも、話し合いのできる状況ではないことを感じている。保育者はいっしょに話し合いに参加しながら、絵本を見ながら話し合えるにはどのような場所がいいかを子どもたちに気づかせるような声をかけている。アカリがその言葉に反応し応えているが、他のメンバーは話に夢中になり、気がつかない。

　そこで、保育者はアカリの発言に他のメンバーが気づくように促している。場所を移動したあとの場面では、オサムの「入れない」のつぶやきも保育者は聞き逃さず、グループのメンバーに気づかせている。

　このように、一人ひとりの思い、小さなつぶやきも1人の意見として認められるように保育者の援助が必要である。また、「仲間が」と言う保育者の言葉の奥には、保育者の同じグループとしての仲間意識が育つようにという思いが込められている。

　また、オサムが劇に必要な段ボール箱を抱えて集まってきたことに対して、保育者はその箱を置くように促している。その促しも「置いていらっしゃい」と直接的な指示を出すのではなく、「本番で使うから、大事だよね」とオサムの気持ちを汲み取って言葉をかけている。とかく、保育者は、話し合いの場面では、話し合いを進めることに援助しがちである。その前に、話し合いができる環境作り、たとえば、場所、隊形、参加するときの姿勢などに配慮することも大切である。こうしたことが、グループのメンバー一人ひとりが生かされる環境となり、グループの意識が高まるのである。

(3) 相手に合わせて関わっていく

　コウは外国籍の子どもで、年長9月に入園してきた。それまでは母親の母国で生活していたが、父親の母国である日本で暮らすことになった。母親とは母親の母国語で話し、父親とは日本語でやり取りをしているが、まだ、日本語でのコミュ

ニケーションは難しい。簡単なやり取りならわかるが、降園の集まりでの話や、絵本の読み聞かせなどは理解ができず、飽きてしまう姿がみられる。友だちとの言葉のコミュニケーションもなかなかうまくいかず、1人でいることも多い。保育者は、その子どもの困難さを受け止め、ていねいに援助することが必要である。

【事例8】
身振り、手振りで　　　　　　　　　　　　　　　　　　　　　5歳児　9月

　コウは、登園してくるといつもウサギ小屋にいってウサギを見ている。動物が好きなようである。ある日、動物当番をやっていたカエデが「先生、コウちゃんお当番じゃないのに餌を勝手にあげてるの。それもいっぱい」と怒った顔でやってきた。保育者はコウのところへいき、身振り手振りで餌の量を伝えたが、わからないようだった。
　次の日、保育者はネコグループが当番をやっているところにいき、「コウちゃんはウサギが大好きで、お当番したいのだけど、まだやり方を覚えていないでしょ。早く覚えるためにお当番を手伝ってもらってもいい？」と声をかけ、ネコグループのメンバーといっしょに当番をやることになった。保育者は写真を使って、手順が書いてある当番ノートを見ながら、一つひとつ簡単な言葉を添えて教えていった。コウも片言ではあるが、日本語を使いながらウサギ当番を楽しんでいた。ネコグループのツカサはその姿を心配そうに見守っていた。
　翌日のウサギ当番のとき、保育者といっしょにコウがいくと、ツカサがコウのそばに駆け寄ってきた。ツカサはコウの手を取りウサギ小屋にいき、ほうきを渡していっしょにウサギ小屋の掃除をはじめた。

　コウのように外国籍で、まだ日本に来て間もない子どもには、保育者はもちろん、クラスの友だちともコミュニケーションがとりにくい。身振りや手振り、簡単な日本語でコミュニケーションを図っていこうとするが、思うようには伝わらない現状がある。また、本人自身も自分の気持ちが伝わらず、不安な気持ちで園生活を過ごしている。
　この事例では、コウの興味のあることから幼稚園に慣れてほしいという保育者の気持ちがうかがえる。そこで、登園後にコウがウサギ小屋にいっていることから、毎日のウサギ当番にコウも参加させることを考えた。保育者はコウの気持ちを代弁し、当番の仲間に了解を得て、コウがウサギ当番に関わりやすい環境を作ったり、コウが理解しやすいように手順をわかりやすく提示したりするなど工夫をしている。結果はすぐには表れないだろうが、こうした保育者の姿勢が大切である。保育者のこのようなコウへの関わりがクラスの子どもたちにも伝わり、ツカサの行動を生み出している。

外国籍の子どもたちにとって、日本語が自分の意思を伝える言葉になるには時間が必要である。また、日本語から情報を得ることも時間を必要とする。保育者は一つひとつていねいに関わり、日々の生活が楽しくなるように細やかな支えが重要となってくる。そして、一人ひとりが認められ、受け入れられる学級の雰囲気がとても大切である。

5-5 保護者への対応

　保護者にとって子どもの人間関係はとても関心があり、友だちと仲良く遊んでほしいという願いを強くもっている。しかし、子どもは発達や経験によって、友だちと仲良く遊ぶこともあればけんかをすることもあり、さまざまな姿がみられる。保護者に、人との関わりにおける3歳児の特徴、4歳児の特徴、5歳児の特徴など、学年の特徴や発達について理解を促す必要がある。

　とくに自己主張が強い3歳児では、思いが通らないことでの不満やストレスを感じること、4歳児では、互いの意見のぶつかり合いによるさまざまな感情体験をすること、5歳児では、協同的取り組みのなかでの葛藤があることなど、これらは発達の過程で経験することであり、人と関わる力をはぐくむための大切な経験であることをていねいにわかりやすく周知していかなくてはならない。そして、その課題を子どもがどのように乗り越えていくか、保育者が子どもとともに考え、自分の力で解決していけるように指導・援助していることも合わせて周知していく。

　その方法としては、幼稚園や保育所・認定こども園での具体的な姿やエピソードを通して、人と関わる力がはぐくまれていく過程をわかりやすく、学級だよりや個人面談、学級懇談会、保護者との日々の関わりなどで伝えていく。タイミングを逃さないことが大切である。また、不安に思う保護者には個別に対応し、不安を取り除いていくことが必要である。

　子ども一人ひとりの良さを見取り、個々の成長を支えていくことが、保護者との信頼関係を築くことになる。

先輩のつぶやきに学ぶ

　2年保育の4歳児、帰りの支度が遅いハルトがいる。降園時の集まりのとき、その子を待たずにみんなで歌を歌ったり、絵本を読みはじめたりすることがあった。以前から疑問をもっていたので、担任の先生に教えていただいた。担任の先生は、「早く準備を終わら

せていっしょに見たい」という気持ちになれるから、また、待っている子どももかわいそうだから、ということだった。先にはじめてしまうことへの抵抗は少なくなったが、実習後の授業を受けて、改めてどうすることがよいのか考えてしまった。

　保育者は、降園時の集まりで、なにを話すか、絵本を読むか、歌を歌うかなど計画的に行っている。しかし、それは誰のためなのかを考えることが必要だろう。

　もし、いつもこのような状況が続いてしまうのであれば、ハルトはみんなと共通の経験ができなくなる。また、学級の子どもは、ハルトをどうみるのだろう。「いつも遅いハルトくん」というような評価をしてしまうことにはならないだろうか。早く終わった子が楽しい活動に参加できるというのは、子どもに理解しやすいかもしれない。しかし、遅い子は待たなくてもよいということを学習することにもなる。

　まずは、みんながいっしょに集まれるようにしていくことが大切である。ハルトがなぜ遅くなってしまうのかの原因を見極め、早めに声をかける、少し支度を手伝うなど、全員が揃う状況を作ることが大切になる。

　保育者の一人ひとりを大切にする姿勢は、子どもたちのモデルとなる。相手を思う気持ちを育てることが、互いを認め合う学級を作っていく。それは、居心地のよいクラスになる。一人ひとりを大切にしていくこと、これが人権教育の基本でもある。

引用文献
1) 文部科学省『幼稚園教育要領』フレーベル館，2017，前文p.3
2) 髙梨珪子・塚本美知子編著『保育事例集』東洋館出版社，2007，p.172

参考文献
・全国国公立幼稚園・こども園長会『幼児教育じほう』7月号，2015
・文部科学省『幼稚園における道徳性の芽生えを培うための事例集』ひかりのくに，2001
・塩美佐枝編著『幼児の遊びと学び』チャイルド本社，2010
・友定啓子・小田豊編著『保育内容人間関係』光生館，2008
・塚本美知子・大沢裕編著『新・保育内容シリーズ　人間関係』一藝社，2010

第6章

愛着形成の理論と実際

　本章では、愛着について取り上げる。順調な愛着の形成は、子どもの生涯にわたる人間関係のもち方に深く関わるとされ、乳幼児期の重要な発達課題でもある。まず、愛着とはどういう概念なのか整理し、次に、愛着がどのように形成されていくのかを概観する。また、どの親子でも同じような愛着関係が成立するわけではない。愛着形成の過程で生じてくる愛着の個人差とはどういうものかについて学び、最後に保育者と子どもの愛着関係について考える。

6-1　愛着とは

(1) 大人を引きつける赤ちゃん

　多くの動物のなかでも、人間の赤ちゃんは極めて無力な存在である。自分1人では、移動することも、食べたり飲んだりすることもできないし、寒かったり暑かったりしても、衣服の調節は自分ではできない。しかし、赤ちゃんにはこれらを解決するための、大変優れた手段が備わっている。それは、大人の注意を自分に引きつけ、自分との関わりに引き入れてしまうような行動のメカニズムである。たとえば、赤ちゃんが空腹を感じて泣くと、それを聞いた多くの大人は「どうしたのか」と泣いている原因をあれこれ考えながら駆け寄り、あやしたりミルクを飲ませたりするだろう。あるいは、大きな物音に驚いて泣き出した赤ちゃんにも、大人は駆け寄って抱き上げ、「大丈夫だよ、よしよし」と安心させるように優しく語りかけ、なだめようとするだろう。その結果、赤ちゃんは、空腹や恐怖の状態から抜け出すことができるのである。

(2) 愛着とはなにか―ボウルビィの愛着理論―

　自分の危険な、または不安・不安定な状態を、安全で安心できる状態にするために大人からの養護的な働きかけを引き出すような行動パターンは、赤ちゃんの生存のための武器だともいえる。それはほとんど生得的に備わっている、もって生まれたものと考えてもよいだろう。また、その際の大人との関わりは、赤ちゃんが最初に経験する「人間関係」である。そして、このような経験を繰り返すうち、とくに自分との関わりが濃密な相手に対して、強い情緒的な結びつきができてくる。この特定の相手への強い情緒的な結びつきのことを「愛着」という。

　愛着の概念を生み出し、理論を作り上げたのは、イギリスの児童精神科医ジョン・ボウルビィ（Bowlby, J）である。ボウルビィは、第二次世界大戦が終わったころ、親を亡くして施設で育つ乳児に、高い死亡率や心身の発達の遅れ、情緒不安定が多くみられることについて、WHOの委託を受けて調査・観察を行った。そして施設で育つ乳児の問題の主な原因を「母性的な養育が剥奪された状態であること（マターナルデプリベーション）」と考えた。そこで、施設が乳児へのスキンシップを増やしたり可能な範囲で担当制の保育を行うなど世話の仕方を変えたところ、乳児の状態に改善がみられたという。

　ボウルビィが「マターナル（母親の）」という用語を用いたため、愛着が形成される対象は生みの母親であるという一義的な理解がされがちだが、「継続的に母性的養護を行う人物」であれば、父親でも、祖父母でも、あるいは保育者でも愛着の対象になり得る。

　また、愛着という言葉は「愛情」と混同されやすいが、ボウルビィの考えた愛着の概念は、愛情とは異なる。愛情は「特定の他者に向かい、その他者とつながれることを喜びとする」気持ちを指すが、愛着は「危機が予想された時に生じる恐れや不安などのネガティブ（否定的）な感情を、特定の他者にくっつくことによって調整しようとする欲求」であり、「実際にくっつくという行動の傾向」を指す概念である（遠藤、2017）[1]。図6-1は、以上のような愛着のメカニズムを図示したものである。また、愛着行動とされているものを、表6-1に示した。

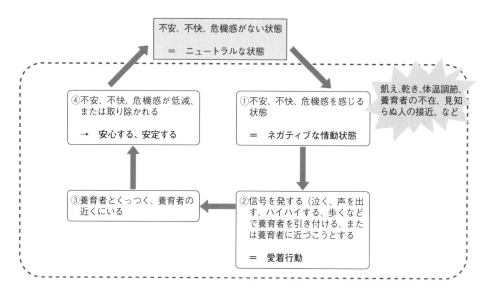

図6-1 愛着のメカニズム（数井，2012を筆者が改変）

表6-1 愛着行動の種類

種類	具体的な行動
発信行動	泣く、声を出す、手足をバタバタさせる、微笑するなど
定位行動	相手の方を見る、見つめる、目で追う、手を伸ばすなど
接近行動	（ハイハイや歩行で移動が可能になった乳幼児が）相手の近くに行こうとする、相手にくっついていようとする

(3) 生涯にわたる愛着

　図6-1からは、愛着が主な養育者との相互作用の繰り返しによって形成されることがわかる。図の①から④を毎日繰り返していくと、乳児は、自分の不快感や恐怖心を取り除いてくれる人に対して信頼感をもつようになる。それと同時に、世話をしてもらうこと（自分への関わり）を引き出した自分自身の行為についても自信をもつようになる。このことから、乳幼児期の愛着の形成のあり方（養育者とのやりとりの質）が、その後の他者との関わり方、すなわち人間関係の基盤となるものと考えられている。つまり、安定した愛着を築く経験をした子どもは、その後の人生においても「自分には手を差し伸べてくれる他者が存在するのだ」という確信や自信のもとに、さまざまな人と関わっていくことができ、困難な状況に直面したときにも、他者に助けを求めることができる。他者全般に対して安心感・信頼感を土台にした人間関係を形成していけるのである。ところが、何らかの原因で愛着がうまく築けなかった子どもにとって、他者は信頼してよいかど

うかわからない不安な存在であり、困難な状況に直面したときにも、容易には他者に助けを求められない。他者全般に対して不安や不信感をもつため、安定した人間関係を結ぶことが難しくなる場合がある。

6-2 愛着の発達

(1) 愛着の発達段階

愛着は、乳児から発する愛着行動に反応して乳児に近づき、世話をする大人の存在が前提となっている。だが、愛着が乳児からの発信をきっかけにしているとしても、大人が反応した瞬間から人間関係がはじまり、子どもの成長とともに愛着の様相も変化していく。ボウルビィは、愛着の形成過程を表6-2に示したような4つの段階で説明している。

表6-2　愛着の発達段階

段階	各段階の特徴
第1段階 (誕生～生後3カ月ごろ)	【特定の相手を選ばない段階】 この段階の乳児は、まだ人を見わける認知力はない。誰に対しても発信行動(「泣く」「声を出す」「微笑する」など)や定位行動(「相手を見る」「相手を目で追う」など)を行い、関わられることを喜ぶ様子がみられる
第2段階 (生後3～6カ月ごろ)	【1人または数人の特定の相手に選択的に愛着行動を向ける段階】 この段階の初期には、まだ誰に対しても親しみのある行動をとる傾向がみられるが、徐々に、主な養育者(一般的には母親)に対する愛着行動がより頻繁に、また多様になる
第3段階 (生後6カ月ごろ～2歳ごろ)	【特定の人物に対する愛着形成が明確になる段階】 主な養育者に対する強固な愛着行動が観察されるようになる。ハイハイなどで移動できるようになると、養育者の後を追い、姿が見えなくなると強い不安を感じる(分離不安)。また、養育者ではない人、これまで見たことのない人に対して、強い警戒心や恐怖を感じ、避けたりする(人見知り)
第4段階 (2歳ごろ～　)	【養育者の意図が理解でき、それに応じて自分の行動目標の修正ができるようになる段階】 他者(養育者)には自分と異なる意図や目的があることを理解できるようになる。養育者の気持ちや、次の行動の予測もできるようになり、それに合わせて自分自身の行動を修正することが可能になる。愛着の対象となる養育者が視界になくても、その存在を表象として心の中に描くことができるようになる

●第1段階（0〜3カ月ごろ）：【特定の相手を選ばない段階】

　生後間もない乳児でも、視覚的に単純なものより複雑なものを好むとか、とくに「人の顔」と認識される刺激をより長く注視することが知られている。また、大人が乳児の顔をじっと見ながら口を開けたり、舌をゆっくり出し入れしてみせると、乳児も同じように口を開けたり、舌を出したり入れたりする様子がみられる（共鳴動作）。

　このような反応は、愛着とは別に、乳児に備わっている「人（ひと）的な刺激」に対する生得的なメカニズムと考えられているが、こうした乳児の反応に対して、大人は「自分の真似をしている」と解釈して、さらに積極的に関わりたいという動機を強めていく。大人の側の、乳児に対するこうした感受性（敏感性）は、その後の愛着の発達を推進させる大きな力となる。ただ、この時期の乳児は、「人」は好んでも、複数の人を明確に識別する能力はまだ育っていないため、特定の養育者に限らず、愛着行動に答えてくれる人には誰にでも友好的にふるまう。

●第2段階（3〜6カ月ごろ）【1人または数人の特定の相手に選択的に愛着行動を向ける段階】

　「3カ月微笑」という言葉があるように、生後3カ月ごろは、まだとくに相手を選んで反応しているようにはみえない。しかし、主な養育者を含む複数の他者とのやり取りを繰り返し経験して6カ月近くなってくると、関わる頻度がより高い養育者に対しては、乳児からもより多くの愛着行動を示すようになってくる。主な養育者に対しては最も多くの、また、ごく身近な家族、たとえば父親や祖父母などの限られた人物にも、明確な愛着行動を向けるようになる。

●第3段階（6カ月ごろ〜2歳ごろ）【特定の人物に対する愛着形成が明確になる段階】

　第3段階になると、誰に対しても示していた親密な態度は影を潜め、主な養育者との愛着が形成されていることが、はたからみても明らかになる。たとえば養育者の姿が見えなくなると強い不安を感じて泣いたり（分離不安）、これまで見たことのない人に対して強い警戒心や恐怖を感じて避けたり、養育者にしがみつく（人見知り）。6カ月を過ぎると、ハイハイなどで移動できるようになり、自ら養育者の後を追う（後追い）など愛着行動のレパートリーも広がる。このころの子どもは、はじめて来た場所などで、見たことのないものに対する興味と不安を同時に感じるようなとき、養育者をなにかあったらすぐに戻って安心させてもらえる「安全基地」として、養育者が視界に入ることを確認しつつ、少しずつ離れて探索行動を行うようにもなる。

●第4段階（2歳ごろ）【養育者の意図が理解でき、それに応じて自分の行動目標の修正ができるようになる段階】

　これまでの養育者との相互交渉の経験や、養育者の行動を観察して得た知識に加えて、子ども自身の認知発達により、「他者（養育者）には自分と異なる意図や目的がある」ということが理解できるようになる。養育者の気持ちや、次の行動の予測もできるようになり、それに合わせて自分自身の行動を修正することが可能になってくる。そして、この段階では、愛着の対象となる養育者が自分の存在を表象として心の中に描くことができるようになる。養育者の存在を表象として心の中に描くことができるようになるので、養育者が自分の視界にいなくても、心の安定を保つことができる。

（2）愛着の育ち−新入園児の例−

　次の事例は、入園間もない3歳児のサトミの姿である。

【事例1】

笑顔でバイバイできるまで　　　　　　　　　　3歳児　4月

　サトミは、3歳4カ月で幼稚園に入園した。入園式から2週間ほど過ぎたころのサトミは、朝、母親が幼稚園に行く支度をはじめるとぐずぐずしはじめ、支度ができてもなかなか靴をはこうとしない。幼稚園までは母親と歩いていくが、途中からべそをかきはじめ、門をくぐって玄関のところで親と別れるときには大泣きしてしまい、担任の先生に抱っこしてもらって何とか保育室に入れるといった状況だった。しかし、1カ月を過ぎたころからは、にこにこと笑顔で登園してきて、母親に「バイバイ」と手を振って別れられるようになっていた。ときどき担任に「お母さん、おうちでサトミのこと『まだかなあ、まだかなあ』って待ってるんだよ」と報告に来る。

　どこの園でも4月当初によくみられる、母子分離時の光景である。サトミの年齢を愛着の発達段階に照らすと、第4段階に達していると仮定できる。入園直後は幼稚園の玄関で母親と離れることに対して強い不安を抱いて泣き続けるが、一

方では、母親が自分と別れたあとは家にいて、時間がくれば自分を迎えに来るということが理解できるようになっているはずである。実際、1カ月後のサトミの姿からは、この予測通りになったことがわかる。

では、保育者はこうした場面で、どのような意図をもって行動するのがよいのだろうか。まず、サトミが母親とスムーズに別れることができるようになった背景には、それまでのサトミと母親の間の、愛着形成の過程が大きく関わっている。サトミの場合、自分にとっての安全基地としての母親を心の中にしっかりと位置づけることができていたから、それほど長い時間をかけずに母子分離ができたのである。しかし、別の親子でも同じように進むだろうか。保育者は、入園までの期間、それぞれの親子なりの愛着の過程があることを念頭におき、どの親子についても、その様子を注意深く見守っていく必要がある。

サトミに対しては、母親と別れたくない気持ちに共感しつつ、安心できるようなスキンシップや優しい表情、これから楽しい遊びや活動がはじまるという見通しがもてるような言葉かけが必要である。これは、単にサトミを落ち着かせるというだけでなく、サトミにとって幼稚園で愛着の対象になるのは保育者自身であることの自覚のもとに行う対応である。こうした保育者の配慮により、サトミは保育者との間に新しい愛着関係を経験し、人間関係を広げていくのである。

6-3 愛着の個人差

(1) 愛着の測定－ストレンジ・シチュエーション法－

ボウルビィの共同研究者であるエインズワース（Ainsworth, M. D. S.）は、1960年代に、ウガンダで25人の母親と27人の乳児の詳細な観察研究を行い、愛着のあり方に個人差がみられること、そしてその個人差は、次の3つの行動に着目するとよく理解できることを見出した。

①母親が乳児のそばから立ち去ろうとした際に、泣いたり、後追いをして抵抗するかどうか
②母親がまた戻ってきた際に、乳児が母親に接近し、接触を求めるかどうか
③母親を安全基地として、活用する（探索活動などをする）かどうか

さらに、エインズワースは、愛着を測定する方法として、ストレンジ・シチュ

エーション法（Strange Situation Procedure：以下SSP）と呼ばれる方法を考案し、主として18カ月から24カ月の乳児とその母親を約20分間観察し、①〜③の行動の様子を中心に記録、分析したのである。

SSPの具体的な手続きは図6-2の通りである。8つの場面から構成されており、それぞれの場面で、養育者との別れや再開、見知らぬ人が入室する場面などが設定されている。

実験者が母子を室内に案内。母親は子どもを抱いて入室。実験者は母親に子どもを降ろす位置を指示して退出。(30秒)

母親は椅子に座り、子どもはおもちゃで遊んでいる。(3分)

ストレンジャーが入室。母親とストレンジャーはそれぞれの椅子に座る。(3分)

1回目の母子分離。母親は退出。ストレンジャーは遊んでいる子どもにやや近づき、働きかける。(3分)

1回目の母子再会。母親が入室。ストレンジャーは退出。(3分)

2回目の母子分離。母親も退出。子どもは1人残される。(3分)

ストレンジャーが入室。子どもを慰める。(3分)

2回目の母子再会。母親が入室しストレンジャーは退室。(3分)

図6-2　ストレンジ・シチュエーション法の8つの場面（柏木、2012より）[2]

(2) 愛着の個人差を生み出すもの

エインズワースはSSPで親子の愛着を調べた結果、3つの典型的なタイプに分類できるとした。さらに、その後の研究により、4つ目のタイプがあるという見

方が優勢となっている。表6-3は4つ目のタイプも含めて、各タイプの特徴を示したものである。

表6-3 愛着のタイプと養育者の子どもへの日常の関わり方

	SSPにおける子どもの行動特徴	養育者の子どもへの日常の関わり方
Aタイプ（回避型）	養育者がいなくなっても、泣いたり混乱することがほとんどない。再会時には、養育者から目をそらしたり、避けようとする素振りがみられる。子どもから養育者に抱っこを要求することは少なく、全体的に養育者とはかかわりなく行動することが多い	全体的に、子どもの働きかけに対して拒否的にふるまうことが多い。子どもに微笑みかけたり身体接触をすることも少ない。子どもが苦痛を示していても、それを嫌がり、遠ざけてしまうようなこともある。一方、子どもの行動を強く統制しようとする働きかけが多くみられる
Bタイプ（安定型）	養育者との分離に際して多少混乱したり、泣いたり、後を追う。再会時には積極的に身体接触を求め、比較的短時間で落ち着く。養育者を安全基地として、探索行動をおこなうことができる	子どもの欲求や状態の変化などに、相対的に敏感であり、子どもに対して過剰なかかわりや無理な働きかけは少ない。子どもとの接触や、遊びなどを楽しんでいる様子がうかがえる
Cタイプ（アンビバレント型）	養育者との分離に強い不安や混乱を示す。再会時には積極的に身体接触を求めていくが、同時に怒りながら養育者を激しくたたくなど、両極端の感情を同時に表す傾向がある。全体的に行動が不安定で、用心深く、養育者の傍を離れたがらないため、探索行動もあまりできていない	子どもの欲求に対してタイミングよく適切な反応を返すことがやや苦手である。子どもとの相互交渉は少なくないが、どちらかといえば養育者の気分や都合によるものであることが多い。その結果、子どもに対する反応に一貫性を欠いたり、応答のタイミングが微妙にずれたりする
Dタイプ（無秩序・無方向型）	養育者に顔をそむけながら近づこうとするとか、養育者にしがみついたかと思うと床に倒れこむなど、本来なら両立し得ない行動が同時にみられるとか、不自然でぎこちない動きがみられる。何をしたいのかが読み取りづらく、養育者に対しては、時折おびえているようなそぶりを示すことがある	抑うつ傾向が高かったり精神的に極度に不安定であることが多く、日ごろから子どもに対して虐待や、不適切な養育をするなどの危険な兆候が認められる。養育者自身が、過去のトラウマなどにより突発的におびえたり、混乱することがあり、そのことが子どもを怯えさせることにつながる

エインズワース自身の研究では、Aタイプ（回避型）が21％、Bタイプ（安定型）が67％、Cタイプ（アンビバレント型）が12％となっているが、その後世界中で行われたSSPの結果をみると、どの文化でも中流階級の家庭で育つ1歳児の6～7割はB型（安定タイプ）で、残りの3～4割は不安定な愛着を形成すると報告されている（高橋、2010）[3]。

愛着に個人差がみられる理由として、子どもが愛着行動を示したときの養育者

の関わり方が大きな要因と考えられる。Bタイプ（安定型）の養育者の関わりは、子どもの行動に敏感で、タイミングもよい。Aタイプ（回避型）の場合は、助けてもらいたくて子どもが行動を起こしても、拒絶しか返ってこないことを学ぶため、最小限の発信しかしなくなることが予測できる。Cタイプ（アンビバレント型）の場合は、いつも期待したような関わりが返ってくるとは限らないので、子どもは常に最大限の発信をして、自分への注意を引きつけ続けようとするだろう。

　Dタイプ（無秩序・無方向型）の場合は、本来なら、そこに行くと安心感が得られるはずの人が、同時に恐怖心を抱かせる人でもあるという矛盾した状況に陥るため、子どもはどうしてよいのかわからなくなって混乱した行動をとってしまうことが予想される。

　次の事例は、愛着形成が不安定と思われる1歳児の例である。1歳児の年齢は、愛着の発達段階の第3段階に相当する。この段階は、それまでの養育者との愛着の形成がどのように進んでいるかが、ある程度明確になる時期である。

【事例2】

甘えたい、でも……　　　　　　　　　　　　　　　　1歳児　6月

　1歳半のケンタは、保育所の1歳児クラスに通っている。0歳児クラスから継続して担任となっているA保育者が大好きで、A保育者を見つけると力いっぱい抱きついて甘えていくのだが、抱っこされながら足でA保育者を蹴ったり、髪の毛をつかんで引っ張ったり叩いたりもする。A保育者が少し大げさに「痛いよ、痛いよー」と言ってケンタを離してやめるように促してもなかなかやめない。そこでA保育者が他の子どもの方に行こうとすると、今度は激しく怒って、泣き出すこともある。

　実は、夕方母親が迎えに来たときにも、母親に飛びついていくのだが、やはり母親を叩いたり、ほっぺたをつねったりするような行動がみられる。ケンタの母親は、ケンタの激しい行動に対して、止めようとするでもなく、されるままのこともあれば、とにかく早く園を出ようとそそくさと持ち物をまとめて、一方的にケンタを引っ張るようにして出ていくこともある。ケンタの家庭はケンタのほかに3歳と5歳の兄と姉がおり、さらに母親は半年後に出産を控えている。父親は仕事が忙しく、育児に十分に関われていないようだ。

　愛着の発達段階の第3段階では、一般的には特定の養育者との愛着が形成されているため、養育者がいなくなると不安になって泣いたり騒いだりするが、戻ってくるとほっとして短時間で気持ちが落ち着く。ところが、ケンタは母親や保育士への態度が安定せず、大人の方もなかなかケンタとのあいだに親密な関係を築くことができないようである。

ケンタの母親は、出産を控えながら3人の子育てという厳しい育児環境にあることから、ケンタに十分関わってやれていない可能性が考えられる。また、降園時の様子から、母親のケンタに対する態度にも、やや一貫性に欠けるところがあるかもしれない。

　では、保育者ができることは何だろうか。ケンタの気持ちを考えてみよう。「もっとかまってもらいたい」「甘えたい」という欲求が十分に満たされていないうえに、それを素直に表せず、満足の気持ちと不安とが複雑に絡み合ってしまうのではないだろうか。そのためケンタは安心できず、母に対してもA保育者に対しても相反するような感情や行動を表してしまうのかもしれない。そうだとすると、ケンタの気持ちをしっかりと受け止め、保育者（大人）がケンタにとって真に安心できる相手であることを伝え、信頼関係を築くことが目標となるだろう。

　また、この事例は、母親とケンタの愛着関係に、保育者がどこまで調整や介入できるかという問題も含んでいる。母親に対しては、ケンタへの接し方を責めたり批判したり指導するのではなく、まずは育児や仕事の大変さを受容し、母親の苦労をねぎらいながら、保育者に対して心を開いてくれるような働きかけを心がけるべきだろう。

6-4　保育と愛着

(1) 保育者の役割

　平成29年度告示の保育所保育指針[4]の第2章「保育の内容　1 乳児保育に関わるねらい及び内容」の「（1）基本的事項　ア」には、次のようにある。

> 乳児期の発達については、視覚、聴覚などの感覚や、座る、はう、歩くなどの運動機能が著しく発達し、特定の大人との応答的な関わりを通じて、情緒的な絆が形成されるといった特徴がある。これらの発達の特徴を踏まえて、乳児保育は、愛情豊かに、応答的に行われることが特に必要である。

　基本的事項に続く「ねらい及び内容」の「イ 身近な人と気持ちが通じ合う」の部分を表6-4に示した。とくに愛着に関連していると思われる部分に下線を引いてある。

表6-4　保育所保育指針「イ 身近な人と気持ちが通じ合う」

保育所保育指針（平成29年告示）
第2章 保育の内容
1 乳児保育に関わるねらい及び内容　(2)ねらい及び内容

> **イ　身近な人と気持ちが通じ合う**
>
> <u>受容的・応答的な関わり</u>の下で、何かを伝えようとする意欲や身近な大人との信頼関係を育て、人と関わる力の基盤を培う。
>
> （ア）ねらい
> ①安心できる関係の下で、身近な人と共に過ごす喜びを感じる。
> ②体の動きや表情、発声等により、保育士等と気持ちを通わせようとする。
> ③身近な人と親しみ、関わりを深め、<u>愛情や信頼感が芽生える</u>。
>
> （イ）内容
> ①子どもからの働きかけを踏まえた、<u>応答的な触れ合いや言葉がけ</u>によって、欲求が満たされ、安定感をもって過ごす。
> ②体の動きや表情、発声、喃語等を優しく受け止めてもらい、保育士等とのやり取りを楽しむ。
> ③生活や遊びの中で、自分の身近な人の存在に気付き、親しみの気持ちを表す。
> ④保育士等による語りかけや歌いかけ、発声や喃語等への応答を通じて、言葉の理解や発語の意欲が育つ。
> ⑤<u>温かく、受容的な関わりを通じて、自分を肯定する気持ちが芽生える</u>。
>
> （ウ）内容の取扱い
> 上記の取扱いに当たっては、次の事項に留意する必要がある。
> ①<u>保育士等との信頼関係に支えられて生活を確立していくことが人と関わる基盤となることを考慮して、子どもの多様な感情を受け止め、温かく受容的・応答的に関わり、一人一人に応じた適切な援助を行うようにすること</u>。
> ②身近な人に親しみをもって接し、自分の感情などを表し、それに相手が応答する言葉を聞くことを通して、次第に言葉が獲得されていくことを考慮して、楽しい雰囲気の中での保育士等との関わり合いを大切にし、ゆっくりと優しく話しかけるなど、積極的に言葉のやり取りを楽しむことができるようにすること。

※下線は筆者による

　また、「（3）保育の実施に関わる配慮事項イ」には「一人一人の子どもの生育歴の違いに留意しつつ、欲求を適切に満たし、<u>特定の保育士が応答的に関わるように努めること</u>。（下線は筆者）」とある。

　いずれも文中に「愛着」の用語は使われていないが、「特定の大人との応答的な関わりを通じて、情緒的な絆が形成される」というのは、とりもなおさず愛着のことであり、保育の場でも特定の大人（保育者）との関わりが重要であること

が示されている。

なお、幼保連携型認定こども園教育・保育要領の第2章「ねらい及び内容並びに配慮事項」の第1「乳児期の園児の保育に関するねらい及び内容」にも、同様の記述がされており、乳児期を保育所、幼保連携型認定こども園で過ごす乳児にとっての保育士、保育教諭の存在の重要性が理解されよう。

(2)「安心の輪」を心がけて

本章の6-1（2）でも述べたように、現在では複数の人物が愛着の対象になり、それぞれの人物が愛着対象者としての機能を果たしていることがわかっている。母親以外で、愛着の対象となり得る人物の条件は、①身体的・情緒的ケアをしていること、②子どもの生活のなかにおける存在として、持続性・一貫性があること、③子どもに対して情緒的な投資＊をしていること、の3点を満たすとされているが、これらはまさに保育者のあり方を示しているともいえよう。

図6-1で愛着の仕組みを説明したが、ここではそれを子どもの探索活動の視点から表した「安心感の輪」を示す（図6-3）。この図で左側に描かれている両手は、子どもにとっての安全基地、すなわち愛着の対象者である養育者や保育者である。この輪の上半分は、安全基地をもった子どもが安心して探索活動をしている様子を表し、下半分は疲れたり、不安になったりして安全基地が必要になったときに戻ってくる様子を表している。

子どもが上半分の輪にいるときには、思う存分、自発的に探索行動や遊びに没頭できるよう、保育者は子どもを「見守る存在」でありたい。そして、子どもに必要とされたとき（輪の下半分）には「いつでも受け入れる安全基地」として、子どもからの働きかけを踏まえた「応答的な触れ合いや言葉がけ（保育指針）」を行うことが望まれるのである。両者がバランスよく機能していれば、子どもは、この輪の上を回りながら成長していくことができる。

これまで、養育者や保育者には、子どもとの関係において「敏感であること」が大切であるとされてきた。もちろん、子どものちょっとした表情の変化や仕草に気づき、言葉でうまく表現できないけれど訴えようとしていることが何なのかを周囲の状況から素早く読みとるといった敏感性はとても大切である。しかし、敏感であろうとし過ぎて、子どもが不安になって助けを求めようと自分から動く前に、先回りして手を差し伸べてしまうと、子どもは自ら発信する機会を失って

＊たとえば「今、子育て（または保育）で、悩んだり苦労することがあっても、それが子どものためになってくれればうれしい」というような養育者の思いのこと

図6-3　安心感の輪（数井、2012）[5]

しまい、図6-3の上半分の輪での経験が貧弱なものになってしまう。

　愛着の原点は、「ネガティブな状況に陥ったときの子どもからの発信」であった。ここを起点として、子どもがいつでも発信できる環境を整えておくこと、そして、子どもが信号を発していないときには安全基地から子どもを見守り、子どもが助けを必要としたときにタイミングのよい応答的な関わりを与えることが、保育の場での保育者の役割であろう。養育者とだけでなく、保育者とこのような経験を繰り返すことにより、子どもは自律的に他者との人間関係を結ぶ力を養っていくのである。

先輩のつぶやきに学ぶ

　私は、担当制をとっている保育所の0歳児クラスで、はじめて担任を任され、自分の担当する乳児を本当にかわいいと思いながら毎日の保育に取り組んでいる。しかしはじめのころは、「自分の担当の子は、すべて自分がみなければ」と強く思い過ぎて、自分の保育がこれでいいのか迷っても他の保育士に相談できなかったり、気がつくとまわりの子どものことが目に入らなくなってしまっていたこともあった……。

近年、保育者との愛着形成を重視して、乳児保育における担当制保育が推奨されるようになってきている。しかし、この先輩のように、家庭で母親とのあいだに築かれる愛着と同じ関係を結ばねばと肩に力を入れ過ぎてしまうと、無理が生じてくる。保育所は家庭とは異なる集団生活の場である。また、複数担任で、保育者それぞれの勤務形態や時間が異なることもある。食事やおむつ替え、着替え、睡眠などの場面で同じ保育者がていねいに関わりながら、愛着が形成されるのが理想ではあるが、子ども同士の関わり合いやクラス全体に対しても目を配れることが、保育者の専門性である。そのためには他の保育者との綿密な情報交換や連携ができる体制をつくることが大切になってくる。この先輩は、他の担任に悩みを打ち明けて相談に乗ってもらったことで、気持ちにゆとりをもって担当児と関われるようになった結果、担当以外の乳児への対応も自然なものになったように思うとのことであった。

引用文献
1) 遠藤利彦『赤ちゃんの発達とアタッチメント－乳児保育で大切にしたいこと－』ひとなる書房，2017　p.59
2) 柏木惠子『子どもも育つ　おとなも育つ　発達の心理学』　萌文書林，2012, p.69
3) 高橋惠子『人間関係の心理学』東京大学出版会，2010, p.117
4) 厚生労働省『保育所保育指針（平成29年告示）』フレーベル館，2017, pp.13-16
5) 北川恵「養育者支援」数井みゆき編著『アタッチメントの実践と応用』誠信書房，2012, p.27

参考文献
・初塚眞喜子『アタッチメント（愛着）理論から考える保育所保育のあり方』相愛大学人間発達学研究1, 1-16, 2010
・数井みゆき編著『アタッチメント－医療・福祉・教育・司法現場からの報告－』誠信書房，2012
・数井みゆき・遠藤利彦（編著）『アタッチメント－生涯にわたる絆－』ミネルヴァ書房，2005
・Marvin, R., Cooper, G., Hoffman, K. & Powell, B.『The circle of security project: Attachment-based intervention with caregiver-pre-school child dyads』Attachment & Human Development, 4, 107-124, 2002
・諸富祥彦・冨田久枝編著『保育現場で使えるカウンセリング・テクニック　子どもの保育・発達支援編』ぎょうせい，2015
・庄司純一・奥山眞紀子・久保田まり編著『アタッチメント－子ども虐待・トラウマ・対象喪失・社会的養護をめぐって－』明石書店，2008
・内閣府・文部科学省・厚生労働省『幼保連携型認定こども園教育・保育要領（平成29年告示）』フレーベル館，2017

第7章
子どもの自立心

　本章では、子どもの自立心について考える。子どもの自立心が育つには、さまざまな要因との関係が深い。それらは、乳幼児期からの重要な発達の課題である愛着・依存・自己発揮・自己主張・葛藤等々の過程を経て、子ども一人ひとりにとって本人なりの自信を身につけることと関係する。ここでは、まず、自立心とはどのようなことかを考察し、自立心をはぐくむための適切で多様な環境および援助について学ぶ。

7-1　子どもの自立心

　子どもの自立心を育てるとは一体どのようなことをいうのであろうか。人間は1人では生きていけない。人と関わり合い、互いに支え合って生活していく社会的動物である。それには、一人ひとりが他と心地よい関係を築きながら、個の自立心を確かにはぐくむことが必要といえよう。ここではまず、「自立心」を大枠でとらえる意味で、下記に示している「幼児期の終わりまでに育ってほしい姿」との関係について考えてみる。

(1)「幼児期の終わりまでに育って欲しい姿」[1)]

　「幼稚園教育要領」「保育所保育指針」「幼保連携型認定こども園教育・保育要領」が2017（平成29）年3月に告示され、2018（平成30）年4月に改訂（定）されたポイントとして「幼児期の終わりまでに育って欲しい姿」が記されている。
　それは、以下に示す①から⑩項目の内容である。この内容はとくに新しいことではなく、今までの5領域に示されていたことを10の姿として整理したものである。ちなみに、本書は「人間関係」がテーマであるが、領域「人間関係」は②か

ら⑤が大きく関連しているといわれている。ここでは、その中の「②自立心」に焦点を当てて考察する。

①健康な心と体
②自立心
③協同性
④道徳性・規範意識の芽生え
⑤社会生活との関わり
⑥思考力の芽生え
⑦自然との関わり・生命尊重
⑧数量や図形、標識や文字などへの関心・感覚
⑨言葉による伝え合い
⑩豊かな感性と表現

この「10の姿」の2番目に「自立心」という項目が明示されていることに注視し、その文言から「自立心」とはなにかを検討してみよう。

②自立心
身近な環境に主体的に関わり様々な活動を楽しむ中で、しなければならないことを自覚し、自分の力で行うために考えたり、工夫したりしながら、諦めずにやり遂げることで達成感を味わい、自信をもって行動するようになる。

さて、上記の②「自立心」について記されている言葉を、保育場面のなかの具体的な事例を挙げ、その意味することを考えてみよう。

【事例】
砂場で大きなお山を作りたい　　　　　　　　　　　　　4歳児　9月

　夏休み明け、「砂場で大きなお山を作りたい」と遊びはじめた子どもたち。広い砂場の中央では、5歳児たちが大きな山作りをし、トンネルを作り、ダムのように深く掘って水をためて遊んでいる。
　4歳児も同様に近くでやっているが、5歳児のようにはうまく固まらず、大きな山が崩れてしまう。ダイスケ「あ、崩れないように水汲んでこよう」と、5歳児が

水を使っているのを見て刺激を受けたのか、運んできてはザーッとかけるが、砂山は崩れてしまう。
　しばらくいっしょに繰り返していたタカシが、「もっと少しずつかけてみよう」と5歳児を真似て、水を少しずつかけて手でたたいて固めることを繰り返しはじめた。ヤスコもユミも砂場に来て、「私もやる」と大きな砂の山作りが展開していった。
　タカシがやっているように、他の子どもたちも、水を汲んできては少しずつ水をかけて砂を手でたたいて固め、夢中に繰り返しているうちに、だんだん砂山は大きく高い山になっていった。「すごいね！」「やったあ！」と顔を見合わせ、誇らしい満足な表情になっていった。「明日はもっと大きいのを作ってみよう」「ダムも作ってみよう」と、やや興奮気味におしゃべりを楽しんでいた。

　上記の事例は、「自立心」との関連でどのように考えられるであろうか。「自立心」の言葉のなかから、事例の子どもの言動や場面から、次のような関連が読みとれるのではないか。

「自立心」の言葉	砂場での子どもの様子
身近な環境	園の砂場で
主体的に関わり	大きなお山を作りたいと思って自らはじめた遊びを夢中になって楽しむ
しなければならないことを自覚し	「そうだ、砂のお山に水をかければいい」と水を繰り返し運ぶ
自分の力で行うために考えたり工夫したり	水をかけたら砂の山が崩れてしまった。「そうだ！少しずつかけて固めてみよう」と5歳児の動きをヒントに真似してやってみる
諦めずにやり遂げることで達成感を味わい	はじめは、大きくした山が、水をかけて固めても何度も崩れてしまうが、だんだん大きく高い山になっていき、「すごいね！」「やったあ！」「高いお山になった！」「かっこいい！」と口々に喜ぶ
自信をもって行動するようになる	「明日はもっと大きいのを作ってみよう」「すごい！ 大きいの、高いお山がきっとできるよ！」

　この「事例」の子どもたちの姿からは、まさに子どもの自立心が育つさまざまな要因がみられるといえよう。
　一体、主体的な遊びや主体的な学びとは、どのような姿をいうのであろうか。主体的な活動について、荒川・吉村[2]らは、「主体的な活動とは、内発的動機と呼ばれるような動因に基づく活動である。しかしこの動機は、内的に形成されるわけではなく、外的環境との相互作用の結果として、内的に形成されるものである。したがって、子どもの自発性そのものが環境の影響を受けるのである」ことを示唆し、子どもの内発的動機でさえ、環境要因の影響を大きく受けると言っていることは大変興味深い。
　この事例においては、4歳児は自ら「大きな山を作ってみたい」と自分なりの

想いやイメージを強くもって遊びに取り組みはじめた。それは、近くで5歳児が大きな砂山作りをしていたことに刺激され憧れをもったのであろう。さらに、4歳児も5歳児の隣の位置で山作りができる広い砂場があるという人的・物的環境要因も大きく影響したことが、4歳児の主体的活動の実現を促したといえるのかもしれない。この事例だけでなく、子どもにとって身近な環境といえる園生活のなかには、数多くの類似の場面に出会うであろう。また、そのような場面が展開する園の環境を保育者は意図的に用意したいものである。そして、そのなかから達成感やその子どもなりの自信につながっていくことが、自立心の芽となり子どものプラスの成長のサイクルとなって、自立の力へと育っていくと思われる。

(2) この時代にとくに必要とされる非認知能力と自立心の関係

前にも記したが、平成30年は改定年であり変化の年である。この変化にあたっては、2015年にもOECD（経済協力開発機構）などが「社会情動的スキル」を提唱している。社会情動的スキルは、日本では非認知能力（スキル）と呼ばれ、幼児教育のなかで意識的に求められる能力とされている。

では、保育のなかで「非認知能力」を育てるとは、どのようなことなのか考察してみよう。今、意識されている「非認知能力」とは、IQなどで数値化される認知能力と異なり、目に見えにくく数値化されにくい能力のことと示されるが、その育ちの把握がなかなかわかりにくいといわれている。学力は認知能力であり、非認知能力とは「学びに向かう力や姿勢」ともいわれ、「目標をもつこと」「意欲的であること」「興味関心を自らもつこと」「粘り強いこと」「試行錯誤しながら工夫すること」「仲間と協調して取り組む力や姿勢があること」等々といわれている。

非認知能力は、認知能力とともに大切であるといわれるが、これまでの教育は認知能力に重点が置かれすぎていたのではないかとの課題のうえ、両者とも重要であるという見解である。

さて、ここで「自立心」との関係について述べてみよう。

「自立心」とは、まさに非認知能力そのものではないかということである。前述した「自立心」について説明している文言と「非認知能力」の説明をしている文言は、驚くほど似ていることに気づかされる。前述した「幼児期の終わりまでに育ってほしい姿」のどれもが非認知能力を説明している文言と似ているのであるが、そのなかでも「自立心」は、もっとも類似した文言と意味内容で説明されていることがわかる。

では、非認知能力とはどのような姿なのだろうか。汐見ら[3]は、子どもが成長して社会で自立して生きていくためには、自分に自信をもつことや、「ぼくは、がんばれる」「わたしは、やればできる」という感覚や認識、あるいは「いまはもうちょっと、がんばろう」という気持ち、すなわち「非認知能力」が重要であり、それは乳幼児期にこそ顕著に育つということが各種の研究でわかってきたと述べている。乳幼児期に、さまざまな遊びを体験し、自ら友だちとともに生活をしていくなかで「生きる力」を身につけていくことは自信につながり、小学校に移行したのちも、学習への意欲などにもつながっていくのであろう。また、汐見ら[4]は講演のなかで、非認知能力には3つあると述べている。

　一つ目として、失敗から学べる子になるということである。つまり、なにがうまくいかなかったのか、なぜ、うまくいかなかったのかを「ああかな、こうかな」と試行錯誤することであり、目標に向かって粘り強く追及し、探求する子どもの姿勢を育てようというのである。より良い方向に問題解決能力を育てようということだといえよう。

　二つ目として、困っている子どもがいるとき、そのことに気がつき、どうしたらいいかをともに考えられる子どもに育つということである。たとえば、「ああしたらいいじゃない」「こうしてみようか」とともに考えたり、行動したりできる子ども、つまりコミュニケーション能力が高い子どもである。

　三つ目として、その子ども自身が自らの情動統制がとれるということである。やりたくなくてもやらなければならない、という場面はたくさんある。そのようなときには、ネガティブな感情になるが、それをポジティブな感情に自ら変える力を育てようということである。たとえば、子どもの例では、けんかをしたとき、

子どもの自立心

攻撃的になって自分以外の他人にその原因をみつけ、「〜のせいでこうなった」という思考癖が強くなるか、またはいつも自分の内側に原因をみつけ、「自分がダメだからこうなった」という自責の念が強くなるなどの偏った解決方法ではなく、より良い問題解決能力を身につけ、前向きに自分の情動を整理したり、コントロールできる力をさまざまな体験のなかから身につけてほしいというのである。

これらはまさしく「自立心」に記されている言葉と重なる。主体的に関わるなかで、たとえうまくいかなくても試行錯誤し、諦めずにやり遂げることで満足感や達成感を味わい、自信をもって行動するようになることは、自立心の成長を促す。自立心が育つことと非認知能力を育てることは極めて似ており、共通項目が多々みられる。

7-2 自立の種類

ここまで、自立について「幼児期の終わりまでに育ってほしい姿」の「自立心」から、子どもの自立心とはどのようなことかを考察し、非認知能力との関係も探ってきた。次に、自立の種類について検討する。

自立とは、一般的に「身体的自立」「精神的自立」「生活上の自立」「社会的自立」「性的自立」の5つの側面がある[5]。身体的自立とは、食事、排せつなどの行為を自分でできることである。精神的自立とは、自分で判断して行動ができ、責任をとれることである。また、自分が精神的にダメージを受け、ネガティブ感情になったとき、自分でポジティブ感情に切り替えることができることでもある。つまり、精神的自立とは、自分の感情コントロールができることも入るといえよう。生活上の自立とは、みんなといることも楽しいが、1人でも充実していられること、または、見通しをもって1人でも暮らしていけることである。社会的自立とは、多様な人々と親しみ、それを喜びとして受け止め、社会人としての役割を果たすことができることであるといえよう。性的自立とは、自らの性を認め、その性を喜びとして受け入れて生きることに誇りをもち、また、別の性をも尊重できることといえる。[6]

これらは、山下ら[7]が定義したのがはじまりといわれている。これは1971年以来の生理的生活に関係する食事、睡眠、排せつの3つの基本的生活習慣に加えて、着脱衣、清潔を加えて5つの習慣を基本的生活習慣としたものである。

事例を挙げて考えてみよう。子どもの自立にとくに関係が深い身体的自立である基本的生活習慣のポイントについて述べる。[8]

(1) 基本的生活習慣の自立と援助のポイント

●ポイント１

食事、排泄、睡眠など、簡単なことができるようになるが、その自立を助ける環境を積極的に作るようにする。また、できたことを認めながら自分でやろうとする意欲を損なわないようにすることが大事である。

●ポイント２

一人ひとりの健康状態や自立の程度等を把握するようにしたい。一人ひとりの健康状態や生活を、チェックリストなどの記録を作るようにし、保育者同士の共通の記録にする。服の始末が上手になるなど生活面の発達や、健康状態の日常的な変化を把握するようにすると、保育者は、子どものスモールステップに回数多く認めを入れられるようになり、子どもも日常的に意欲的に自分のことを自分で行うことに自信をもてるようになる。

●ポイント３

３歳児になり園生活にも慣れてくると、食事、排泄など基本的生活習慣が自立してくる時期である。保育者は寄り添い手助けをしながらも、手伝いすぎず、子ども自身が自分でしようとする意欲を育てることを大切にする。しかし、個人差は大変大きいので、その子どもに必要な手助けは十分に行い、１人でできる方法を具体的に援助する。

そして、できたときはともに喜ぶことを大切にし、本人のやる気を引き出していく。

● ポイント4

片付け等々では、自分のものと他人のものを区別し、自分の物の置き場所を知るようになるきっかけは、園の靴箱や個人用のロッカーなどである。毎日の行動のなかで、自分で片付けないと、次に使うときに困る体験などをしながら、楽しみながら習慣化できるように援助していく。共同のものの片付けでは、保育者のちょっとした工夫で、楽しくわかりやすい片付けの場所を示せるよう、可視化などの工夫をすることが大切である。

● ポイント5

排泄などの健康習慣の自立は慌てないことがポイントになる。子どもの排泄の状態は、そのときの健康状態を表す目安にもなる。形状、回数、子どもの様子などの観察が重要である。気になることがあった場合は保護者にもそのことを伝え、連携をとる必要がある。排泄も含めた健康習慣の自立は、あせらず、急ぎすぎず、子どもの様子を見ながら進める。早く自立させようと無理しても、かえって遅らせることもある。子どもの心理的なマイナスは、自信を失わせる場合もあるので、十分な配慮を要する。

(2) 小学校学校教育へつなぐアプローチカリキュラムの視点から考える

「幼稚園教育要領」解説や「保育所保育指針」解説の2項目「自立心」には、後半に次の文章が記されている。

> 幼児期に育まれた自立心は、小学校生活において、自分でできることは自分でしようと積極的に取り組む姿、生活や学習での課題を自分のこととして受け止めて意欲的に取り組む姿や、自分なりに考えて意見を言ったり、分からないことや難しいことは、教師や友達に聞きながら粘り強く取り組んだりする姿など、日々の生活が楽しく充実することにつながっていく。

　子どもたちは、就学前の遊びを中心とした生活から教科学習や時間割による小学校の学習生活に、どのようになめらかに移行していくのであろうか。そこで子どもの内面に自立心が育っているか、身についているかは重要なことである。言い換えれば、子どもたちが楽しく学校生活に慣れていくには、どのような手立てが必要かということである。前にも述べたが、非認知能力や自立心は、戸惑いや不安に出会ったときの強力な味方になり、環境の違いなどを乗り越えていくことにつながると思われる。逆に自信がなく依存心が強く、変化に弱いという場合は、友だちに助けられていっしょに乗り切ったり、信頼できる人に不安な気持ちを吐露できるようにするなど、安心感に満ちて生活できるような手助けも必要になる。

　この接続期をカリキュラムとして、各地ではいろいろな工夫が試みとしてなされている。園生活の11月ごろから3月ごろまでを主にアプローチカリキュラム、小学校の4月・5月ごろをスタートカリキュラム実施時期とする場合が多いが、時期の設定も内容も特別なこととして捉えず、目の前の子どもの状態から柔軟に考えることが大切と思われる。子どもを中心として乳児期・幼児期・児童期の発達の連続性として考えると、その時期の特性を生かした生活の仕方、思考・友達関係などが浮かび上がってくるであろう。これらの工夫は、その接続をなめらかにしようという配慮といえる。

　では、具体的な子どもの姿で述べてみよう。大きく3つの自立から捉えてみる。「学びの自立」「生活上の自立」「精神的な自立」である。[9]

　まず「学びの自立」の芽とは、園生活のなかで、子どもが「おもしろそう〜やってみたい!!」と思い、強い興味関心をもって、自ら主体的に考えたり工夫したりしながら、友達と楽しく繰り返しやってみる機会があることであり、これらは、小学校の学習のなかで思考の深まりにつながるきっかけになると思われる。

　次に、「生活上の自立」の芽とは、園生活のなかで、子どもが「自分でできることがたくさん増えたよ!!」と思い、挨拶、所持品の始末、排泄、手洗い、食事、衣服の調節、整理整頓などの身の回りのことが、自然とていねいに効率的に行うことができるようになることである。また、自分のことだけでなく、友だちを

誘ったり、お互いに助け合ってできるようになることといえよう。

　これらは、小学校生活のなかで次の授業の準備をしたり、学校生活の規範を理解し、スムーズに行動できる基礎につながると思われる。

　さらに「精神的な自立」の芽とは、園生活のなかで、子どもが「好きなことや得意なことがあるよ!!先生も友だちも認めてくれるよ!!」と思い、認められているという安心感と喜びで行動に自信をもち、挑戦意欲をもったり、ありのままの自分でいられることが基本である。

　これらは、学校生活のなかで、情緒が安定して素直で意欲的に物事を受け止め、新しい環境になじんでいく基礎につながると思われる。

　以上、3つの自立の芽をきっかけにして、思考力・協同性・規範意識・挑戦意欲が目に見えて育つことを、子どもが思わず口にした言葉から下記に示した。

思考力	「友だちの考えを聞いたり、表現を見たりして、自分で考えてみたよ!!」 ＊考えたり、気づいたり、創造したりする楽しさが学ぶ喜びにつながっていく。
協同性	「友だちと協力して試したり、工夫したりすると楽しいことができるよ!!」 ＊意見のぶつかり合いや折り合いをつける体験から、友だちと協同して学ぶ態度が育つ。
規範意識	「集団生活にはルールが必要なんだよね。守れるよ!!」 ＊ルールを守らないと遊びが壊れてしまうなどの体験を通して、ルールや約束の意味を理解し、自分の気持ちを調整しようとする力が育つ。
挑戦意欲	「はじめてのことは難しそう。でもやってみたいな!!」 ＊自信をもった子どもは、新たな課題に取り組む意欲が生まれる。先生や友だちの励ましは大きな支えになる。

＊印は、主に小学校生活のなかで発揮する姿である。しかし、そのベースには子どもの言葉からもわかるように、園生活での遊びなどの直接体験がその後の基礎基本となるのである。

(3) 子どもの自立心と関連する絵本教材の活用

　保育において、子どもに自立心を育てたいと願うときに、さまざまな遊びや教材等の工夫が考えられる。ここでは、何冊かの絵本教材を紹介しながら、自立に向かう子どもの内面理解と成長を考えてみよう。

『いやだいやだ』（作と絵：せなけいこ　出版社：福音館書店）
【キーワード】自我の芽生え、葛藤、受容、自立心へ

何でもすぐに、いやだいやだってルルちゃんはいいます。
それなら、おかあさんだって　いやだっていうよ。
おいしいおやつもいやだって言って、悪い子のお口には行きませんって。
おひさまだっていやだって言って雲に隠れて雨ばかりになってしまうよ……。

＊いやだいやだと言いたいルルちゃんの気持ちを思い切り出すことが大切な時期ですね。お母さんは受容しながらも柔らかく自立への方向性を示しています。思うようにならないルルちゃんは、葛藤する体験をしています。葛藤の先に自立心はあるのでしょうか。子どもたちはルルちゃんに共感しながらも、お母さんの言葉にも納得するでしょう。少しずつ自己を客観視する機会なのかもしれません。

『はけたよ　はけたよ』（作：神沢利子　絵：西巻茅子　出版社：偕成社）
【キーワード】自分でできない！（自我と葛藤）、試行錯誤

たつくんは、1人でパンツがはけなくていやになってしまい、すっぽんぽんのまま外に飛び出しました。いろいろな動物たちはじろじろみます。そんな、たつくんが、ふとした拍子にパンツを1人ではけるようになったのです……。

＊できなかったことができるようになることは、子どもにとって大きな喜びと自信につながります。それは、さらに意欲的にいろいろなことに挑戦することにつながっていき、自分の誇りになっていくことでしょう。このように自らやりたくてやる体験の繰り返しが、自立の基礎基本になっていくのでしょう。笑顔で穏やかなお母さんが登場している意味も大きいですね。

『いもうとのにゅういん』（作：筒井頼子　絵：林 明子　出版社：福音館書店）
【キーワード】日常性の変化、思いやり、寂しさ、戸惑い

突然、妹のあやちゃんが盲腸の手術で入院することになりました。お母さんと妹は病院です。お父さんはまだ仕事です。家にひとりぼっちの心細さと寂しさや妹への心配、夕方には雷雨が降ってきました。
いつもの賑やかで温かなお家と違ってシーンとしています……。

＊穏やかな日常にハプニングが起きることは、さまざまな葛藤を子どもの心に呼び起こします。いたずらっ子の妹のお見舞いに行くとき、なにをもっていくとあやちゃんが喜ぶかなぁとあさえは一生懸命に考えます。そのいじらしさに母親はあさえを思いきり抱き締めます。背伸びしながらのあさえの気持ちは母親に受容され、自信になり自立につながる場面です。

『けんかのきもち』（作：柴田愛子　絵：伊藤秀男　出版社：ポプラ社）
【キーワード】仲良し、けんか、悔し涙、本気、繰り返し、葛藤体験

たいとこうたは大の仲良し。仲良しの2人がけんかした。すごいけんかをした。けりをいれてパンチした。たいは、しりもちをついた。悔しくて涙がでた。家に帰ってお母さんの膝でわんわん泣いた。こうたがあやまってくれたけど、まだけんかの気持ちは終わらない……。

＊仲良し同士が体と心を使って本気でぶつかり合い、悔しくて大泣きをする場面、家で母親の膝で気のすむまで受容され大泣きをする場面、その後、母親が1人で園に「餃子」のために出かける場面、「なんでだよう、なんでなんだよう」と、母親と一体と思っていたこうたが天井を睨みながら何度も呟く場面、各場面は葛藤から自立に向かう過程が描かれています。

　以上、4冊の絵本を取り上げた。他にも、『どうすればいいのかな』『ラチとらいおん』『はじめてのおつかい』等々、たくさんの絵本がある。ここでは、主に葛藤をテーマにしながら自立の基礎基本となる過程が描かれているものを取り上げた。葛藤を体験しながら、依存や受容に出会い、新たな自己に出会っていくプロセスは自信となり、自立につながっていくのであろう。他にどんな絵本があるのか、自分でも見つけてみよう。
　園の生活や遊びは、いうまでもなく絵本以上の出来事にあふれている。絵本の中の出来事や心情は、現実の世界が別のかたちで投影されたものだ。その表現技

法を参考にしながら、日常の遊びに取り組む子どもの動きや心情こそ大切であると、改めて見つめ直すきっかけにしてほしい。

（4）保護者との連携

　衣服の着脱、食事、睡眠、排泄、清潔などの基本的な生活習慣は、子どもは保護者の援助を受けながら、少しずつできることを増やしていく。例えば、1人でご飯が食べられたり、ズボンがはけたりすると、子どもはとてもうれしそうな表情をする。それは、そこに大人の温かなまなざしや認めの言葉があるからである。子どもは、大人に見守られ、ほめられてうれしいと思うとその行為を繰り返し、やがて援助を受けなくても1人でするようになっていく。子どもにとって、自分でできた喜びは自信につながるので、保護者も1人でできるように援助をするのである。

　ところが、1人でできることでも、ときには、「やって！」と大人に頼ってくることもある。保護者は、「自分でできるのだからしなさい」とか、「○歳なのだからできるでしょ」と言って自分でさせようとすることが多いようだ。保護者側からすれば、せっかく身についた習慣を崩したくないという思いもあるのだろう。

　ここで大切なことは、子どもの発達はなめらかに上昇するのではないということである。そのときの気分でやりたくないことも出てくるし、ちょっとだけ手伝ってほしいと思うこともあるのである。また、自分に関心をもって見てほしいという気持ちの表れであることもある。

　子ども側からすると、いつも見ていてくれた人が、できるようになったことで見てくれなくなった、できるのが当たり前になって言葉もかけてくれなくなった、そんなさびしい気持ちをもつこともある。これは、ある意味、保護者が自分をどの程度大切に思っているかを子どもなりに確かめる行為ともとれる。いわば、自分と保護者との関係性のなかで葛藤しているといえるだろう。したがって、そうした関係性のなかでの葛藤であれば、ときには、甘えの気持ちが満たされることが必要になる。子どもは、依存と自立を行きつ戻りつしながら自立していくので、そのときの甘えの気持ちをしっかりと受け止めていくことが大切である。せっかく身についた習慣が崩れると思うかもしれないが、気持ちが安定すれば、また自分でするようになる。できて当たり前ではなく、認めの言葉を工夫することも忘れてはならないことを伝えていこう。

　また、その子どもに妹や弟が生まれたときにも、十分な配慮が必要になる。4歳くらいになっても、赤ちゃんと同じようにおむつをしてほしいと言ったり、哺

乳びんをくわえたいと言ったりすることがあるので、長い目で見守ることと、その子どもとだけの時間をつくって一対一で関わること、言葉だけではなく、ぎゅっと抱きしめるなどの身体的な関わりをもつことが必要になる。

引用・参考文献
1) 文部科学省『幼稚園教育要領解説』フレーベル館, 2018
2) 荒川志津代・吉村智恵子『幼児教育における子どもの主体性についての一考察』『名古屋女子大学紀要63』(人・社) 217-225 2017
3) 汐見稔幸「めまぐるしく変化する社会の中で、幼児教育・保育はどこに向かうのか」世田谷区烏山区民会館ホール講演録, 2017.12.21
4) 同上
5) 大谷尚子『養護教諭の行う健康相談活動』東山書房, 2000
6) 山下俊郎『幼児の心理学』朝倉書店, 1971
7) 同上
8) 石井哲夫『よくわかる 新保育所保育指針ハンドブック』学研, 2003
9) 篠原孝子『小学校教育へつなぐアプローチカリキュラムを考える』千葉測器, 2016

第8章
子どもの自己主張と自己発揮

　本章では、子どもの育ちを考えるうえで欠かすことのできない、人と関わる力の発達について、自己主張と自己発揮、さらに、自己抑制、自己統制にいたる自我の発達の姿から考える。まず、乳幼児期の自我意識の芽生えについての理解を深め、次に、子どもが園生活という集団のなかでどのように自分自身を表現し、仲間関係を築き、自己の世界を拡げていくのか、また、そのために保育者にはどのような関わりが求められるのか考えてみよう。

8-1　自我の発達と人との関わり

(1) 子ども自身の存在感

　保育という営みにおいて、保育者が最も尊重したいと願うこと、それは、子ども自身の思いや気持ち、すなわち、一人ひとりの子どもが存在する価値そのものであろう。このことを、子どもの側から考えれば、それは、自分自身が大事にされ、その気持ちや意思や願いを受け止められ、自分なりに表すことを励まされ、さらには、その個々の表現が友だち関係において、互いに通じ合う体験とつながり、より一層その子どもの存在が輝くということではないだろうか。
　津守眞[1]は、保育という営みを通じて保育者が子どもに育てたいことはなにかということを、「存在感」「能動性」「相互性」「自我」という4つのキーワードを使って提示した。子どもは、家庭での養育者等の身近な大人との関係にしても、また、子どもにとってのはじめての社会生活ともいえる園生活での保育者等の大人や友だちとの関係であっても、自己の存在感を確かにすることが、まずなによりも大切である。ここでいう存在感とは、自分が自分である感覚、自分が自分として生きることが認められているということを子ども自身が感じられる感覚とで

もいおうか。これは、自分というものが、他者との関係において曖昧で不確かな時期、自分と母親との境界が不明瞭な乳児期の段階から、やがて、自我の意識が芽生え、その自我が育っていく過程へ向かってはぐくまれていく。

その基盤となるのは、自分が相手との関係において十分に認められ、守られているという絶対的な安心感であり、安定した情緒の下で自分の気持ちを安心して表すことができることである。このことは、「保育所保育指針」の「養護に関わるねらい及び内容」の「イ情緒の安定」の（ア）ねらいにおいても、以下のように明記されている。

---

① 一人一人の子どもが、安定感をもって過ごせるようにする。
② 一人一人の子どもが、自分の気持ちを安心して表すことができるようにする。
③ 一人一人の子どもが、周囲から主体として受け止められ、主体として育ち、自分を肯定する気持ちが育まれていくようにする。
（④は省略）

以上のことに養育者や保育者等が十分に留意することによって、子どもには人への信頼感とともに自己の存在感、つまり、自分自身の存在を肯定する自分への信頼感（＝自分を価値ある存在と感じ、ありのままの自分を愛せる自己肯定感）が、生まれる。このことは、生涯にわたるその後の発達過程の重要な基盤となる。乳児期においても、幼児期においても、乳幼児期から学童期、青年期、成人期、そして大人へと生涯発達の歩みを進めていくプロセスにおいても、その人自身が誰かとの関係においてありのままの自分自身でいられることは、常に守られるべき人としての権利（＝人権）であるといってもよいだろう。

(2) 能動性の発揮

子どもは、存在感をよりどころとしながら、自ら主体的に周囲の環境と関わろうと、能動性を発揮する。それは、生きる意欲とでもいえるものである。子ども自身の興味・関心に基づいた主体的な活動は、この能動性が発揮できるよう養育者や保育者等によって支えられること、また、十分に考えられた環境があることが必要である。

【事例1】
「見る」ことにおける能動性　　　　　　　　　　　　　　　4カ月児

　子どもは、生後3カ月ごろを過ぎると、首がすわり、身近な養育者との関係において情動的なやりとりがさかんに行われるようになるといわれている。生後4カ月のリョウは、母親にだっこされながら、窓際のカーテンの方に手を伸ばして「ア、ア、アー」と機嫌よさそうな声を出している。どうやら、カーテンのキラキラした縁取りのある水玉模様が気に入っている様子で、母親が「これ好きなの？」「きれいねー」と言葉をかけると、身体の動きを止めて、自分の顔の向きを変えて、話している母親の表情をじっと見つめ、再び、カーテンの方へ向き直って手を伸ばし、触ろうとする。

　それまでは、目に映る世界と何となく出会っていた様子のリョウであったが、首がすわってきたこのころは、母親にだっこされた高い位置から室内を眺めながら歩くのがお気に入りで、いろいろなものに目を向けるその視線に力強さが感じられるようになってきていた。とくにカーテンのある窓際近くに来ると、その水玉模様に視線を止め、自分から首を向けてそちらを見る。好んで見ているのが、リョウの身体の動きやその視線、「ア、ア、アー」という声の調子から母親にも伝わってきている場面である。首がすわるようになった今では、「見える」対象を知覚していた以前とは違い、このように、自分の視線を、自分の意志でコントロールすることが可能となり、「見る」という視覚の発達において、自らの能動性を発揮する姿が見られるようになったのである。

【事例2】
小さな能動性のかがやき　　　　　　　　　　　　　　　3歳児　6月

　幼稚園の園庭での場面である。一生懸命自分で庭靴に履き替えているところを保育者にそっと手伝ってもらい、「お外に行くのね。いってらっしゃい」と送り出してもらったカナミは、うさぎのケージのところにしゃがんで野菜を食べさせたり、他の子どもが乗り捨てて行った（または、置いた）三輪車に乗ってみたりしたあと、砂場の手前の道具入れからシャベルとカップを取り出して、砂場に入った。はじめは手にしていたカップにシャベルで砂を入れていたが、保育者が他の

子どもと作ってあった山を見つけると、そこに足をかけて上った。そして、崩れた山のそばに見つけた、ペットボトルを利用して保護者が作った手作りの入れ物を手に取り、外の流しに水を入れに行った。そのペットボトルのバケツに水を入れて戻ってきたカナミは、今度は、手で砂をつかんで、そのバケツの中に入れはじめた。透明だった水がみるみる濁る。その様子を少しの間じっと見つめたあと、バケツの水をジャーとこぼし、また、新しい水を入れに行く。戻ってきて再び、砂を入れはじめる。時々顔を上げるが、無言のままである。こうして、流しと砂場を何度も往復して午前中の時間を過ごした。

　保育者に送り出されて園庭に出たカナミは、しばらくの間は、うさぎや三輪車やその他のところで、いろいろなことをしていたが、やがて自分から砂場に入ってペットボトルのバケツを見つけると、それを使って水を汲みにいって、中に砂を入れてはこぼし、また、水を入れに行くという行為を、繰り返した。カナミは、園庭という環境のなかで、さまざまなものと出会い、自らさまざまなやり方で触れ、関わっている。外側から見たカナミの行為は、落ち着きなくあちこちを移動し、そして、砂場では、なにかを「つくる」わけでもなく、ペットボトルのバケツの中に水と砂を入れてはこぼすという同じ行為を、ただ繰り返しているに過ぎないように見えるかもしれない。

　しかし、午前中をじっくりとこのことに没頭して過ごしたあとのカナミの表情からは、自己が充実した手ごたえが感じられた。自らの能動性が保障され、そこに没頭して過ごすことができたこの時間は、カナミにとってはとても意味のある時間であった。このように、砂場でなにか目に見える形を創り出すことだけが遊びなのではなく、自己を没入して集中できる十分な時間と空間が保障されることによって、内面が充実する行為もまた、遊びであるといえよう。そして、子どもはこの遊びを通して発達を遂げていく。津守眞は、このことを「発達は、行動の変化として記述されるのみでなく、その裏側には子ども自身の発達の体験がある」[2]と述べている。

　事例1、2のように周囲の環境に自分から能動的に働きかけようとする意欲や力は、一見無力な存在に見える乳児でも、注意深くていねいに関わることによってその小さな能動性を感じ取ることができるものである。しかし、その一方で、周囲の環境や大人の関わり方によっては、こうした能動性は、たやすく損なわれてしまう危険性もはらんでいる。リョウの母親が、だっこの大変さからすぐにリョウを下ろしてしまったり、リョウが心を引かれているカーテンの模様に気づかず、すぐに別の場所にいってしまったらどうだっただろうか。また、カナミが、

自分の興味と関心を実現できる自由な時間が保障されていなかったり、保育者が1人でいるカナミを他児との別の遊びに誘って、カナミ自身が選んだこの活動を途中で遮ってしまったり、水道と砂場を往復するカナミに水の使い方を細かく制限したりしていたとしたらどうだっただろうか。

(3) 保育の働きと自我の発達

ここでもう一度、津守眞の『保育者の地平』[3]から、保育と発達との関連について、みておくことにする。そこでは、数週間にわたり、保育の実践のなかで発達が考えられ、保育は人間の発達を支える働きとして、以下のようにとらえられている。

・保育は、相手が自らのアイデンティティをつくりあげるのを助ける仕事である
・保育者は、子どもと関わる生活のなかで、子どもの存在感を確かにし、子どもが自分自身の能動性と相互性をもって行為し、自我をつくるのを助ける

そして、「大人が生きる上で必要な人間の自我の力は、子どものときからの体験の積み重ねの上にある」として、子どもの自我の発達に対して、保育や保育者の果たす役割がいかに重要であるかが述べられている。もしも、子どもが発達の途上で、その存在感や能動性、相互性、自我の危機にあるときには、保育者は全力でその子のそのときを支えなければならないのである。

8-2 自己主張と自我意識の芽生え

ここでは、第一節でみてきたような子どもの自我の発達と人との関わりについて、自己主張という観点から、考えていくことにする。

(1) 乳児期の自己主張

川田[4]によれば、他者との関係において自分自身をはっきりと表し示す姿は、津守のいう子ども自身の存在感としてではなく、乳児期の赤ちゃんが大人に対して与える存在感として語られている。そして、それは、手厚い保護を必要とする乳児期のはじめごろの、生まれながらに大人に対して与える存在感から、やがて

乳児期後期になると、「有能さを主張し、保護から脱しようとする」「保護ではなく自立や自己というものを養育者に訴えるような」存在感へと変貌していくのだという。乳児期は、身近な養育者や保育者との関係を通じて築かれていく絶対的な安心感を基盤にして、身体面、運動面、情緒面、言語面などが著しく発達する時期である。まだ自分というものが淡く、外界との関係が未分化な状態であると思われがちだが、丁寧に付き合っていくと、他者に向かって乳児なりに自分自身の存在を表わそうとする姿が見られる。たとえば、以下のような場面である。

> **【事例3】**
> 一度口に入れたにんじんを吐き出す　　　　　　　　　　　　7カ月児
>
> 　園で中期の離乳食がはじまっているヨウタは、「ごはんにしようねー」という保育者の言葉に食事椅子の中でパタパタと手足を動かし、「ア、ア〜〜」と声を出し、身体いっぱいで応えている。はじめのころは、探り探りだったが、このころではヨウタも保育者もリラックスし、保育者は慣れたリズムでスプーンをヨウタの口に運んでいく。しかし、かぼちゃのポタージュスープは喜んで口にしていたヨウタが、にんじんのみじん切りが入ったおかゆを食べさせようとすると、渋〜い表情で顔をしかめ、舌を前に押し出して吐き出してしまう。にんじんの味がいやだったのか、舌ざわりが不快だったのか、スプーンを運ぶタイミングが違ったのか、スプーンに乗せたおかゆの量が多すぎたのか、保育者は、「いやだったのねー」「何かいやだったかな〜」と落ち着いて対応する。

> **【事例4】**
> 「いないいないばぁ」を要求する　　　　　　　　　　　　　9カ月児
>
> 　保育者は、アヤカにお気に入りのタオルを見せて、「きれいきれいしようねー」とおむつ交換に誘う。「ごろんしようねー」「いいウンチさん出てるかな〜」と保育者がさかんに話しかける。ぐずることなくタオルを手に仰向けになったアヤカは、角をなめたり、手に持って振ったりしている。保育者が、そのタオルをアヤカの顔にかけ、「あれっ、アヤちゃんがいない！」「アヤちゃん、どこ行ったかな〜」と驚いてみせ、そして、アヤカの顔からタオルをずらして目が合うと、「あー！アヤちゃん、いたー！」と言う。アヤカはにこにこ顔になり、キャッキャッと声を上

げて喜ぶ。同じことを何度か繰り返した後、おむつを替えていると、今度は、アヤカが自分で、タオルを自分の顔にかけ（実は、半分見えている）、じーっとして、保育者が「いないー」と言ってくれるのを待っている。保育者は思わず、にっこり笑顔になる。

　事例はいずれも、食事と排泄という保育の日常の何気ない場面である。事例3では、このとき保育者は、実は、もう1人の子どもにもいっしょに離乳食を食べさせていた。両方の子どもの呼吸に合わせてスプーンを運ぶそのやりとりは見事としか言いようがないが、いっしょに食べていたもう1人の子どもの口のまわりにかぼちゃのポタージュがくっついてしまい、それを拭き取っていたため、このときのヨウタは待たされるかたちになった。あるいは、にんじんは、これまでも経験していた食材ではあったが、この日は、これまでと違い、みじん切りがやや大きいサイズになっていたこともあったかもしれない。単なる拒否以上の気持ちがそこには見え隠れしている。

　アヤカの事例は、日に何度と繰り返されるおむつ替え場面での保育者との応答関係の中での微笑ましい様子である。信頼する保育者との間では、きっともう一度「いないいないー」をやってくれるという期待が、アヤカが息をひそめてじっとしている姿から感じられる。生後9カ月というと、それまで自分と物、自分と人という二項の関係において、認識や行動をしていた子どもが、自分と物と他者という三項関係へと世界を拡げていく時期でもある。この場面でも、タオルという物を介して、大好きな保育者との心地よい応答関係の再現を求めているアヤカの気持ちが感じられる。

　以上のように、乳児期であっても、他者に向かって自分の存在感を示そうとする表現が見られる。それは、必ずしも穏やかで可愛らしく、思わずクスっと微笑んでしまうような自己表現ばかりではなく、大人からするとよけい世話が増えたり、片付けが大変になったり、時間がかかったりするようなやり方で、「自己主張」してくることも出てくる。なにより、泣くという表現が続いているとき、大人は戸惑い、ときに途方に暮れる。なぜ泣くのか、どうして泣き止まないのか、同様の場面をあれこれ思い出し、さまざまに関わり方を調整する。人と関わる力をはぐくむことは、我々大人の理解や援助のあり方をも育ててくれることなのである。

(2) 自己の感覚が芽生える乳児期

　ここで、「自己」について考えてみたい。辞書[5]によると、自己とは、「ほかで

もない、この私と感じる働き」であり、自己概念とは、「自分自身をどのようにみているか」ということである。岡本ら[6]は、この自己の発達について、乳児にも自己の意識を認めることができるが、乳児の自己はまだ大人の自己意識とは性質が異なり、「自己のようなもの」であるということから、「自己感」と呼ばれていると説明する。やがて、子どもは、1歳半過ぎごろから、自分自身を意識できるようになり、また、言葉を使って自分の意思や考えを伝えることが可能となり、3歳くらいにかけて少しずつ自己概念を形成していくのだという。

　では、それより以前の、生まれてから生後6カ月くらいの乳児は、どのようにこの自己感を経験しているのだろうか。それは、自分自身の身体を通じた感覚である。たとえば、何でも口にもっていくこの時期、乳児にとっては、自分の身体と外界の物との区別や、どこまでが自分の身体で、どこからが外界であるのかが、判然としていない。だからこそ、さかんに指しゃぶりに没頭し、「触る」感覚と「触られる」感覚の両方を経験しながら、自分の身体と保育者や養育者の身体が別々の存在であることに気づいていく。そして、自分とは異なる他者の身体を通じた表現の背後に目には見えない心の世界があること、つまり、相手にも意思や気持ちがあることを感じ取っていくということである。このようにさかんに指しゃぶりをして、何でも口にもっていく行為は、実は、自己と自己でないものとを区別し、自己が他とは異なる存在として知覚されていくきっかけとなっているのである。そう考えると、赤ちゃんにみられるこれらの行為の意味や重要性が理解できるだろう。

　また、岩田[7]は、乳児が自分の足を目の前にもってきてしげしげと見つめる行為や、顔の前にかざした自分の手をさまざまに変化させながら見つめる行為、あるいは、手を伸ばしてその先にある物がつかめるかどうかといった、周囲の環境を知覚し、それに対応する行為によっても、自己を知ることなどを挙げ、見える自分とそれを感じる自分や、自己の身体と外界の環境との知覚により、自己と他との区別が明瞭になっていくことを説明している。そして、自分には自分の主観性があり、相手には相手の主観性があることに気づいていく乳児は、養育者である母親の振る舞いや態度、母親が向けるまなざしから、外界の「意味づけ」を学び、母親を手本として、その行動をなぞったり、真似したりするようになることを述べている。見知らぬ人に対する不安な気持ちである「人見知り」に対して母親の様子によってその振る舞い方が変わることや、あるいは、はじめての状況に出会いどうしてよいかわからないときに、信頼できる母親の表情や様子を見て自分自身の振る舞いを調整する「社会的参照」と呼ばれる行為もこのことを表している。

やがて、子どもは、1歳になるころには、三項関係という劇的な人間関係の変化のなかで、言葉を使うようになる。たとえば、ワンワン（というもの）を介して、「ワンワンがいたね」「白いワンワンと会ったね」「ワンワンがしっぽを振って近づいてきたね」など、たとえはじめはすべて「ワンワン」という一語であっても、この言葉を通じて、意味の世界が開かれ、母親（という他者）の世界と交流しはじめる。そして、他者の行為の意図を読みとり、今、目の前にないものを思い描いて表象する力（イメージする力）が育っていくことにより、自己自身をも客観化してとらえられるようになる。こうして、自己概念が現れてくることになる。

(3) 言葉による自己主張へ

　子どもは、乳児期後半の生後10カ月ごろから2歳半ごろにかけて、直立歩行をはじめ、言葉を発するようになるという大きな発達の節目を迎え、いよいよ明確に自己の存在感を示しはじめることになる。自我意識の芽生えである。「自我」とは、認識の主体としての自分であり、認識の対象としての自分を指す「自己」を他者と区別する意識である。この自我意識の芽生えは、「主体としての自分を認知するようになる過程」を表す[8]。

　たとえば、1歳半過ぎの子どもは、まだ十分には、自分の内面を表現できる言葉が見つからないまま、何に対しても「ヤダヤダ」を繰り返し、ぐずる姿がみられるようになる。いわゆる「イヤイヤ期」と言われている時期である。1歳半ごろの子どもをおしっこに行こうと誘っても、「ヤ!」「ナイ!」と言い張り、結局その場で漏らしてしまったり、自分でするのはまだ難しい着替えを手伝ってあげようとすると、「イヤ!」と大人の手を払いのけたりする。井桁[9]は、着替えを嫌がった1歳2カ月のMちゃんが、赤いトレーナーを顔の前で引っ張ったり、背中に当てたり、腕を通すようなしぐさをしたりなど、さまざまに試行錯誤した結果、最後に、首と顎でトレーナーを挟んで満足げな表情で両手を挙げているMちゃんの写真を紹介し、自我が芽生えてくる1歳代に、できるかできないかではなく、「自分で」やってみたいという意欲が芽生えてくることの素晴らしさを述べている。Mちゃんの自己主張を受け止め、「着たくなったら教えてね」とそっとトレーナーをMちゃんの近くにおいたという保育者の関わりから、子どもの思いを察して関わることの大切さを学ぶことができるだろう。

0歳児クラスの子どもたち―それぞれの思い、それぞれの表現―
（お茶の水女子大学いずみナーサリー）

(4) 反抗期の自己主張とゆれ動く自己

　子どもは、1歳半過ぎごろから2歳代にかけて、おしゃべりが増え、一語文から二語文、多語文を身につけ、自分の言葉で気持ちを伝えようとするようになり、急速に語彙が増える（いわゆる語彙爆発と言われる）時期を迎える。この時期の2歳児は、「第一反抗期」「手に負えない2歳児」「恐るべき2歳児」などといわれ、なかなか大人の言うことを聞いてくれない、扱いにくく手のかかる子どもであることがよくいわれる。

　2歳代になると、三輪車を乗り回したり、自分でブランコを漕ぐように動かしたりなど、全身を使う運動機能が飛躍的に発達し、スプーンやフォークを使って上手に食べたり、クレヨンで描いた丸いかたちに「これは、ボク。これは、ママ」と意味をもたせたりなど、手指の操作も巧みになって、自分でできることが増え、「○○ちゃんがやる！」「○○ちゃんのだからダメ！」「まだ遊ぶ。（お部屋に）入らない！」など、頑固に自己を主張する場面が多くなる。

　しかし、その一方で、その自己の視点を保ちきれない固有のゆらぎを見せるのもまた、この時期に見られる特有の現象であるといわれる。このことを、木下[10]は、我が子の次のような事例を挙げて説明している。

【事例5】
コワイけど足が動く？　　　　　　　　　　　　　　　　　2歳児　1月

リョウ（2歳1カ月）に、就寝前、本を読んだあとのこと。読み終わった本を隣の部屋の本箱に片づけるように言ったところ、本を持って、すぐにふすまを開けて隣の部屋に小走りで移動した。本箱まであと少しというところで引き返してきて、「コワイ」と私に言ってくる。本気で怖がっている様子なので、「本のところにポイしてきて」と言って促すと、再び本をもって隣の部屋に入っていく。ところが、またまた本をもったまま寝室に戻ってきて「コワイ、コワイ」と訴えてきた。

　父親である木下は、暗さに恐怖を感じるようになっていたリョウくんの「行ってから恐怖を感じる」ところにまずおもしろさを感じ、さらに、怖いと言って戻ってきたにもかかわらず、「ポイしてきて」と言われると、「コワイ」部屋へまた足を運んでしまうところに、心ならずも動いてしまう2歳児の揺れる自己を指摘している。他者からの指示や働きかけで揺れ動く心は、手ごわい2歳児の姿と表裏一体であり、他者との関係において、自己がかけがえのない存在となるためにこそ、この揺れ動く姿があると考えられるのではないかと述べている。

8-3　自己発揮・自己抑制から自己統制へ

　次に、子どもの自我の発達と人との関わりについて、自己発揮・自己抑制から、やがて、自己統制へといたる発達過程を考えていくことにする。

（1）園生活のはじまりと自己発揮

　揺れ動き混乱する自己を抱えながら、やがて3歳の扉を開けた子どもは、食事や着替えや排泄など、徐々に大人の手を借りずに自分でできることが増え、いわゆる自立へ向かって発達の歩みを進めていく。話し言葉に流暢さが増し、自分の

発する言葉によって相手に気持ちが伝わる経験が積み重なり、大きくなった自分自身を感じて、自分への信頼から、ある種の落ち着きが感じられるようになる。見たこと経験したことを心の中に表す表象能力や、あるものをなにか他のもので代表させる象徴機能の発達により、イメージする力が飛躍的に育ち、振りや模倣、見立て・なりきり遊びから、状況や場面を設定したごっこ遊びがさかんにみられるようになるのもこの時期である。塩崎[11]は、3歳児が自分のことを一人前に何でもできると「自信満々」に感じるこの時期の保育実践を保育研究者の神田英雄の提案を借りて「イッチョマエ」という子ども理解で読み解いており、そこには、子どもに負けず劣らずこの上なく魅力的な保育者たちの姿が活写されている。

そんな3歳の子どもは、幼稚園への入園のときを迎え、それまでの家庭での暮らしから、はじめての集団生活の場を経験することになる。また、保育所や認定こども園では、幼児クラスの一員として、より大きな集団での暮らしがはじまる。子どもは、この大きな環境の変化をどのように経験するのだろうか。以下は、4月に幼稚園に入園したばかりの3歳児クラスの子どもたちの姿である。

【事例6】
園が自分の居場所となるまで　　　　　　　　　　　　　3歳児　4月

　ミキの登降園は、毎日大騒動だった。朝は、園のバスに乗るのを嫌がり、母親に送ってもらう日が続いたが、幼稚園に着くと「帰っちゃダメ」と母親にしがみつくので、担任は、しばらくいっしょに過ごしてもらったり、ミキの興味がなにかに向いているときにそっと抜けてもらったり、一番に迎えに来てもらおうねと泣いているミキを抱えて園内をグルグル歩きまわったり、あの手この手で何とかミキが落ち着くのを願って関わった。帰りは帰りで、今度は「ママは来ちゃダメ」「帰らない」と園内を逃げて回る。そんなミキが唯一担任の保育者の背中から下りて自分から向かった活動は、絵を描くことであった。左手に登園途中に母と摘んできた草花をしおれるほどに握りしめながら、一日に何枚も、四つ切の大きな画用紙にえのぐの筆を走らせた。ミキは、年中組に進級した途端、3歳のころの姿が嘘のように落ち着き、友だちとの遊びを楽しむようになった。

　一方、5月半ばに転入してきたタイチは、登園すると、身支度を誘う担任の保育者には応えず、かばんを身につけたまま、保育室の床でズルズルと寝そべって過ごした。（保育者が抱き上げようとすると脱力して抱き上げられない）タイチは、幼稚園に少しずつ慣れ、保育者に支えられながら、思い思いの興味・関心を、自分から表現し、活動するようになってきていたクラスの子どもたちを寝そべったままの姿勢で、横目で眺めている日が続いた。そんなタイチだったが、6月の終わりごろ、スックと自分の足で立ち上がり、自分からテラスに出て、園庭ではじまった水遊びを見に行き、飛んでくるシャボン玉に手を伸ばした。翌日から、タイチは登園後に自分のかばんを手放すようになり、自分から庭靴を履いて園庭に出ていこうとするようになったのだった。

入園という大きな環境の変化を経験し、3歳ならではの「イッチョマエ」が発揮できるまでに、子どもはそれぞれさまざまな姿を見せる。保育者は、子ども達一人ひとりが新たな環境で安心して過ごせるように、そのありのままの姿を受け止め、必要と思われる援助や関わりに留意し、子どもが自ら環境に働きかける能動性が発揮できるよう心を砕く。その援助や関わりに支えられて、子どもは、少しずつ自分の心を開き、自己を発揮し、自己表現・自己主張していけるようになるのである。その道のりは、個々の子どもによって異なるため、保育者には、個々の子ども理解と援助が求められる。

（2）自己統制と自我の成長

　入園後の新たな環境は、養育者と離れて過ごす時間や、新たな生活の流れや家庭とは異なる物的環境に留まらない。それは、多様な他者として、保育者のみならず、自分以外の子どもたちとの出会いを意味しており、そこには、ぶつかり合いやいざこざが発生する。「ボクが先に使ってたのに」「ずっと乗ってて貸してくれない」など、おもちゃや遊具をめぐる取り合いから、昼食時あるいは降園時にどこに座るといった場所の取り合い、「〇〇ちゃんの隣だった」「（遊びに）入れてくれない」といった人をめぐるいざこざなど、さまざまなことを経験する。4歳、5歳と年齢が上がるにつれて、ぶつかり合いやいざこざの原因や理由は、遊びに対するそれぞれのイメージの違いや、ルールについての理解の食い違い、共通の目標を達成するための意見のズレなど、複雑になる。

　いずれにしても、子どもは、こうしたぶつかり合いやいざこざを通じて、互いの自己のぶつかり合いを経験し、そこにどう折り合いをつけていけばよいのかを学ぶ。その際、自分の行動や気持ちを自分でコントロールすることを「自己統制」（＝セルフコントロール）と呼ぶ。それには、自己主張・自己発揮を十分に経験し、相手との関係のなかで、自分自身の欲求や行動を抑える「自己抑制」が必要である。鯨岡[12]は、この自己発揮と自己抑制という「主体としての自分を育てること」と「みんなのことにも目を向けるような気持ちを育てること」がもつ両義性のバランスを調整していく過程が自我の発達であると述べている。自己主張や自己発揮は、大人からやらされるのではなく、自分からやろうとする意欲をもって向かうことが重要であり、自己抑制もまた、大人から集団生活のルールとして強制されるものであってはならない。そばにいる保育者には、やがて卒園の日を迎えるまで、根気強く、そして繊細に、子どもあるいは子ども同士の心の中で起きている現象に目を向け、個々の調整の過程を認め、この自我の成長を、支

8-4 子どもの主体性・能動性を保障する保育者の関わり

　ここまで、自我の発達という観点から、自我意識の芽生え、自己主張、自己発揮、自己抑制、そして自己統制へいたるプロセスを追って、子どもの育ちについて考えてきた。また、そのプロセスにおいて、保育者に求められる役割とはどのようなものかということについても、触れてきた。一貫して求められる姿勢としては、子どもの主体性・能動性を温かく見守るということであろう。ただし、子どもは一人ひとり異なる。温かく見守るということは、なにもしないこととは違う。それには、まず、子どもの行為を意味あるものとしてとらえる視線が必要である。そして、その視線は、あくまでも、その子自身の思いや意欲を尊重して向けられた視線でなければならない。大勢の子どもが存在する保育の場では、いくつもの「その子への視線」が必要となる。

　たとえば、あるとき「自分で」靴下を履こうとしている1歳児を前に、3歳児が「できる自分」を意識し、やってあげたくてかかわろうとしたら……。「ちょっと待って。○○ちゃんが自分で履きたいんだって。どうやって履くかいっしょに見ててみようよ」とそっと、3歳児の手を止めるかどうかは、保育者の判断にかかっている。仮に、その3歳児がクラスの中で、なかなか自己発揮できない悩みのときを過ごしていたとしたら、どうするだろうか。ぶつかり合いやいざこざの場面でも、同様のことがいえる。多様な状況と文脈の中で、保育者の援助には、常に葛藤が伴う。しかし、子どももまた、自己主張・自己発揮と自己抑制との間のバランスに揺れ、葛藤しながら、自己統制（セルフコントロール）へのプロセスを歩みつつ、一生涯続く自我の成長の物語を生きていることを忘れず、喜びと希望の保育を実践していきたいものである。

先輩のつぶやきに学ぶ

　実習では、毎回とても緊張した。とくにはじめての幼稚園実習では、指導の先生から「もっと積極的にいろいろな子どもと関わるように」と何度か注意された。自分では、なるべく多くの子どもたちと関わろうと一生懸命頑張っているつもりなのだが、気がつくと、自分から関わってきてくれる特定の子どもとばかり、いっしょにいた。しかも、子どもの遊びを壊してはいけないと思うと、よけいな

言葉をかけてはいけないような気がして、なかなか自分自身を上手く出せず、ただ子どもの言いなりになって、子どもたちの後ろをついて歩くだけになってしまっていたように思う。どうしたら、よかったのだろう…。

....

　こうした先輩の声は、非常に多い。そして、先輩たちは、実習を通して学んだこととして、「自分自身が楽しまなければ、子どもも楽しい気持ちにはならない」「自分が緊張していると、それが子どもに伝わり、子どもの方から近づきにくくなる」「何でも受け入れることが"受容"ではない。真剣に伝えれば、子どももわかってくれる」「自分のことばかりに目がいっていると、子どもの姿がなかなか見えてこない」などといったことを振り返りで述べている。

　誰しも、はじめての環境、はじめての経験の前では、緊張する。養成校で学んだ「〜すべき」「〜すべきでない」といったさまざまな知識が、頭の中を占めている間は、なおさらである。このように、"ありのまま"の自分自身を、"ありのまま"に表現することの難しさを、実習を通して経験できることは貴重である。大切なことは、「上手くいかなかった」「だめだった」と落ち込むのではなく、先輩たちのように、自分自身のあり方を振り返り、そこから、学びを得るその姿勢である。保育ばかりではなく、自己への新たな理解が拡がることだろう。

　そして、人間はどうしたら、安心して自己を発揮し表現できるのか、そのためにはどのような環境が必要となるのか、このような子どもがいたとしたら、保育者としての関わりや援助はどうしたらよいかということについても考えてみてほしい。ただし、その際、当のその子どもへの視線を忘れずにいたいものである。実習生によく近づいてきたその子の遊びや友だちとの関わり、保育者との関係、あるいは、家庭の様子など、少しでもその子どもへの理解を深めることによって、気づいたり、感じたりできることがきっとあるはずである。

引用文献
1) 津守眞『保育者の地平』ミネルヴァ書房，1995
2) 津守眞『子ども学のはじまり』フレーベル館，p.14
3) 津守眞『保育者の地平』ミネルヴァ書房，1995，p.103，124，294-295
4) 松本博雄・常田美穂・川田学・赤木和重『0123発達と保育 年齢から読み解く子どもの世界』ミネルヴァ書房，2012，p.31
5) 森上史朗・柏女霊峰編『保育用語辞典』第7版，ミネルヴァ書房，2013，p.304，307
6) 岡本依子・菅野幸恵・塚田-城みちる『エピソードで学ぶ 乳幼児の発達心理学』新

曜社，2004，pp.86-87
7) 岩田純一『＜わたし＞の発達 乳幼児が語る＜わたし＞の世界』ミネルヴァ書房，2001
8) 谷田貝公昭編『新版保育用語辞典』，一藝社，2016，p.162
9) 井桁容子『0・1・2歳児のココロを読み解く 保育のまなざし』チャイルド本社，2017
10) 木下孝司・加用文男・加藤義信編著『子どもの心的世界のゆらぎと発達』ミネルヴァ書房，2011pp.37-61，事例5はp.37から引用
11) 加藤繁美監修，塩崎美穂編著『子どもとつくる3歳児保育 イッチョマエ！が誇らしい』ひとなる書房，2016
12) 鯨岡 峻・鯨岡和子『保育を支える発達心理学』ミネルヴァ書房，2001，pp.172-173

参考文献
・室田一樹『保育の場に子どもが自分を開くとき』ミネルヴァ書房，2013
・加藤繁美・神田英雄監修，富田昌平編著『子どもとつくる2歳児保育 思いがふくらみ響きあう』ひとなる書房，2012
・秋葉英則・白石恵理子監修『シリーズ◎子どもと保育 1歳児』かもがわ出版，2001

第9章

いざこざ・けんかなどのトラブル

　本章では、子どもたちのいざこざやけんかなどのトラブルの特徴と、保育者の援助について学習する。子どもは、自我の芽生えとともにさまざまな欲求・要求を表すようになり、それによって人との衝突も増えてくるので、子どもの発達やトラブルの特徴に応じた適切な援助が求められる。トラブルを通して、一人ひとりの子どもが成長していく姿を知り、同時に、発達を踏まえた援助とはどのようなものかを考え、保育実践に生かせるようにしよう。

9-1　子どものいざこざ・トラブル

（1）いざこざやけんかの発生とその意味

　園生活は集団の場であり、見方・考え方の異なる子どもが生活している。そもそも、集団はそうした子どもたちの集まりで形成されているので、同じ欲求をもつ子ども同士、あるいは、思いや考えの違う子ども同士のぶつかり合いが生じる。集団生活には、いろいろな決まりや約束がある。幼稚園や保育所などに登園したら、履いてきた靴を脱いで自分の名前の付いた靴箱に入れなければならない。園内のトイレや水道の蛇口の数には制限があり、排泄時や手を洗うときには並ばなければならない。毎日の生活のなかでは、偶然にぶつかることもあれば、我先にと順番をめぐって争ったり、ふざけて誰かを押したりすることもある。いざこざは、このようなちょっとしたことで起こる。

　遊びの場面ではどうだろうか。園には、在籍している子どもの人数分の玩具があるわけではないから、使いたいと思う子ども同士の欲求がぶつかる。また、遊び方や役割をめぐって、互いにやりたい役を譲らなかったり、仲間に入れてほしい子どもが入れてもらえなかったりして、もめごとになる。ごっこ遊びなどでは、

自分のイメージが相手に伝わらなければトラブルになる。また、砂場での遊び、積み木を使っての構成遊びでも、互いに考えを出し合って遊ぶ際に、思いの違いがあり、通じ合えないことからトラブルが起こる。子どもたちがともに生活し、ともに遊ぶなかでは、いざこざ等のトラブルは日常的に起こるのである。

子どもは、自分のしたいこと、自分の思うことが通らないとき、それが相手のせいだと思うと、その相手に対して怒りが生まれる。そのときに自分の気持ちを抑制できなければ、言葉や行動で攻撃を加えることになる。年齢が低いほど、たたく、噛むなどの行動で表すことが多いが、徐々に、言葉による攻撃の方が多くなる。互いに相手を攻撃し合えば、けんかに発展する。

子どもにとってのけんかは、自我と自我のぶつかり合い、対人関係の対立・衝突である。子どもは、それを経験することで、我慢をすることや、相手の気持ちを感じ取ったり、相手の考え方を知ったりして自分以外の人を理解していく。それは同時に、自分自身への理解を深めていくことでもある。

(2) 自己実現と社会化

いざこざ等のトラブルは、いっしょに生活する友だちとの間で自己主張をすることで起こるので、子どもたちが自己実現をしていく過程では自然なことといえる。つまり、子どもにとって、いざこざやけんかなどのトラブルは特別なことではなく、自己主張の仕方、友だちとの折り合いの付け方を学習していくものである。いざこざやけんか等のトラブルは、ネガティブな印象もあるだろうが、相手のメッセージをどのように理解し、そしてどのように応答するかということ、主張するばかりでなく他者を受け入れるということを学習する機会になっている。そして、許し合う関係、通じ合う関係を作ることが求められる社会にあって、その土台が培われていくともいえる。

では、いざこざを起こした子どもは、どのような気持ちになっているのかを考えてみよう。自分の欲求・要求が誰かに阻止され、やろうとしたことができないので不満をもった状態にいると推測できる。主張が通らず、悲しい気持ちになっているかもしれないし、誰かに拒否されて寂しい気持ちを味わっているかも知れない。互いにぶつかり合った状態なので双方ともいやな気持ちになっていると考えられる。子どもは他者とぶつかり合うことで、自分の行動を振り返り、仲直りするために謝ろうかと思ったり、でも、自分だけが悪いのではないから謝りたくないと思ったりする。そうした葛藤を味わい、気持ちの揺れが生じた状態にいる。葛藤を乗り越えて安定した気持ちになるか、誰かに不信感を抱くか、そうした重

要な場面にいるのである。

　子どもにとってのいざこざ、けんかなどのトラブルは、社会的発達を促すといえるが、大人の関わり方次第ではマイナスの要素が表面化するので、適切な援助が必要となる。こうした状況への理解、心理状態を推測して理解に努めることが重要になる。

9-2 いざこざの特徴と対人関係の発達

(1) いざこざやけんか、トラブルの特徴

　保育実践に生かすには、いざこざやトラブルなどの傾向を、発達を踏まえてとらえることが大切である。ただし、個人差が大きいので、その年齢に限らなくても起こることを念頭に置く必要がある。それはその子ども自身の人と関わる経験や生活環境の違い、保育者の保育観、援助の仕方などによってもその表れ方が異なるからである。下記に示す内容は、一般的な傾向としてとらえておこう。

①1〜2歳

　自我が芽生えた子どもは、自分のやりたいことが出てくるので、他者とのぶつかり合いが起こる。とくに玩具の取り合いが多い。見たそのもの、誰かが手に持っているもの、使っているものがほしくなるととってしまうことから、とられた方の子どもが泣くことが多い。奪って逃げたりもするので、追いかけたり、そのものをつかんでひっぱり合ったりすることもある。その際、たたいたり、噛みついたりといった身体的攻撃を加えることも多い。単純に、その"もの"が欲しい・触りたいといった欲求から行動に出る場合は、ほかの同じような"もの"を提示すれば満足する場合もある。使っていた方の子どもは譲れない。

②2〜3歳

　"もの"（玩具など）や場所をめぐるいざこざがさらに多くなる。誰かが持っている"もの"を見るとほしくなり、ほしいと思うとそれを奪ってしまうことがある。自分の欲求を満たすために、相手をたたいたり噛みついたりといった身体的な攻撃を加えることも多い。3歳で、「貸して」「ちょうだい」などの発話による交渉が増えると、少しずつ、黙って奪うことは減少する。

　3歳の取り合いでは、使っていたものを放置して、戻ったときに他の子どもが

使っていて取り合いになるというものがよくある。一方の子どもは、自分が使っていたのだから自分のものだと主張し、一方の子どもは、だれも使っていなかったと主張する。子どもは、先に使っていた方に所有権があるとするルールをもっている。「先占ルール」や「先行所有ルール」などと呼ぶ[1]が、これは、今、使っていなくても、自分が使っていたものだから自分に使う権利があるというルールである。片方の子どもは、置いてあったのだから使ってもよいと思うため、互いに譲れない。3歳では、同じ"もの"を提示されても納得しないことがある。たとえば、三輪車の取り合いで赤いのが使いたいとなると、青い三輪車では納得しない。遊具としての機能は同じでも、その子どもにとっては意味が違うということである。

③ 4～5歳

4歳では、もの・場所・人の奪い合いが多くなり、いざこざもピークといわれる。たとえば、ブロックなどで自分の作りたいものがあって、それを作るためのブロックが不足の場合に、誰かが使っているものを取る。これは、自分の目的の実現のために奪う。"もの"の奪い合いは、交渉の仕方を覚え、条件が成立すれば徐々に少なくなっていく。

周囲の状況も見えてくるので、友だちの世話をやくこともある。おせっかいをやく、ふざける、そこからトラブルになることもある。手が当たった、出会いがしらにぶつかったなど、偶発的なことから、互いに非難し合うこともある。つまり、相手の働きかけが不快で、いやなことをされたと感じたり、一方的な暴力と感じたりして起こる。

遊びのなかでは、想定するイメージが食い違い、それを調整できないときに起こる。たとえば、「朝ってことね」「えー、やだ、夜だよ」などと、それぞれが思いを主張して調整できない。遊び方をめぐっては、要求や主張が対立し、意見の食い違いで起こる。集団に共有できつつある規則、あるいはルールに違反し、それを指摘されて起こることもある。たとえば、鬼ごっこで捕まったのに鬼にならない、などの行為に対して許すことができない。さらに、「今日は○○ちゃんとは遊ばない」などと、遊ぶ相手をめぐって一方的な発言からトラブルになることもある。

④ 5～6歳

5～6歳では、集団に共有できつつある規則、あるいはルール違反をし、それを指摘されることで起こるトラブルが多くなる。決まりや約束を守ろうとする姿

勢や、勝敗へのこだわりが関連しているのだろう。自分のチームが勝つように、力の強い子どもが采配を振るって一方的にチームのメンバーを決めようとするなど、チームを決める際にもトラブルが起こる。

　トラブルに対しては、自分たちで解決の仕方を見つけ、解決しようとする姿が多くなる。また、当事者以外の子どもが、友だちのトラブルに介入することもある。当事者間では、言葉で相手を攻撃することが増え、強い口調での言い合いになることもある。相手の言い方が気に入らないなど、言語表現の仕方、態度に対する腹立ちを見せることもある。これまでの原因ととくに違うのは、自分が無意識に原因を作ったとしても、相手の怒り方が気に入らないと、その態度によっては謝りたくないなど、相手の態度に影響されることがあるということである。仲間関係が影響することもあり、許し合える仲間関係であれば大きな問題には発展しない。これらは、子どもたちの経験の蓄積と、保育者のモデルとしての関わりが影響していると考えられる。

(2) いざこざ・トラブルの回避

　保育を学ぶ学生は、幼稚園や保育所、認定こども園などで実習をするが、その際、けんかの場面に遭遇しないこともあるようだ。ある実習生が、「実際にけんかになりそうになったことはあった。でも、すぐにごめんねと謝って、相手もいいよと言うので、けんかにならなかった」と話していた。発達から考えて、自我の芽生えとともにこだわりが強くなり、自分を主張することで対人関係の衝突が起こると想定してきたわけだが、トラブルの内容やその程度、頻度には違いがあるということであろう。トラブルを嫌う子どもや回避する能力を身につけている子どももいるようだ。

　ここで、低年齢の子どもと、その保護者が集う子育て広場に目を向けてみよう。2歳前後の子どもの玩具の取り合いが生じる割合が比較的高いようだ。実際に、我が子が持っている玩具を他の子どもに取られそうになると、母親はすぐに介入する。すべての母親がそうだとは言わないが、「貸してあげようね」と言って、自分の子どもが持っていた玩具を相手の子どもに渡そうとする姿を見ることが多い。相手の子どもを優先することで仲良く使うことを教えているのだろうが、一方で、トラブルを避けたい思いもあるようだ。小さな子どもの玩具の取り合いでは、相手をたたいたり、かみついたりすることがあるので、相手の子どもに怪我をさせてはいけない、我が子が加害者にならないようにという思いもあるだろう。その気持ちは十分に理解できる。子ども同士のいざこざが子どもだけで終わらず、

親同士のトラブルに発展することは珍しくないからである。

　小さいときから、相手のことを考えて行動できるように教えるのは大切であるが、我慢したことだけをほめられていると、子どもは大人の期待に応えようとして自分を主張しなくなる。また、子どもの中には、母親の期待をくみ取ることにならされている子どももいる。母親にほめられたいという気持ちが強くなると、「良い子」でいることを意識するようになる。大事なことは、一方に偏らないようにすることであり、自己主張・自己抑制のバランスが取れることである。

　こうしたことは保育者の姿勢にも通じる。先の実習生の話から学べることは、相手に対する敵意もなく、子ども同士の許し合える関係が育っているなら、それはとても喜ばしいことである。しかし、先生に叱られるのがいやで、先に謝っておこうという気持ちで謝ったのだとしたら、その子どもは学びの機会を逃したことになるので、考えなければならないだろう。

　保育者は、日々の生活のなかで子ども同士のトラブルに遭遇すると、当事者の話を聞いたり話し合う時間を作ったりしなければならず、時間も労力も必要になる。保育者には、その日の活動をどう進めていくかという計画があり時間調整が大変かもしれないが、子どもが事実と向き合うことで自分を認識し、相手を理解し、どう行動するかを考える機会なので、ていねいな援助が必要になる。保育者は、一人ひとりの子どもが自己発揮できるように、一人ひとりに目を向けて関わっていく必要がある。

9-3 いざこざ・トラブルでの成長

(1) 自我の形成

　保育者を目指す学生の多くは、子どもがけんかをすることを悪いとは言わない。学生たちは、その理由をこう述べる。「我慢することを学ぶ」「子どもの成長には大事」「協調性が育つ」などである。子どもが誰かといざこざを起こし、けんかをしてまで主張することは何だろうか。自分にとって「大事にしていること」や「こだわり」であろう。これは、自我の形成に重要なものである。子どもは、トラブルを経験しながら自己認識を深める。自分の良さや苦手なことにも気づく。これは極めて重要なことである。もし、過度に抑制されて自分を出せなければ、自我の形成も危ぶまれる。

　自我が芽生えた子どもは、「いや」とか「だめ」といった言葉が増え、相手を

拒否したり占有欲が強くなったりするので、保育者の援助には根気と工夫がいる。自我の芽生えとともに起こる対人関係の対立・衝突は、それを理解してくれる保育者や保護者がいて、それに支えられて乗り越えられるものである。子どもの自我が形成されるためには、他者との関係で、思うようにならない経験をしながら、それを調整し、自己実現をしていく体験が必要になる。

(2) いざこざ・けんかなどのトラブルを通して成長する力

トラブルを通して子どもが学ぶこととして、一般的に次のことが挙げられる。

● 「他者理解」

異なる考えの相手とぶつかることで、自分とは違った行動の仕方、考え方があることに気づく。その状況で相手がどんな気持ちになるのか、どんなことを考えているのかを想像し、その気持ちや考えを知ることができる。

● 「言語能力」

自分とは違った行動の仕方、考え方の相手と、ともに生活したり遊んだりするためには、相手に、自分の気持ちや考え、感じたこと、イメージしたこと、それまでの状況などを、言葉を使って説明することが求められる。順序立てて話をしなければ伝わらないし、相手が納得するように話さなければ、いざこざは収まらない。また、説明するだけでなく、友だちの言葉に耳を傾ける必要もある。相手の話を理解する力も必要になるので、それらの力が育つ。

● 「自己理解」

友だちといっしょに遊ぶためには、思いや考え、欲求・要求などを表現することの大切さ、そして、自分を表現し、理解してもらうためには、主張だけではだめということを知る。自分の内面を見つめることで、自分と他者の共通点や相違点に気づく。また、少しだけ我慢できた自分、友だちに優しくできた自分、得意なことのある自分を意識し、自信をもつことができる。

● 「先を見通す力」

相手に順序立てて話すなかで、先を見通す力もついてくる。つまり、少し先のことを予測しながら、今、なにをするべきなのかを考える力が育つ。

● 「自己制御」

　どのようにしたら相手とうまく遊べるのか、自己主張の仕方を学ぶ。また、他者の考えや気持ちを知り、気持ちや考えをどのように合わせていくか、調整の仕方、折り合いの付け方を学ぶ。いわば、自己抑制である。解決方法を見いだせた喜び、解決できたときの心地よさを知ること、安心感を味わうことが重要である。「自己主張」「自己抑制」の両方の力がバランスよく育つことで、相手の状況を見て問いかけもできるようになる。これらは、「コミュニケーション力」の育ちにも影響する。

9-4 事例を通して学ぶ保育者の関わり

(1) 実習生の体験から学ぶ

　いざこざ・けんかなどのトラブルを通して子どもが成長していくためには、子どもの発達を踏まえ、子どもに寄り添った援助が重要になる。先輩の体験から保育者の関わりを考えてみよう。

【事例1】

サッちゃんのー　　　　　　　　　　　　　　　　　　　2歳児　5月

　サチは、ままごとコーナーで実習生と遊んでいた。プラスチックのチェーンをコップやお皿に載せて、食べ物や飲み物に見立てていた。そこに、ヨウが来て、いきなりその皿を持っていってしまった。サチは「サッちゃんのー」と泣き叫んだ。実習生は、サチに同じようなものを渡したが、「いやだ」と言って、そのまま泣き叫んでいた。そこに保育者が来て、ヨウには「貸してって言って」と言い、「サッちゃんも、ヨウちゃんも使いたかったんだね」と2人に声をかけた。サチは、ヨウから皿を返してもらうと泣き止んだ。

●実習生の考察

　おもちゃを急に取ってしまう子どもが多く、このようなトラブルは絶えなかった。自分が遊んでいるおもちゃに対するこだわりが強く、友だちに貸したり、譲ったりすることができないのだろう。2歳の子どもは、自分で言葉を使って意思を伝えることができないため、トラブルが多いのだと思った。……（略）……言葉かけから、子どもの使いたい気持ちを否定せずに認めてあげることが大切だとわかった。子どもは、保育者が気持ちを理解してくれるととても安心する。安心できる存在がいると、子どもは自分を出せると思った。

【事例2】
私がミカちゃんと遊ぶの　　　　　　　　3歳児　10月

　ミカコ、カオリ、ユリの3人の女児が園庭で立ち止まっていた。カオリは泣いている。実習生がそばに行ってみると、ユリが「私がミカちゃんと遊ぶ」と言っていた。カオリ、ユリの2人でミカコの取り合いをしているようだった。実習生が、「2人ともミカちゃんと遊びたいんだね。3人で遊んだらもっと楽しいかもしれないよ」と声をかけたが、あまりよい表情が見られなかった。そこで、ミカコに「ミカちゃんはどう思う？」と聞いてみると、ミカコが「私は、3人で遊んだら楽しいと思うの。なかよしこよしで遊ぼうよ」と答えた。ミカコの言葉で、2人は納得したような様子を見せ、遊びはじめた。

●実習生の考察

　私は、玩具の取り合いでのけんかは見たことがあるが、このようなトラブルを見たのははじめてで、最初、どうしたらいいのかわからなかった。子どもも私たちと同じように遊びたい友だちがいるのだと思うので、その気持ちを理解して「遊びたいんだね」と共感しながら声をかけたが、それでは解決しないと感じたため、3人で遊ぶことを提案してみた。しかし、それはあくまでも私の意見であり、勝手に決めつけてはいけないと感じた。……（略）……子ども同士の力はすごいと感じた。大人が入って大きなトラブルになることを避けることも大切だが、それ以上に、普段遊んでいる友だちが納得し合い、解決することでより成長できることを学んだ。そのような状況を作ってあげることが保育者には必要だとわかった。

【事例3】

なに、見てるの？

4歳児　5月

　絵本を読む場所で、アミが「カンナちゃんが押してきたの」と実習生に言う。カンナは、アミに「アミちゃん、絵本が見たいなら並ばなきゃだめだよ」と言う。するとアミは、「だって、この絵本が読みたかったんだもん」と言う。カンナは、「でも、順番こだから、もし誰かに取られても仕方ないんだよ」と言う。2人のやりとりを聞いていた実習生は、アミには、「カンナちゃんは順番こだから並んで欲しくて押しちゃったんだって。びっくりしたよね。アミちゃんはこの絵本読みたかったんだもんね」と共感する。そして、カンナには、「アミちゃんも、この絵本読みたかったんだって。でも、カンナちゃんは順番こだって思ったんだよね」と2人の気持ちを受け止めた。しかし、アミとカンナは、再び、同じやりとりをはじめる。
保育者が来て、2人の話を聞いた。保育者が、「カンナちゃんの話、先生、わかったよ。でも、そういうときには、押さないで、今みたいにお話ししようね」と言うと、カンナは保育者の顔を見てうなづき、それを見たアミも納得した表情をした。

●**実習生の考察**

　2人の子どもは、相手に対して納得できないところがあった。「絵本を並ばずに取ったこと」と「押したこと」が原因だったと考える。私は、2人の気持ちは理解できたが、心をつなぐ援助はできなかったため、2人は納得しなかったのだと気づいた。そして、2人の気持ちを受け止め、代弁して伝えるだけでは子どもは納得しないのだと考えた。子どもが納得するには、原因を追究することが大切で、なぜ、いざこざが起こったのかを考え、その原因を取り除くように関わる必要がある。……（略）……子どもが納得できるように、いざこざを解決する力が保育者には必要だと学んだ。保育者は、子どもの話を受容し、いざこざの原因を考えて関わっていると感じた。2人の気持ちを受け止めつつ、押してはいけないことと、どのようにすればよいかということを伝えることで、子どもは問題を解決する方法を身につけていくと感じた。

【事例4】
だって、うまく回らなかったんだもん　　　　　　5歳児　10月

　男児を中心に、ブロックを組み合わせてコマを作って遊んでいた。コマが完成すると、「○○のチームになりたい人はこの指とまれ」などと言い、2～4人のチームを作って「勝ったチームには2点、負けたチームには1点」と遊びのルールを話している。「3、2、1、GO、シュート」の掛け声で一斉にコマを回しはじめる。
　あまり回らなかったリョウが、もう一度回そうとすると、ハヤトが「リョウ、ずるだぞ」「そっちのチーム負けな」と言う。リョウは「だって、うまく回らなかったんだもん」と言うが、「それでもルールだから、そっちのチーム負けで1点な」と言われる。リョウと同じチームのダイチとケンタは「俺はなにもしてないのに、なんで負けなの」「最悪だ、もうやめる」などと言い出す。実習生は、その様子を見て、「ルールを決めて勝負していたんだよね。ずるをして戦っても楽しくないと思うな」「勝ちたかったんだよね」「それだったら、もう一回戦してみようよ」「ずるをしたのは、お友だちにごめんねしようね」と言う。すると、リョウが謝って、その後の遊びが続いた。

●実習生の考察

　自分たちで決めたルールは、しっかりと守って遊びたいという気持ちがとても強い年齢なのだ。この場面を見て改めて、人との関わりなどいざこざを通して学んでいるのがよくわかった。リョウは「自分で一生懸命作ったコマ」という気持ちが強く、チームのためにも、より勝ちたいという気持ちがあって、コマを回しなおすという行動をとってしまったのではないかと感じた。しかし、ルールに反していることを指摘する友だちの気持ちもわかっていた。そして、ずるをしたことをリョウ自身がわかっていたため、私は「勝ちたかったんだよね」とリョウの気持ちを受け止めた。それから、悪いことをしたら友だちはどんな気持ちになってしまうのか、きちんと悪かったことを認め、謝ってから両方の子どもがよい気持ちで遊ぶよう提案した。保育者が話をまとめて終わらせるのではなく、一度、子どもの気持ちに寄り添ってから、声かけや話し合いを進めることが大切だとわかった。

　4つの事例には、援助は一様ではないが、基本的な保育者の姿勢として、共感的な関わりがみられる。保育者は、いざこざを起こした双方の子どもが納得できるように心掛けることが大切になる。また、自分で気づかせるような言葉をかけ、幼児自身で考えて行動できるようにすることも大切である。

(2) 子どもの発達に伴うさまざまな援助

　トラブル場面での保育者の関わりについて、友定らの研究（2009）では、膨大な保育記録から保育行為を分析し、16種類の関わりを抽出している。目的や意図を考慮して分類したものが表9-1[2]である。

(1) 自己回復を支える	(2) 共生の体験を支える
気持ちの受け止め： 抱く／背中をさする／手当てをする／頭をなでる／びっくりしたね／痛かったね／それはいやだったね／悔しかったんだね／悲しかったんだね／悪かったって思ってるんだね／おいで／こっちへきてごらん 身体静止： 間に入る／止める／引き離す 認める・ほめる： 優しかったね／ゆずってくれてありがとう／おにいちゃんだね 場面切り替え： おべんとうにしようか／こっちにおもしろいものがあるよ／あれは何かな 見守る・待つ： （少し様子を見る）	交渉・話し合いの提案： たたかないでお口で言ってごらん／お話ししてみたら？／どうしてか聞いてごらん／そういう時は「貸して」っていうんだよ／「あとで」って言ってごらん 気持ち・要求の代弁： 嫌だったんだって／悲しかったんだって／痛かったみたい／負けて悔しかったみたい／Sちゃんと遊びたかったんだって／Aちゃんが好きなんだって／一緒に遊びたいんだって／どうしてもこれがいるんだって 謝罪の提案： 謝ってくる？／先生が代わりに謝ってあげようか？／わざとではなくても謝ろうね 仲直りの提案： 仲直りできるかな／二人で握手／仲良くね
(3) 解決法を探す	(4) 価値・規範を伝える
状況の把握（保育者が状況を把握する） 状況・原因を尋ねる： どうして泣いてるの？／どうしてケンカになっちゃったの？／どうしてたたいちゃったの？／誰かお話しできる人いる？ 状況を子どもに説明する： 二人とも使いたいんだね／知らないで使ったみたい／ぶつかっちゃったのね／誰も悪くないね／聞こえなかったんだね 子どもに相談： どうしようか？／こんな時はどうしたらいいかしら 子どもが解決（子どもが解決策を提案） 解決策の示唆・提案： 広くしてみたら？／お母さんは二人でどうかしら／他にないか探してみよう	説諭（教え諭す）： たたいたのはいけなかったね／そんなこと言われたらどう思う？見ていないのに言ったらどうかしら／ゆっくりお話しする人もいるから待っててあげてね／ほしかったらとってもいいかな／わざとじゃなくてもそういう時はごめんねって言うんだよ／約束を守るのは大事だね、でも守れないときもあるんだね／譲ってあげる人は優しい人だよ／人に叩けって言わないの／それはいじわるだよ／心の強い人が我慢できるんだよ 説得（提案を受け入れさせる）： Sちゃんに貸してあげてね／小さい組だから譲って／待っててあげてね／Aちゃんの言う通りにしよう

※友定啓子・入江礼子ほか「子ども同士のトラブルに保育者はどうかかわっているか『人間関係』の指導に関する研究」2009, p.4

表9-1　トラブル場面における保育者のかかわり

　この表から、保育者が子どもたちになにを教えようとして援助しているのかを学ぶことができる。実習中に、子どものトラブルにあうと、どうしてよいかわからないという言葉を聞くが、先の事例のように、子どもの気持ちを受け止めたり

あいだに入ったりして、「いっしょに遊びたいんだって」と声をかけたり、何らかの提案をしたりしている実習生もいる。そうした関わりの工夫が、子どもの自己回復を支え、解決方法をいっしょに探すことにつながっていると意識できれば、自分自身の関わりに意味を見出すことができるだろう。

友定ら（2009）は、支援（援助）の目的や意図を、「自己回復を支える」「共生の体験を支える」「解決法を探す」「価値・規範を伝える」の4つに分けて説明している。「自己回復を支える」ことについては、トラブルに陥った子どもが気持ちを立て直して、それに向かうことができるように、生理的心理的基盤を整える、としている。「共生の体験を支える」ことについては、相手と交渉や相談をするための援助で、言葉によるコミュニケーションを促す、そして、相互理解、受容といった感情レベルの解決も重視する。「解決法を探す」ことについては、問題解決支援であり、なにが問題なのかを明らかにし、解決の方法を子どもといっしょに考える。「価値・規範を伝える」ことについては、トラブルの原因やそれに対する考え方を教え、子どもに対する思いや願いを伝える。こうしたことから、保育者の関わりは一様ではなく、状況に応じて、同時にいくつも組み合わせて行っていることが想像できるだろう。

9-5 トラブルの解決に向けた援助の基本

(1) 当事者の気持ちを理解する —保育者に理解されていると実感できること

前述した学びにつながるようにするためには、保育者の援助が極めて重要になる。まずは、当事者である双方の子どもの言い分を十分に聞くことである。双方の子どもが、自分は保育者に受けとめてもらっている、理解されていると実感できるようにすることが最も重要になる。そのためには、保育者が共感的な姿勢で子どもたちの話を聴かなければならない。

トラブルの解決に関わった保育者が、子どもを強く非難したり、責めたり、突き放したりすると、その行為に恐怖心を抱いて終わることにもなりかねない。叱る行為は保育者の口調も強くなるので、子どもによっては叱られた理由よりも叱られたことだけが印象づけられることがある。子どものためと思ってしても、心に届かなければ意味をなさない。子どもは、保育者に「理解されない自分」を意識することになり、保育者への不信感をもつことになるだろう。そうした対応では、子どもに考える力や判断する力、調整する力などは育たない。気をつけなけ

ればならないことは、子どもが「先生は自分のことを好きではないのではないか」と思うことがあってはならないということである。

　また、多くの場合、けんかは見ていないところで起こることが多いので、状況の把握が必要になる。泣いたり、自分を強く表現したりする子どもに気を取られて対応しがちになるが、そうでない子どもの気持ちにも十分に配慮する必要がある。状況次第では、保護者に説明をする必要も出てくるだろう。保護者の理解が得られるには、順序立てて、保育者の対応も含めて説明できなければならない。状況把握をするということは、学びにつなぐ適切な援助をするためであり、保護者への説明責任を果たすためともいえる。

　さらに、けんかをしたあとの子どもの気持ちを支えることも必要になる。一方が悪い、あるいは両方が悪いといった審判を下すような解決の仕方では、子どもは納得しない。対処の仕方が不十分だと、子どもはいやな気持ちや納得できない気持ちを引きずることになるので、そうならないように時間的な経過観察が必要である。時間的な経過観察とは、けんかのあとの子どもの気持ちの変化、子ども同士の関わりに心を配ってみていくことである。そして、不足があればフォローして、安心感をもてるように援助しなければならない。

(2) 周囲の子どもとの関係に配慮する　―学級経営の視点をもつ―

　子どもの側からすれば、保育者に叱られているのは自分たちの仲間である。その出来事に関わらなかった子どもにとっては、保育者に叱られている友だちを見ているのは気持ちのよいものではない。保育者が叱っているのを見たり聞いたりして、周囲の子どもが学習をする場合もあるだろうが、「叱られたくないから」とか「叱られないように」という判断基準が生まれるようでは、適切な援助にはほど遠い。保育者の援助によって、子どもが自分の行為に向き合い、振り返ることや、解決できた時の安堵感を味わえることが大事になる。解決の過程で、自己理解や他者理解ができるようにすること、解決の仕方を学び、自己制御の力が育つようにすることが大切である。

　保育者がみんなの前で声を荒げて叱っていると、「いつも先生に叱られている〇〇ちゃん」といったマイナスのイメージを学級の子どもたちに植えつけることになる。担任として、学級経営の視点をもち、一人ひとりを大事にする姿勢が求められる。子どもの話をよく聞き、決めつけずに、解決方法を提案したり、解決できた喜びをともに味わったりすることが大切になる。子どもは、そういう保育者のもとで問題を解決する力が育つのである。

また、保育者の関わり方を見て、子ども自身が解決の仕方を学習することも大切である。それには、解決の仕方を学習できるような関わり方を意識して行うことである。保育者の行為は、子どもにとってモデルである。子どもが互いを認め、許し合える関係をつくるには、保育者の肯定的なメッセージが重要である。子どもは、気持ちを理解してくれる保育者のもとで、自分も相手も大事にできるようになる。どの子も学級の中で大切な一員であるという意識をもち続けることが子どもとのよい関係を構築することにつながる。子どもは、保育者がなにを大事にしているかを見抜く。けんかは当事者だけの問題ではないことを覚えておこう。

(3) 保護者との連携

　保護者が子ども同士のけんかを自己表現の姿ととらえることはまれである。筆者の知人で、保育園に通う2歳になったばかりの子どもをもつ母親がいた。ある時、保育園で、その子どもが、他の子どもに手の甲を嚙まれた。保育者からは「嚙まれた」という簡単な説明はあったそうだが、母親は、集団生活だからそういうこともあるだろう、自分の子どもも相手になにかしたかもしれないと不安な気持ちで事実を受け止めたという。

　数日後、また、同じように嚙まれ、保育者からは、同様の説明を受け、相手の子どもの名前も聞いた。嚙んだ子の顔を浮かべ、状況を想像し、「かわいそうに、また嚙まれちゃって」と、嚙まれた跡を見つめ、痛い思いをした我が子を不憫に思ったという。ところが少しして、また嚙まれた。この段階になると、母親は、「先生は、ちゃんと見ていてくれるのだろうか。嚙む子は決まっているのに、もっとよく見てほしい」と、保育者への不信をもった。

　三度も続くと、当初の「保育園だからそういうこともあるだろう」という受け止めから、我が子の不憫さ、そして保育者への不信と、母親の心情も変化する。保育者が細心の注意を払っても、一瞬のことで防げないことがあるかもしれない。しかし、嚙まれた子どもやその保護者の気持ちを考慮し、嚙みつきに対する対応は慎重でなければならない。専門家としての信頼を失わないように、誠実な対応と日常の保育の工夫が求められる。

　子ども同士のいざこざは、子どもだけでは終わらないことも多い。この場合は、大きな問題にならなかったが、嚙みつかれたりたたかれたりした子どもの保護者が、相手の保護者に直接苦情を寄せることもある。園で起きたことが園の外にまで発展していく。保護者同士の関係ができていない入園当初などは、とくにていねいな対応が必要になる。

子どもが発達する道筋では、さまざまなトラブルが起こるが、保護者は、保育者と同じように考えるわけではない。対処の仕方によっては、トラブルを起こした側の保護者が孤立してしまうこともある。子どもの発達の傾向と、トラブルを通して成長する姿を保護者にどう理解してもらえるかが重要になる。保育者は、発達による傾向を理解し、そのうえで一人ひとりの違いを把握し、一人ひとりにていねいな対応ができるよう、指導力を高めていくことが重要である。

　また、子どもは、トラブルを起こしても自分が原因を作ったとは言い出せないものである。また、言ったとしても、正しく伝わるかはわからない。したがって、子どもから伝わる前に、保護者にきちんと伝えることも大切である。保護者の考え方、受け止め方はそれぞれなので、なにをどの程度伝えるかを十分検討し、気持ちに配慮する必要がある。そして、保護者とともに大切な子どもを育てているという気持ちをもって、誠実な対応をしていくことが重要である。

先輩のつぶやきに学ぶ

　実習生の記録から、実際に対応にとまどった事例をいくつか挙げる。それぞれどうしたらよいかを投げかけていたが、いっしょにどのように関わったらよいかを考えてみよう。

・けんかの際、互いの言い分が大きく異なっていたのだけれど……。
・カルタ取りをしていて、ほぼ同時に2人で取り合いになった。じゃんけんで決めていたが、じゃんけんで負けても譲らなかった。
・担任の前では静かにしているのに、担任がいないところでは、友だちに強い姿勢であたっていた。
・幼児同士でトラブルが起こると、自分たちで解決しようとしないで、「もう、先生に言うから」と言って、先生のところにいってしまう場面を多く見た。
・子どもが数人で、ブランコで遊んでいた。他の子どもに貸してあげられないので、「10数えたら替わろうね」と言ってみたが、笑っていて替わろうとしなかった。

　これらのつぶやきには、原因の違い、発達の違いが考えられる。原因はどこにあるのか、子どもの発達はどうなのか、保育者の援助はどのようにしたらよいのかなどを考えてみよう。子どもは、いざこざを起こしたとき、保育者の適切な援助がないと、自分に対しても相手に対しても否定的な感情をもつことがある。自

己を肯定できなくなるのは問題である。また、人に対する不信感をもつこともある。そうならないように、いざこざ・けんかなどのトラブルが子どもの成長発達に生きるように、援助を工夫しなければならない。

　また、トラブルが起こらない状況に遭遇したら、子どもの年齢・発達、その場の状況、子ども同士の関係性、保育者との関係性、親子の関係性など、いくつもの視点から考えてみることも必要になる。それによって、より、深い学びにつなげていくことができる。

引用文献
1) 後藤宗理『保育現場のコミュニケーション』あいり出版，2008，p.45
2) 友定啓子・青木久子『幼児教育 知の探究16 領域研究の現在＜人間関係＞』萌文書林，2017，p.131

参考文献
・塚本美知子・大沢裕編著『新・保育内容シリーズ2 人間関係』一藝社，2010
・友定啓子・青木久子『幼児教育 知の探究16 領域研究の現在＜人間関係＞』萌文書林，2017
・寺見陽子編著『子どもの心の育ちと人間関係』保育出版社，2010
・藤掛永良編著『発達心理学』建帛社，1996年

第10章

共感・思いやり

　本章では、子どもの遊びや生活に見られる共感や思いやりとはどのようなものなのか、また、共感や思いやりが子どもの心の動きや人とのつながりにどのように影響していくのかを考えていきたい。皆さんは、友だちから思いやりのある言葉をかけられ、前向きな気持ちになったことや、友だちと同じように感じ、より楽しくなった経験があるだろう。子どもたちが遊んだり生活したりするなかにも、子どもと保育者あるいは、子ども同士が共感し合ったり、思いやったりする姿はよく見られる。その姿をとらえてみよう。

 10-1 共感

(1) 共感とは

　子どもたちは、共感したりされたりする感情体験をし、遊びや生活を豊かにしているのではないだろうか。たとえば、友だちといっしょに食事をしているときに「これおいしいね」と言う子に応えて周囲の友だちも「うん、おいしいね」と言葉を返す姿はよく見られる。このような友だちとの関わりのなかで、食事の楽しさやおいしさが増し、食欲も出てくるのであろう。

　また、友だちといっしょに遊ぶなかで共感し合うことによって、より楽しさが増している姿に出会う。子どもたちが笑いながら楽器を鳴らして遊んでいる。いっしょに楽器をならしている友だちに、「楽しいね！ ○○ちゃん、上手だね」と声をかけると、褒められた子は、「楽しいね!」と笑って応え、自分たちのつくり出す世界に入り込んでいく。さらに、子ども同士だけでなく、保育者も子どもの気持ちに共感することで、子どもと気持ちがつながっていく。ダンゴムシを見つけて興味深く観察している子どものそばへ保育者が近づき、「ダンゴムシって

触ると丸まっておもしろいね」とその子の気持ちに寄り添いながら話しかけると、その子はにっこり笑って応えている。保育者と子どもの間に起こる共感の感情は、楽しい体験を通してつながり合っていくのであろう。

　このように、共感とは、他者の体験する感情や心の状態、あるいは人の主張などを、自分も同じように感じたり理解したりすることである。共感は、他者と喜怒哀楽の感情を共有するものであるが、たとえば、友だちがけがをして泣いていると友だちが怪我をして痛がっているということがわかるだけでなく、自分も痛くてつらい感情をもつのが共感である。相手がつらい思いをしていることがわかり、自分もつらい感情をもつことができるためには、さまざまな感情体験が必要になってくる。

(2) 共感してくれる相手の存在

　遊びや生活のなかで共感し合うことが、相手の立場に立って感じるようになる大事な心の動きであるといえる。幼稚園教育要領解説では、領域「人間関係」の内容「友だちと積極的に関わりながら喜びや悲しみを共感し合う」について、「幼児は、嬉しいときや悲しいとき、その気持ちに共感してくれる相手の存在が、大きな心の支えとなり、その相手との温かな感情のやり取りを基に、自分も友だちの喜びや悲しみに心が向くようになっていく」[1]と述べられている。次の事例を通して、子どもの気持ちにふれてみよう。

【事例1】
子どもの気持ちに共感した実習生と子ども　　4歳児　5月

　アキオが他の子が使っているパズルを取り、自分の手に入れて隠すようにして遊んでいた。はじめにパズルを使って遊んでいたイクオがアキオを問い詰めると、アキオはパズルを握ったまま走って逃げていった。
　その様子を見ていた実習生は、言葉で十分に気持ちを表現できないことが多いアキオに「いっしょに遊びたかったんだね」とアキオの気持ちに共感するように声をかけた。実習生は、アキオとイクオの間に入り、いっしょに遊ぶようにした。その後、アキオは実習生のそばに来て、「入れて」と自分で言えない気持ちを話した。

アキオは、言葉でなく行動が先に出てしまい、たびたび、トラブルになることがあったようである。トラブルの原因はさまざまであるが、言葉では十分に気持ちを表現できず、そのため、自分の欲求をそのまま行動に移してしまうことも多かった。このときも、いっしょに遊びたい、あるいはパズルを使いたいという気持ちから、取るという行動に移ってしまったと思われる。実習生がアキオの気持ちに共感して、「いっしょに遊びたかったんだね」とかけた言葉がアキオの心に響き、心を開かせ、自分の気持ちを実習生に話したのではないだろうか。

　このように遊びや生活のなかで共感する、共感されるという両者の感情体験をすることが、その後の人間関係において気持ちのやり取りや気持ちをわかり合うという豊かな人との交流につながる大事な感情であることが理解できる。

(3) 友だちとの豊かな感情交流

　人間関係を築いていくうえで、相手の気持ちになって感じたり、考えたりすることは大切であることを述べてきたが、そのためには幼い時期に共感したりされたりする経験が必要である。幼稚園や保育所、こども園などでの集団生活は、遊びや生活のさまざまな場面で共感したり、されたりする機会に出会える貴重な教育の場であるといえる。

　集団生活は、子どもにとって思うようにならないこともあるが、楽しいこともたくさんある。思うようにならない経験、楽しい経験、そこでのさまざまな感情体験が子どもを豊かにしていく。

　たとえば、絵本を1人で見ることも絵本の主人公の心の動きに共感して楽しいが、さらにクラスの友だちといっしょに同じ絵本の世界に入り込み、「おもしろかったね」「怖かったね」と友だちと顔を見合わせながら同じ場所で同じ感情を共有することは、1人では味わえない豊かな感情の交流が可能になる。また、楽しいばかりでなく負の体験もある。友だちとけんかして泣いている子のそばで見ていた友だちが、「いやだったよね。〇〇ちゃんに言われて」と共感し慰めている場面にも出会う。悲しい気持ちがすべて消えるわけではないが、自分の気持ちに共感して寄り添ってくれる友だちの言葉は、負の気持ちを支えてくれる温かな感情の交流といえる。

　このような豊かな感情の交流を可能にするためには、幼稚園や保育所が安心して過ごせる場となっていることや、自分のやりたいことに取り組むことができる環境であること、保育者との良好な関係が大切になってくる。共感し合う友だちとの関係は、まず保育者が子どもに寄り添い、子どもの心と響き合うことができ

る豊かな心をもっていることが大切である。

10-2 思いやり

（1）思いやりとは

　相手の立場や気持ちを理解しようとする思いやりの姿は、幼い子どもでも見られる。たとえば、園庭で遊んでいる子が膝を怪我したときに、そばにいた子が自分の肩を貸して救急箱が置いてある場所まで連れていったり、泣いている年少児に、年長児がそばへ行き、「どうしたの？」と声をかけ、泣いている子が安心できるように、頭や背中をなでていたりする姿も見られる。このように、苦痛を示す相手を慰めたり、助けようとしたりする行動は、幼いころから見られる。

　しかし、幼いころは、自分と他者の気持ちの区別ができず、自分にとってよいことは他者にとってもよいことと思ってしまう。このような自己中心的な感情理解では、直ちに適切な行動をとるようにすることは困難である。しかし、友だちといっしょに遊んだり生活したりするなかでさまざまなやり取りをし、自他の気持ちや欲求は異なることがわかるようになっていく。次第に、自分の気持ちとは異なった他者の気持ちを理解したうえでの共感や思いやりのある行動ができるようになっていく。

> 【事例2】
> リレーで友だちを思いやる姿　　　　　　　　5歳児　9月
>
> 　クラス全員でリレーをした。園庭に出て2つのチームに分かれ、走っている友だちに「〇〇ちゃん頑張れ！」と大きな声で応援する。リレーが終わると負けたチームのダイチが泣いている。同じチームのヤスオが「次は絶対勝とう。ダイチくんも速かったよ」とダイチに声をかけていた。タカオもダイチの肩をポンポンと叩いて「ダイチくんのせいじゃないよ」と慰めるが、それでも泣き止むことができない。ヤスオたちは、ダイチが泣き止むまでずっとそばにいた。

　ダイチは、リレーに負けたことが悔しくて泣いているのだろうか。同じチームのヤスオの「ダイチくんも速かったよ」や、タカオの「ダイチくんのせいじゃないよ」とダイチにかける言葉から、ヤスオやタカオは、ダイチがどのような気持ちで泣いているのかを思いやっているのがわかる。ダイチは、負けて悔しい気持

ちゃ、自分が遅かったためにチームが負けてしまったというチームの友だちを思いやる気持ちなど、さまざまな感情があふれて泣いたのであろう。一方、優しい言葉をかけたり行動をとったりしているヤスオたちも、ダイチの立場に立ち、気持ちをくみ取り、慰め、ダイチの気持ちを支えている。

5歳児になると友だちとの関係も深まり、相手の気持ちを理解したうえで、相手の気持ちに思いを寄せる真の意味での思いやりの姿をとらえることができる。

(2) 子どもの他者に対する思いやりの傾向

他者に対する思いやりは、誰に対しても同じなのであろうか。幼稚園教育要領解説では、「幼児は次第に気の合う友達や一緒にいたいと思う友達ができ、そうした友達に対して、共感し、思いやりのある行動をする傾向があるので、共によく遊ぶ仲の良い友達をもつことが思いやりをもつ上で重要である。また、肯定的な気分のときの方が他者に対して思いやりのある行動をしやすい」[2]と述べている。

次に紹介する、仲の良い女児2人のエピソードから、幼児期の共感や思いやりの傾向をみてみよう。気の合う友だちやいっしょにいたいと思う友だちに対して、共感し、思いやりのある行動をとっている姿である。

【事例3】
砂場でのトラブル　　　　　　　　　　　　　　4歳児　6月

いっしょにいることが多いアキコとミユが、砂場で遊んでいる。そこへケイイチがやって来て、アキコが使っていたシャベルを勝手に持っていこうとした。気づいたアキコが「やめて、とらないで！」とケイイチに言うと、いっしょに遊んでいたミユも「そーだよ。アキちゃん使ってたもんね。返して、とらないで」とケイイチに強い口調で言う。

砂場で遊んでいたときのトラブルである。あとから来て、シャベルをとったケイイチは、そのシャベルをアキコが使っていたことを知らずにいたのかもしれな

い。あるいは、知っていたがほしい気持ちが強く、とってしまったのかもしれない。そのことはさておき、ミユはいつもいっしょに遊んでいるアキコがいやな思いをしている場面に出会い、「そーだよ」とアキコに加勢している。いっしょに遊んでいる仲の良い友だちの負の気持ちを思いやり、何とか払拭したい、そんな気持ちになっての言動であろう。このように、仲の良い友だちの気持ちに寄り添い、思いやる行動は幼い子どもの姿にも多く見られる。

(3) 思いやりの気持ちをはぐくむ

　思いやりの気持ちをはぐくむには、保育者や友だちに受け入れられ、自分が発揮できるように、また、友だちとの関わりを深められるように援助することが重要である。気の合う友だちや身近な友だちに共感したりされたりすることを繰り返すことで、徐々に人と関わることの楽しさや喜びの体験を重ねていく。その過程では、思いやる行為を認めるとともに、そのことが友だちの心にどのように響いているのか、保育者は言葉に表して伝えていくことも大切である。

　思いやることに指導の重点が置かれがちであるが、思いやりを受ける経験も大事である。思いやられる経験を通して、それを受けたときのうれしさや人の温かさを体感したことが、相手を思いやる行為につながっていくのである。したがって、思いやりの温かさに触れることが大事になる。そのためには、まず、保育者が一人ひとりの子どもに対して思いやる気持ちをもち、行動に表すことが大事になってくる。そして、保育者の子どもへ思いやる行為は、周囲の子どもたちに思いやる姿をモデルとして示すことになる。

　次の事例は、保育者のかけた言葉から事態が変わり、遊びが再開されるまでの姿である。

【事例4】
子どもたちの気持ちを思いやる保育者の援助　　　5歳児　10月

　砂場でヒロミとユウコが山をつくり、トンネルを掘っていた。もう少しでトンネルが貫通するというときに、クルミが「私も掘りたい」と言ってやって来た。ヒロミとユウコの2人は、「だめ！ もう少しで完成だから」と言い、クルミを遊びに入れなかった。するとクルミが「いいでしょ！ 私も手伝うから」と言ってトンネルに触った瞬間、トンネルが崩れてしまった。ヒロミとユウコの2人から「もう少しだったのに！」と言われ、クルミは泣き出してしまった。ヒロミとユウコは、クルミに泣かれてしまい、しばらく困惑していた。
　そばで様子を見ていた保育者が、「クルミちゃん遊びにいれてほしかったのよね。

でも、このトンネルは、ヒロミちゃんとユウコちゃんが一から作っていたから、2人で完成させたかったんだと思うよ」と言うと、ヒロミが「もう少しだったけど、でも、もう一回作ればいいんだよね！」と言い、クルミも加わり3人で山づくりをはじめた。

　ヒロミとユウコは、2人でいっしょに山を作り、トンネルを完成させようと遊んでいた。もう少しで完成というところにクルミが「私も掘りたい」とやって来たが、それを拒んだ。2人には、「もう少しで完成だから」という、クルミを入れたくない理由があった。2人で取り組んできたので、最後まで2人で完成させたかったのであろう。

　しかし、クルミは、「私も手伝うから」という条件を出して入ろうとした。そのとき、クルミがトンネルを触った瞬間にトンネルが崩れてしまった。3人ともに、思いもしていなかった事態に戸惑ったのではないか。そして、ヒロミ、ユウコの2人は、思わず「もう少しだったのに！」と言ったのであろう。しかし、クルミは、自分が責められていると感じ、泣いてしまったと思われる。

　その様子をそばで見ていた保育者がクルミとヒロミ、ユウコの双方の気持ちを受け止め、援助したことによって事態が変わっていった。ヒロミは、「もう少しだったけど」と残念という思いもありながら、山は崩れても作り直すことができるから大丈夫とクルミを慰めている。ヒロミの言葉の背景には、これまで砂場で遊んできた経験と、保育者に自分たちの気持ちを受け止めてもらえたことがあり、前向きな言葉となって表れたのではないだろうか。

　領域「人間関係」に「友達との関わりを深め、思いやりをもつ」[3]ことが内容として示されている。遊びや生活のなかで、互いの自己主張がぶつかり合い、相手の存在や相手の気持ちに気づき、次第に思いやりのある行動がとれるようになっていく。また、この事例のクルミのように、わざとではないが、自分のせいでトンネルが壊れてしまったという戸惑いの気持ちを理解してもらうことができ、思いやってもらう経験から、人から大切にされることがどういうことかを実感としてとらえられていく。思いやる経験と思いやられる経験の両方の経験が思いやりの気持ちをはぐくんでいくのである。

(4) 保護者との連携

　子どもにとって、いつもそばにいて自分を大切に思ってくれる保護者の存在は、人との関わり方に大きな影響を与えていく。保育者は、保護者と連携をとりなが

らともに育てるという姿勢が、子どもの思いやりの気持ちをはぐくむうえで大切である。

たとえば、送り迎えの際に保育者から「泣いている友だちを心配して、ずっといっしょにいてあげていたんですよ。○○ちゃんはやさしいですね」と、遊びのなかで見られた我が子のやさしい姿を聞くことは、保護者にとってうれしいことである。この気持ちは、保護者の表情や言葉となり「友だちにやさしくしてあげたのね」と我が子に向けられる。子どもは、大好きな保護者から向けられた温かな眼差しや言葉から、人を思いやる行為について感じとっていくことになる。

保育者は、日々の生活や遊びのなかで見られる子どもの思いやりの姿を保護者にリアルタイムで伝えたり、子どもの実態や発達を考慮して、適当な時期に保護者会や学級通信などを通して知らせたり理解してもらったりするなど、保護者とともにはぐくんでいくことが大切である。

先輩のつぶやきに学ぶ

授業を通して、幼児の思いを受け止めることや傾聴して共感することが大切であることは理解していた。しかし、実践では、まだ理解が足りない部分があることに気づかされた。たとえば、トラブルの仲介では、遊びに入りたい子と遊びに入らないでほしい子の両方の思いを考えたとき、私はみんなで仲良く遊んだほうがよいという自分の考えから、入りたい子どもの気持ちを優先してしまった。

子どもの気持ちや考えを正確に読み取ることができず、お互いに納得した状態で解決することができなかった。どのような状況であっても、まずは自分の考えを挟まずに子どもの思いを聞き、受け止め、そのうえでどのように対応するかを考えることが大切だということを改めて感じた。

子ども同士のトラブルを目の前にすると、トラブルの状況や子どもたちの感情の高ぶりや表情など、さまざまなことが絡み合い、実際に援助するのは簡単ではない。実習の経験から"つぶやき"と同じように感じた人も多いだろう。

実際の場で陥りやすいのは、トラブルを早く解決させたい気持ちや、仲間に入れない子どもへの同情などが働いてしまうことである。そうすると一方的な援助・指導になり、"つぶやき"に書かれているように、子どもたちの気持ちには納得がいかないものが残ってしまう。子どもたちが人と関わる力を身につけていくためには、トラブルに至る相手の気持ちに出会い、自分とは異なる他者の存在

や気持ちに気づかせていく指導が大事になる。そのことが相手を思いやる気持ちをはぐくんでいくのである。

引用文献
1）文部科学省『幼稚園教育要領解説』フレーベル館，2018，p.173
2）同上，p.178
3）文部科学省『幼稚園教育要領』フレーベル館，2017，p.16

参考文献
・文部科学省『幼稚園教育要領解説』フレーベル館，2018
・森上史朗・吉村真理子・後藤節美編『保育内容 人間関係』ミネルヴァ書房，2001

第11章
道徳性・規範意識

　本章では、幼児期に育てたい道徳性・規範意識の芽生えとはどのようなものなのか、そして、どのように指導したらよいのかなど考えていきたい。まず、道徳性とはなにかを押さえ、幼児期にふさわしい道徳性をはぐくむための保育者の援助について事例を通して考えてみよう。道徳性・規範意識の芽生えは、互いの意思や感情を表現し、またぶつかりあいを経験しながら理解し合う体験を重ねるなかではぐくまれるが、同時に、自然との関わりを通して豊かな心情が育つようにすることも重要である。

11-1　幼児期における道徳性の芽生え

(1) 道徳性とはなにか

　人間は、1人では生きていくことはできず、他者とともに生きていく社会的存在である。他者といっしょに支え合いながら生きていくためには、社会の人々が共通にもっている価値観を受け入れつつ、自分の欲求や行動を実現していくことが必要である。社会の人々が共通にもつ価値観、道徳性とは、その社会を構成する人々における相互間の行為の善悪を判断する基準として、一般に承認されている規範の総体である。法律のような外面的規制力を伴うものではないが、人としてしてはいけないこと、なにがよくてなにが悪いかを考え行動できることは、社会生活を営んでいくうえで不可欠である。

　社会生活を営んでいくために必要な道徳性をはぐくむためには、「他者と調和的な関係を保ち、自分なりの目標をもって、人間らしくよりよく生きていこうとする気持ちや、自他の欲求や感情、状況を受容的・共感的に理解する力、自分の欲求や行動を自分で調整しつつ、ともによりよい未来をつくっていこうとする力

が必要である」[1]。そのためには、幼児期に道徳性の芽生えを培うことが大事である。

(2) 幼児期にふさわしい道徳性をはぐくむ

　幼児期の子どもへの道徳教育については、さまざまな考え方がある。たとえば、子どもは、自分の行動について客観的に考えることや、ことの善し悪しを判断することはできない。そのため、大人がしっかり教え込むことが必要だという考え方もある。反対に、幼児期は生活のなかで実際に起きた出来事や、そのとき感じたさまざまな感情体験を通して、身近な友だちとどのように関わったらよいか他者との関係を考えていけるように、道徳性の芽生えを大切に育てなくてはならないとする考え方もある。

　幼児期の子どもにふさわしい道徳性を考えると、幼児期の特性を踏まえて指導していくことが大事である。幼児期は、幼児自身が自発的・能動的に環境と関わりながら、遊びや生活のなかで状況と関連付けて身につけていく時期である。したがって、人との関わり方についても、実際に他の幼児や保育者とともに生活するなかでさまざまな体験を通して学んでいくことを重視する必要がある。

　子どもの遊ぶ姿をみていくと、1人で楽しんで遊ぶ姿から徐々に周囲の子どもと関わる姿が見られるようになる。友だちといっしょに遊ぶことによって、新しいことを知ることができたり、1人ではできないダイナミックな遊びを経験することができたりする。また、友だちと共感したり、自分の考えたことを認めてくれたりすると友だちと遊ぶことは魅力的で楽しいと感じられる。しかし、一方では、自分の思い通りにならず我慢しなくてはならなかったり、互いの欲求がぶつかり合いいざこざになったりして葛藤もともなう。友だちといっしょに楽しく遊ぶためには、約束やルールが生まれ自分を抑制することも必要になってくる。幼い子どもが、友だちとぶつかり合うなかで、どのような葛藤体験をしているのかをみてみよう。

【事例1】
ぬいぐるみをめぐる葛藤の体験　　　　　　　　　　　4歳児　10月

　モモコは、サキの使っていたぬいぐるみを借りて遊んでいた。クラスで一番人気のあるレッサーパンダの「レッサー」というぬいぐるみを、モモコは大切そうに抱きかかえながら遊んでいる。そこへカナコがやってきて、「レッサー貸して」と言う。モモコは、「やだ！」と言ってそっぽを向いてしまった。カナコは、悲し

そうな顔をしてモモコのそばに立ちつくしている。

その様子を見ていたサキが、「モモちゃん、カナちゃんと順番こだよ。レッサーはみんなの人気者だからひとりじめはだめだよ」とモモコに言う。モモコはサキの言葉を聞き、少しあいだをおいてカナコに「じゃあ、次、カナちゃんに貸すね」と言うと、カナコは「モモちゃんありがとう」と笑顔で言い、去っていった。

クラスのみんなが気にいっているぬいぐるみをめぐってのいざこざである。モモコは、遊びたかったぬいぐるみをサキから貸してもらうことができ、すぐにはカナコに貸してあげる気持ちになれず「やだ！」とそっぽ向いて拒否したのではないか。しかし、ぬいぐるみを貸してくれたサキから「順番こだよ」と言われてしまうと、それ以上に言い返すことはできない。モモコは、サキに貸してもらえた経験から、そのうれしさもわかるのである。

カナコに貸してあげればカナコは喜ぶだろう。しかし、お気に入りのぬいぐるみでずっと遊びたいという気持ちもある。モモコは、2つの気持ちのなかで葛藤していたのではないだろうか。サキの言葉に動かされて、仕方なく「じゃあ、次」という言葉に至ったと思われる。

みんなでいっしょに遊ぶとき、どのように考えたら楽しく遊べるのか。自分勝手な考えでよいのかなど、少しずつわかってきている。事例のように、保育者ではなく、サキという友だちが仲介に入り、解決していくことも少しずつできるようになっている。

このように、友だちといっしょに遊びたいという思いが、他の人と関わるときにはどうするのがよいのかを理解していく。幼児期にふさわしい道徳性の芽生えを培っていくためには、子どもの具体的な体験のなかから身につけていくことや、事例のような葛藤を体験することが大事である。保育者は、ときとして子どもたちの状況を見守ることも大事な援助である。

(3) 道徳性の他律と自律

幼稚園や保育所、認定こども園などの集団生活では、ルールや約束が多くある。

11 道徳性・規範意識

はじめて集団生活を経験する子どもたちは、どのようにルールや約束に気づき守ろうとするようになるのだろうか。

入園当初は、園生活の仕方を保育者から一つひとつ丁寧に教えてもらいながら、徐々に家庭とは異なる園生活に慣れていく。その過程では子どもたちが、「先生がいけないって言っていたよ！」「先生に言っちゃうよ！」など、「先生」と言う言葉を使って友だちを制している姿によく出会う。先生に言われたから、先生に言いつけられるから守るということが多くある。子どもは、大人に保護され生活し、大人を信頼し尊敬している。して善いこと悪いことの判断も大人の諾否に基づいてなされることになる。そのため、「幼児期は基本的に他律的な道徳性をもつ時期であるといわれる」。[2]

しかし、幼い子どもであっても、友だちとの関わりのなかで、自分のしたことが相手にどのように受け止められたか、自分がしたことは善かったのか悪かったのか、相手の反応から気持ちを感じとる自律的な道徳性も芽生えているといえる。領域「人間関係」の内容にある「友だちと楽しく生活する中できまりの大切さに気付き、守ろうとする」[3]指導が大事である。子どもは、集団生活や友だちとの遊びを通して、ルールや約束があることに気づき、それに従って自分を抑制するなどの自己統制力を徐々に身につけていく。次の事例では、先生にやってはいけないと言われていたことを守ろうとしている子どもと守らないで遊ぼうとする子どもの葛藤の様子を見てみよう。

【事例2】
クラスの約束をめぐって　　　　　　　　　　　　　　　5歳児　9月

ミキとヤスコ、アヤの3人は、プリキュアごっこをしている。ミキが「アーちゃん、敵が来たわよ！」と叫び、戦いの場面となる。すると、ヤスコがテーブルに乗り、想像上の敵に向かって蹴るポーズをする。それを見たミキが、「ヤスコちゃん！テーブルに乗っちゃいけないんだよ」と強い口調で注意する。しかし、ヤスコは「いいんだよ」と言い返し、テーブルから降りようとしない。

ミキは、保育者のところへ行き、「テーブルに乗っちゃいけないんだよね？」と聞く。保育者が「そうだね、危ないからね」と答えると、ミキはヤスコのところへ戻り、「先生、テーブルに乗っちゃいけないって言ってたよ！」ともう一度注意する。それを聞き、ヤスコはテーブルから降りるが、ミキに向かって「もう遊ばない。行こ、アーちゃん」とアヤを誘い、2人でその場から去っていく。ミキは1人残され、その場で泣いてしまう。遠くから見ていた保育者は、泣いているミキのところへ行き、「テーブルに乗ってはいけないことを教えてあげたのにね」と言い、しばらくそばにいた。そこへ、ヤスコとアヤが戻り、「ミキちゃん、ごめんね」と謝り、また3人で遊びはじめた。

ミキは、「テーブルの上に乗らない」という約束を守ろうとする気持ちから、テーブルの上に乗って遊ぶヤスコを注意したと思われる。しかし、ヤスコは、注意されてもミキの言うことを聞こうとしない。ヤスコは、プリキュアごっこが楽しく気分が高まり、テーブルは自分のイメージを表現するにはよい場所だったのかもしれない。

　幼児期は基本的には、他律的な道徳性をもつ時期であると言われている。この事例の場合も、ミキは約束を守ろうとする気持ちから、よかれと思ってヤスコにした行為である。しかし、結果としてヤスコは注意を聞かず、さらに遊びは中止となり、ミキはその場に1人取り残されることになってしまった。ミキは、いけないことをした友だちを注意したのにという思いと、1人取り残されてしまった悲しさから泣いてしまったのであろう。

　保育者は、このトラブルに直接関わっていないが、ミキが「テーブルに乗っちゃいけないんだよね？」と聞きに来たことから様子を見守っていたと思われる。事態は、ミキが1人取り残され泣いているという結果になり、保育者は、ミキの気持ちを受け止め、援助している。

　その後、ヤスコとアヤが戻り、ミキに謝る。ヤスコもテーブルの上に乗ることはいけないとわかっていたのであろう。しかし、遊びの楽しさからついテーブルに乗ってしまったり、ミキの強い口調に反発したくなったりしたのかもしれない。互いに葛藤体験を通しながら、して善いこと悪いことの判断を身につけている。

　ミキにとっては、保育者が自分の気持ちを受け止めてくれたことは心の支えになり、葛藤を乗り越えることになる。また、ミキを支えようとする保育者の姿は、ヤスコたちにも自分のしたことを振り返ることになったのではないだろうか。

　保育者が、トラブルやけんかのときにどのように援助しているかで、子どもたちの道徳性への受け止め方も違ってくる。保育者が常に一方的に、善し悪しを判定するような指導であったならば、それを受け止める子どもは、「先生に叱られるから」という基準ができてくるであろう。反対に、保育者が一人ひとりの気持ちを受け止めたうえで、どうしたらよいか気づかせるような援助をしたならば、子どもは自分と同じように相手にも思いがあることを理解することができるようになる。

11-2 道徳性の基本 「人を大切にする」気持ちをはぐくむ

(1) 大切にされている実感のなかで

　道徳性の基本は、「人を大切にする」という気持ちである。保育者が善悪の分別のみに終始して指導したらどうであろうか。子どもには、その行為に至るさまざまな思いがある。保育者がその思いをどのように受け止め、指導したかによって、幼児の道徳性の芽生えは異なってくる。

　次の事例は、友だちから責められ、思わず嘘を言ってしまった姿である。

【事例3】

保育者に温かく支えられて　　　　　　　　　　　　　　　　4歳児　6月

　4歳児クラスのたんぽぽ組は、クラスでモンシロチョウを飼育していた。その日は、さなぎからチョウにかえり、みんなはうれしそうに虫かごを覗いていた。しかし、ミノルがそのモンシロチョウを見たときに、虫かごを開けてチョウを外へ逃がしてしまった。その様子を見ていたまわりの子どもたちは、「いけないんだ」とミノルを責める。

　ミノルは困った表情をして、「ぼく、逃がしてない！」とまわりの子どもたちに言い返した。それを見た保育者は、「チョウチョさん、お腹がすいてお外に出たくなっちゃったんだよね」と子どもたちに向けて言った。すると、ミノルは安心した表情をし、まわりの子どもたちは、納得した様子だった。

　その後、保育者はミノルと2人きりになった場面で、「ミノルくんがチョウチョをお外に出してくれたの？」と聞くと、ミノルは頷いた。保育者は、「ミノルくん悪いことをしていないんだから、嘘つかないで本当のことを言っていいんだよ」と話した。

　クラスで飼育していたモンシロチョウが、虫かごから飛び出して行ってしまったことに対するトラブルである。ミノルもクラスの友だちと同じように、モンシロチョウがさなぎから蝶になった姿に興味をもって見ていたのであろう。ミノル

は、虫かごを開けたが「ぼく、逃がしてない！」と友だちに言い返しているように、逃がす意図はなかったのかもしれない。外に出してあげたかったのかもしれない。あるいは、誤って虫かごを開けてしまったのかもしれない。保育者もミノルを詰問せず、気持ちに寄り添うように指導している。

　保育者は、ミノルの行為を責めるのではなく、「チョウチョさん、お腹がすいてお外に出たくなっちゃったんだよね」と友だちから責められているミノルをフォローするとともに、周囲の子どもたちが納得するような言葉をかけている。この保育者の言葉は、ミノルにとって自分の気持ちを温かく支えてくれたと感じることができたのではないだろうか。

　1人の子どもがある行為におよんだとき、そのことが引き起こした結果の善し悪しと、意図の善し悪しをどのように絡めて考えるかが、子どもの気持ちや子どもの道徳性の育ちに関連してくる[4]。してはいけないことは、いけないことであるが、そこに至る子どもの心情もある。ミノルにとって、保育者が自分の気持ちを受け止めてくれていると感じることは安心感につながる。そのことから、「ミノルくんが、チョウチョをお外に出してくれたの？」と保育者に聞かれると、素直に頷くことができたのであろう。

　このように、保育者との関係のなかで、子ども自身が大切にされていると感じていることが重要である。そして、保育者の「ミノルくん悪いことをしていないんだから、嘘をつかないで本当のことを言っていいんだよ」という思いやりのある言葉は、道徳性や規範意識の芽生えにつながっていくのであろう。

(2) 人を大切にする経験とされる経験

　道徳性の基本は、「人を大切にする」という気持ちである。人を大切にするということと、人から大切にされることを、人との関わりの経験のなかから幼児自身が実感することによって、徐々に相手の立場や気持ちを理解しようとする思いやりが身についていく。したがって、幼児は大切にされるとうれしいという経験や、友だちを大切にすると友だちが喜び、楽しくいっしょに遊べるという経験、つまり、思いやられる経験と思いやる経験の両方が大切である。善悪や社会規範などの結論を教える、教えられるというような関係のなかでは、身についていくものではない。

11-3 道徳性の芽生えをはぐくむために

　子どもは、遊びや生活のなかで友だちとのやり取りを通して、他者の存在に気がつく。そこに至るまでには、互いの思いがぶつかりあい、さまざまな感情を体験する。また、友だちと楽しく過ごすためには、守らなければならないことがあることに気づき、自分の気持ちをコントロールすることも学ぶ。そして、次第に相手を尊重するようになってくる。さらに、身近な動植物に関わることによって豊かな心情が芽生えてくる。このように、道徳性の芽生えは、子ども自身が他者とのやり取りや身近な動植物と関わることではぐくんでいけるようにすることが大切である。

(1) いざこざや葛藤を経験するなかで

　保育のなかでトラブルやけんかなどが起きないように、保育者が解決したり、つまずかないように先手をうったりすることはないだろうか。領域「人間関係」の内容の取扱いに「特に、人に対する信頼感や思いやりの気持ちは、葛藤やつまずきをも体験し、それらを乗り越えることにより次第に芽生えてくることに配慮すること」[5]とある。同年齢の幼児がともに生活し遊べば、いざこざやけんかはしばしば起きてくる。いざこざやけんかの状況は決してよいものではないが、視点を変えれば、幼児がいざこざや葛藤体験を通して、相手の気持ちを知ったり、自分の気持ちに折り合いをつけたりしていくことを学び、物事の善し悪しや生活のきまりなどを実感としてわかるよい機会である。

　次の事例は、ままごとでのお母さんの役をめぐってのいざこざの姿である。

【事例4】
お母さんの役をめぐってのいざこざ　　　　　　　　　4歳児　9月

　モモカとサチコは、ままごとでいっしょに遊ぶことが多い。いつもサチコがお母さん役になって遊んでいるが、この日はモモカとユウジが給食を食べ終わるといっしょにままごとコーナーに行き遊びはじめた。
　モモカは、「私がお母さんね」とユウジに言い、エプロンをつけて玩具のキッチン台でフライパンを振り、料理をはじめる。ユウジはテーブルの前に座り、料理ができるのを待っている。そこへ、給食を食べ終わったサチコがやってきた。「サッちゃんもお母さんやりたい」と言って入ってきたが、ユウジは「モモカちゃんがお母さんだよ」と答え、サチコと言い争いになる。さらにユウジは、「サッ

ちゃんはいつもお母さんやってるから、モモカちゃんがいい！」と言う。モモカも「お母さんがいい」と泣き出してしまい、なかなか問題は解決しない。
そばで見ていたヨウコが「モモカちゃんもサッちゃんもお母さんやりたいの？」と言って仲裁に入り、2人がお母さんになることを提案する。モモカもサチコも、互いに「ごめんね」「いいよ」と仲直りし、2人のお母さんがいるままごとがはじまった。旅行に行ったり、楽しそうに赤ちゃんを寝かしたり、ご飯を作ったりして遊びは続けられた。

　今までモモカとサチコは、ままごとでいっしょに遊ぶものの、いつもサチコがお母さん役になり、サチコの思い通りに遊びが進められていた。ところが、この日は、給食を食べ終わるのが早かったモモカは、ユウジといっしょにままごとをはじめた。モモカは、いつもやりたかったお母さん役になって遊んでいた。あとからサチコがやってきて、お母さん役になりたいと言ってきたが、いつもの様子を知っていたユウジは、モモカの思いを受け止めて「サッちゃんはいつもお母さんやっているから、モモカちゃんがいい！」とモモカに味方する。モモカもいつもお母さん役をやりたいができないでいたことや、先にお母さん役をやってること、さらに、ユウジが味方してくれていることも手伝って、サチコにお母さん役を譲ることはできず泣いてしまったのであろう。モモカもサチコも主張を譲らず、問題は解決しない。
　互いに主張し合うことで、いつも自分の思い通りに遊んでいたサチコは、いっしょに遊んでいたモモカも、お母さん役になりたいという思いがあることに気づくことができたのではないだろうか。なかなか妥協点が見つからず、言い争っていたが、それを見ていたヨウコが「モモカちゃんも、サッちゃんもお母さんやりたいの？」と両者の気持ちを受け止め、解決方法を提示した。どうすれば両者が納得いくような解決になるのかヨウコなりに考えたのであろう。結論としては、お母さんが2人になるということで折り合いをつけ、遊びが再開された。
　このように、互いに主張し合うことは、「幼児たちが自分をさらけ出してぶつかり合うことが、『いつも自分が正しいわけではないこと』『友達といっしょに生活するうえで大切なこと、してはいけないことがあること』などへの気付きを生む」[6]ことになる。
　この事例では、お母さんが2人になるということで折り合いをつけている。このとき、保育者がじゃんけんや順番という方法で、いざこざを早く解決させるような指導をしていたらどうだろうか。お母さんが2人という、幼児ならではの妙案は出てこないであろう。安易にじゃんけんや順番で解決したのでは、互いの欲求や感情、状況を受容的・共感的に理解する力や、自分の欲求や行動を調整しつ

11 道徳性・規範意識

つ、ともによりよいものをつくろうとする力は育たないのではないだろうか。

(2) 身近な生き物との関わりのなかで

　道徳性の芽生えを培うには、自然の美しさに触れたり、身近な動植物に親しみ、世話をしたりするなかで、生命あるものへの感性や弱いものをいたわる気持ちなど、豊かな心情を育てることも必要である。子どもたちが、自分の身近にいて小さくて、比較的容易に手に入れることができる虫に興味・関心をもち、関わっている姿はよく見られる。しかし、最初のうちは、小さな生き物に対して、物を扱うように触れたり、つかまえたりする。そのうち殺してしまうことも多々ある。そのようなときは、小さな虫にも生命があることに気づかせていく援助が必要である。

　次の事例は、弱ったチョウへ心を寄せる子どもの姿である。

【事例5】
弱ったチョウへ心を寄せる　　　　　　　　　　　　4歳児　5月

　4歳児のクラスは、虫取りが流行っていた。この日も園庭で数名の男児が虫を取って遊んでいる。トオルが1人花壇の前でしゃがみ、なにかを見つめていた。実習生が近寄り、「トオルくん、どうしたの？」と声をかけると、「チョウチョさんが死んじゃいそう」と答えた。そこには、羽がぼろぼろになったチョウが黄色い花の上で横になっていた。トオルは弱ったチョウをじっと見つめ、少し悲しそうな表情をしていた。実習生が「このチョウチョさん、もう飛ぶことできないね」と言うとトオルは、「みんなが取ったりするから……」とうつむきながら言う。そのとき、チョウが花の上で少し動いて下に落ちてしまった。実習生が近くの葉っぱの上に乗せようとすると、トオルは「だめ！　チョウチョさんは、花の蜜を吸うからお花の上だよ」と言って、違う色の花の上に乗せた。
　しばらくすると、虫取りをして遊んでいるヨシハルが虫かごにしているバケツを持って花壇に来た。バケツには、たくさんのダンゴムシやアリ、イモムシなどさまざまな虫が入っている。チョウを見つけると、「あっチョウチョ！」とうれしそうに言い、バケツにチョウを入れようとする。すると、トオルはヨシハルに「だめ！　かわいそうだから入れないで！　寝かせてあげて！」と大きな声で必死に訴えていた。ヨシハルは、チョウをそのままにして違う場所に行ってしまった。

　トオルのクラスは、虫取りに興味・関心をもっている子どもが多くいる。トオルもその1人であるが、友だちとは虫への関心が少し異なっているようである。トオルは、チョウが弱ってしまったのは「みんなが取ったりするから」と、虫取

りを楽しんでいる友だちに非難の目を向けている。また、実習生が花から落ちたチョウを葉っぱの上に乗せようとすると、「チョウチョさんは、花の蜜を吸うからお花の上だよ」と実習生を制したり、ヨシハルがチョウを見つけバケツに入れようとすると「かわいそうだから入れないで！ 寝かせてあげて」と必死に訴えたりするなど、羽がぼろぼろになったチョウをかわいそうに思う気持ちが強く表れている。

一方、ヨシハルのバケツには、虫取りで集めたさまざまな虫が入っている。ヨシハルたちは、友だちといっしょに虫を探したり、取ったり、集つめたりすることのほうに関心があるのだろう。ヨシハルは、チョウを見つけると「あっチョウチョ！」と感嘆の声をあげ、バケツに入れようとする。チョウを見つけたことがうれしくて、弱っていることに気づかず、あるいは、弱っているかどうかはかまわず、バケツに入れようとしたのではないかと思われる。しかし、「かわいそうだから入れないで！」と言うトオルの必死の訴えに圧倒されたのか、なにか感じるものがあったのであろう。見つけたチョウを取らず去っていった。

トオルとヨシハルたちの虫への関心は異なるが、弱ったチョウを介して互いに関わることによって、小さな生物にも生命があることを知ったり、思いやったりするなど、互いに影響をし合っていることが推察される。

子どもたちは、遊びのなかで虫を探したり、捕まえたり、観察したりなどの経験からどんな場所にいるのか、なにを食べているのか、持ち方はどのようにしたらよいかなど、子どもなりにとらえている。虫に対して扱い慣れていない子どもが、下手なつかみ方をすれば「それじゃ、虫がかわいそうだよ」と、小さな虫に心を寄せるようになる。これまで小さな虫を自分の思い通りに扱っていたものが、徐々に生命のあるものとしての思いを寄せ、関わるようになっていく。

11-4 規範意識をはぐくむ

(1) 規範意識とは

人と人が互いに尊重して社会生活を営んでいくためには、社会の決まりを守らなければならない。規範意識とは、社会のなか、あるいは集団生活のなかでのルールを守ろうとする意識ととらえてみよう。

規範意識の芽生えには、集団生活を通して、人との関わりを深めていくことが重要である。幼稚園教育要領では、規範意識の芽生えについて、子どもたちが自

己を発揮するなかで、互いに思いを尊重し、折り合いをつける体験をし、決まりなどに気づいていくことや自分の気持ちを調整する力が育つようにすること、と述べられている。規範意識は、子どもたちが、決まりを守ると楽しく過ごせることに気づいたり、守ろうとして行動する過程で培っていくことが大切といえよう。

(2) ルールを守るということ

子どもは、友だちといっしょに生活したり遊んだりするなかで、きまりの必要性に気づき、守ろうとするようになるが、その過程ではさまざま感情体験をすることになる。

次の事例は、ルールの遊びのなかで起きたトラブルを、自分たちで解決していく姿である。

【事例6】
ルールのある遊びのなかで起きたトラブル　　　5歳児　10月

6人の子どもたちが、園庭で2チームに分かれ、Sケンをしていた。タクミが両足をつきながらゴールし、「やったー！ 勝った！ 赤組の勝ち！」と言った。しかし、タクミが両足をついてゴールしていた姿を見ていた白組のトシオは、「タクミくんは足をつけてゴールしてたよ！ だめだよ！ ズルだ！」とタクミを睨みながら言った。タクミは、「でもでも、トシくんだって、ヤスヨちゃんだって壁から入ったじゃん！ それだってズルだよ！」と負けずに睨みながらトシオに言った。

すると、いっしょに遊んでいた子どもたちが集まってきて、「けんか、だめだよ！」や「落ちついて！」のような声が飛んでいた。するとカスミが、「ねえ、タクミくんもトシくんもどっちもずるしたんでしょ？ だったら、これからズルしないって決めて、今のなしにすればいいんじゃない」と言った。カスミの意見を聞いてユウジも、「そうだよ！ 今のは、取り消して、はじめからまたズルはなしでやろうよ！」と言う。友だちの意見を黙って聞いていたタクミは、「そうだね。ごめんね。また、はじめからやろう！」と言うと、トシオも頷き仲直りし、また新しくSケンをはじめた。

ルールのある遊びは、ルールが守られることによって成立する。したがって、ルールを共通理解しているか、そうでないかが重要になってくる。しかし、子どもたちの遊びをみると、友だちとの関係によっては、強いものが有利になるようにルールを変えたり、鬼になりたくなくて自分の有利になるようにとっさに変えたりする姿が見られる。いずれにしても、ルールを急に変更したことによって、トラブルが起こることはよくある。また、事例のようにチームに分かれて勝敗を

競い合う遊びでは、ルールの共通理解はしているが、勝ちたい気持ちが強く、ルールを守らずトラブルになることもよく見られる姿である。

この事例のSケン遊びは、2チームに分かれてS字に書いた線の上を片足跳びのケンケンで進み、どちらのチームが先に相手の陣地に乗り込むことができるかを競う。チームから1人ずつ出して対戦し、相手とぶつかったところでじゃんけんをする。勝った子はさらに前進するが、負けた子は退散し、負けたチームの次の子が進み出て対戦していく遊びである。

この事例では、タクミたちの赤チームとトシオたちの白チームに分かれ、Sケンをしている。勝ち負けのある遊びでは、ルールが勝敗を決める基準となり、ルールがあることによって公平さが保たれる。

このトラブルの事態をみていくと、ルールは共通理解されているようである。しかし、タクミの取った行動は、明らかにルール違反である。赤チームのタクミのルール違反に対して白チームのトシオは、「だめだよ！ ズルだ！」と強く抗議をしている。それに対してタクミもトシオやヤスヨのルール違反を引き合いに出し、「それだってズルだよ」と反論する。しかし、ズルではないとは言わない。このことからタクミは、ルール違反であることをわかっていながら、勝ちたいという思いが強かったため、違反の行為に至ったことが推察できる。ここでは、タクミ、トシオともに、ルールを守らなかったことに対して謝りはしないものの、内心は葛藤しているのではないだろうか。

このトラブルの結末は、カスミやユウジの妙案によって解決し、遊びが再開される。カスミは、どちらか一方を責めるのではなく、「どっちもズルをしたんでしょ？」とズルをした事実をそのまま取り上げている。そして、両者のしたことはどちらも同じ、あいこと考え、「これからズルしないって決めて、今のなしにすればいいんじゃない」と解決策を提案している。

このように5歳児になると、事の成り行きを理解し、整理して考える力もついてきている。このような解決に導いた背景には、この遊びが楽しくもっと続けたい思いや、いっしょに遊ぶ仲間の勝ちたいという気持ちを理解し、両者への思いやる気持ちがあったのではないだろうか。このように、友だちといっしょに生活したり遊んだりするなかで、トラブルやそれにともなう葛藤を経験することを通して、ルールやきまりを守って友だちといっしょに遊ぶ楽しさを感じ取り、徐々に規範意識が芽生えてくるのである。

11 道徳性・規範意識

(3) モデルとなる保育者の関わり

　幼稚園教育要領解説に「善悪の判断、いたわりや思いやりなど道徳性を培ううえでも、教師は一つのモデルとしての大きな役割を果たしている」[7)]とあるように、子どもにとって保育者は、信頼し尊敬している大人であり、保育者の言動は子どもに大きな影響をおよぼしているといっても過言ではない。
　次の事例は、保育者に受け止められいっしょに遊ぶ姿である。

【事例7】
保育者に思いを受け止めてもらう　　　　　　　　　　4歳児　6月

　園バスが来るのを待っている間、4歳児のコウヘイ、キヨシと3歳児2人でレストランごっこをしている。保育者がそばに行くとコウヘイが「先生、なに注文しますか？」と笑顔で声をかける。キヨシも同じように「何にしますか？」と聞く。コウヘイは、キヨシが同じように保育者に注文をとろうとすると顔をしかめて「先生何にする？」ともう一度聞き、「今、コウヘイくんが先生から注文をとってるの！」とキヨシに向かって言う。キヨシは笑顔だけど、少し困惑した顔で黙ってしまった。
　そこで保育者は、2人に「じゃあ先生は、オムライスとパフェを食べたいから、コウヘイくんはオムライスで、キヨシくんはパフェを作ってもらっていいですか？」と注文する。コウヘイもキヨシも笑顔で「うん、いいよ！」と答えて作りにいった。「トントントン」と手の包丁で切る真似をして、「できた！」と保育者に笑顔で料理を出した。

　降園時、送迎バスが来るまでの時間を、遊んで待っているなかでの出来事である。レストランごっこをしているコウヘイは、そばに来た保育者を客に見立てて注文を聞く。しかし、コウヘイはキヨシも同じように保育者に注文を聞いている姿を見て、キヨシに「コウヘイくんが先生から注文をとってるの！」と先生に注文をとるのは自分であると主張する。しかし、キヨシも言葉には出さないものの、同じように先生から注文をとりたいと思っているのではないか。その気持ちは、少し困惑した顔で黙ってしまったという表情から読み取れる。
　保育者は、コウヘイの発言やキヨシの表情から2人が、保育者に自分の注文を

受け止めてほしいという気持ちを理解し、しっかり受け止めている。「じゃあ先生は、オムライスとパフェを食べたいから、コウヘイくんはオムライスで、キヨシくんはパフェを作ってもらっていいですか?」と2人の気持ちを考えて、援助している。コウヘイもキヨシも自分の気持ちを受け止めてもらうことができたうれしさを感じている。

このような保育者の子どもの気持ちを汲みとった温かな行動は、子どもたちのモデルとなっていく。人的環境としての保育者の言動は、幼児の道徳性の芽生えを培ううえで重要な役割を担っている。「幼児は教師の指導によってだけでなく、教師の態度や行動からも社会的な価値観を学んでいる」[8] したがって、保育者は自らの言動が子どもの言動に大きく影響することを認識して指導、援助することが大切である。

子どもの成長にとって保護者の影響が大きいことは言うまでもない。子どもは、重要な他者としての保育者や保護者をモデルとして見ているのである。したがって、幼児期にふさわしい道徳性を培ううえでは、保護者との連携は不可欠である。

(4) 保護者との連携

私たちの社会には、交通ルール、地域でのごみの捨て方のルール、買い物の仕方のルールなど、さまざまなルールがある。ルールは、それを守ることで社会の秩序が保たれ、安心した暮らしにつながるものといえるだろう。

たとえば、交通ルールは、ルールを守ることで事故を防げ、命を守ることができる。幼稚園や保育所などでは、安全に登降園できるように安全指導をする。しっかりと安全指導を受けた子どもは、交通ルールを守ろうとするようになる。ある保護者が子どもを連れて帰ろうとしたとき、信号が赤で待たされることになったそうだ。左右を確認すると車が来ないので、保護者は子どもの手を引いて道路を横断しようとしたところ、「お母さん、信号赤だよ。だめだよ、渡っちゃ。危ないでしょ」と子どもに言われたと話をしてくれた。忙しいとつい、信号無視をしがちな大人に、子どもの声が届き、保護者が反省した出来事だが、信号を守ろうとした子どものこともほめたいし、その子どもの学びや成長を受け止めてくれた保護者にも感謝したいと思う。ルールを守ることの必要性、大人がモデルを示すことの必要性を再確認していくことが大切だろう。

園では交通安全について紙芝居を見たり、園外保育の際に実際に指導したりするなど、さまざまな方法で交通ルールを知らせている。しかし、それだけでは身につかない。日々の生活のなかで実践していくことが必要である。そのとき、保

護者が交通ルールを守る模範を示し、子どもを導いていくことが不可欠である。しかし、各家庭での子育てに関する価値観や方法はさまざまである。それを踏まえて、園からの一方的な伝え方ではなく、時間をかけてていねいにいろいろな機会を通して理解してもらうことが大事である。

　また、スーパーでの買い物の場面である。いろいろな商品が子どもの手の届く高さに並んでいる。こうした状況のなかで、子どもを連れて買い物をするのは大変なことだろう。焼き立てのパンコーナーでのことだった。2歳くらいの男の子が母親に連れられてきたが、母親が陳列棚のパンを見ているときに母親から離れ、子どもは並んでいるパンをさわった。一瞬の出来事である。思わず、近くにいた人が「あっ」と声をあげ、その声に気づいた保護者は、子どもを引き寄せて強く叱った。こうした場面に遭遇すると、その保護者も周囲の者もハラハラする。

　保護者との連携で大切なことは、やってよいこと、やってはいけないことの区別がつかない時期があること、わかっていても守れないことがあることなど、成長の過程をしっかりと伝えていくことである。そして、ルールは互いに気持ちよく生活するためにあることを指導で繰り返し伝えていき、守れたらほめて、自分で考えて行動できるようになることが大切だということを、ていねいに伝えていきたいものである。

> **先輩のつぶやきに学ぶ**
>
> 　実習で子どもたちのさまざまな姿に出会い、学ぶことが多くあった。たとえば、弱った虫に対して心配そうに見ている子どもや、チョウが花の上から落ちたとき、その子なりに考え、チョウチョは花が好きだからと花に乗せている子どもの姿を見て、幼い子どもでもこんなに命の大切さを感じているのだと改めて思った。
>
> 　子どもたちは、身近な虫に興味をもって、探したり取ったりして遊んでいる。虫取り体験は命の大切さを知るうえでとても大切な体験だと思う。そのため、保育者は、生き物を大切に思う子どもの気持ちを受け止め尊重しつつ、生き物の命を奪わない程度に虫取りをして楽しむ子どもの気持ちも大切にすべきだと感じた。

　子どもがどのように感じているのか子どもから学ぶことは、保育者として大切な姿勢である。道徳性の基本は、人を大切にすることであり、また、人に限らず命あるものに対する尊厳の気持ちややさしさである。道徳性をはぐくむには、一方的に善悪を教えるのではなく、子どもの感性に訴えることが大事である。"つ

ぶやき"では、子どもの姿からそのことを学びとっている。

　小さな虫にも命があることを知り、心を寄せるようになる過程では、虫を玩具のように扱ったり、死なせてしまったりすることもある。大人はつい「そんなことをしてはだめ」と虫を触らない方向に導いてしまいがちである。しかし、幼児期にふさわしい道徳性をはぐくむには、そのような指導で育つのだろうか。"つぶやき"では、生き物の命を奪わない程度に虫取りを楽しむ子どもの気持ちを大切にすべきと結んでいる。あなたもいっしょに考えてみよう。

引用文献
1) 文部科学省『幼稚園における道徳性の芽生えを培うための事例集』ひかりのくに，2001，p.2
2) 同上，p.5
3) 文部科学省『幼稚園教育要領』フレーベル館，2017，p.16
4) 森上史朗・吉村真理子・後藤節美編『保育内容 人間関係』ミネルヴァ書房，2001，p.156
5) 前掲書3），p.17
6) 前掲書1），p.25
7) 文部科学省『幼稚園教育要領解説』フレーベル館，2018，p.117
8) 前掲書1），p.36

参考文献
1) 文部科学省『幼稚園における道徳性の芽生えを培うための事例集』ひかりのくに，2001
2) 塚本美知子・大沢裕編著『新・保育内容シリーズ2 人間関係』一藝社，2010

第12章 コミュニケーション能力

本章では、コミュニケーションの理論と、コミュニケーション能力をはぐくむ保育者の関わりについて学ぶ。子どもが他者と通じ合う喜びを味わうには、相手の伝えようとしていることを理解し、自分の思いや考えを言葉で相手に伝えることが必要になる。一方で、言葉を使わないコミュニケーションも言葉を使うコミュニケーションと同様に大きな意味をもつ。保育者と子ども、子ども同士が通じ合うよう、コミュニケーションの重要性とその援助について理解を深めよう。

12-1 コミュニケーションの理論

(1) コミュニケーションとはなにか

私たちは、毎日の生活でいろいろな人と、いろいろなところでコミュニケーションをとっている。人と関わるとき、自分の意思を伝えることができなかったり、相手の伝えたいことを理解できなかったりすれば、ともに生活を営むうえでも、仕事をするうえでも支障をきたすことになるだろう。人と関わるうえで、コミュニケーションは欠かせないものといえる。

では、コミュニケーションとは、どのような意味なのだろうか。コミュニケーション（communication）とは、「二者間で情動、観念、認知、感情、気持ちなどを伝え合い、分かり合う過程である」[1]。また、「人間が互いに意思・感情・思考を伝達し合うこと。言語・文字その他、視覚・聴覚に訴える身振り・表情・声などの手段によって行う」[2]。とあるように、社会生活を営む人と人とのあいだで行われる情報や感情、思考の伝達、そして共有である。言葉や文字、視覚・聴覚に訴える各種のものを媒介としており、情報の伝達であっても、コミュニケーションが成立する背景には、感情の動きが大きく働いている。それは、双方向的

なものであり、「通じ合う」ことが重要になる。

(2) コミュニケーションの機能

実際に、コミュニケーションの機能にはどのようなものがあるかをみていこう。以下に、コミュニケーションの機能[3]を挙げる。

①情報の提供と解釈
②相互作用の促進と調整
③親密さと拒否の表現
④社会的コントロール
⑤目的の推進
⑥思考の道具
⑦行動の社会的調整
⑧心理的カタルシス

私たちは、日常的に、他者に対してさまざまな情報を発信しているし、同時に他者からの情報を受けとっている。発信内容は、聞き手（受け手）の解釈によって異なることがあり、発信者の意図や考えがすべて相手に伝わるとは限らない。しかし、コミュニケーションをとることによって、情報の提供と解釈がなされることは間違いない。そして、互いにやりとりがなされることで相互作用が促進されていく。さらに、人と人とが通じ合う実感をもてるとき、そこには親密感が生まれる。人と関わりながら自分の行為に気づき、自己を振り返るなどしながら自己理解を深め、相手への理解を深めていくことができる。人とコミュニケーションをとりながら相手に映る自分を意識し、思考し、自己理解、他者理解を深めている。このようにたくさんの機能があることから、人間として成長していくうえでコミュニケーションは欠かせないものなのである。

(3) コミュニケーションの種類

①非言語的コミュニケーション

非言語的コミュニケーション（ノンバーバルコミュニケーション）は、言語以外のコミュニケーションである。主として、視覚・聴覚に訴えるもので、気分や感情、パーソナリティや行動についての情報が、目、視線、表情、身振り・手振り

などで伝えられる。目の表情、顔の表情には、その人の気持ちがよく表れることに気づくだろう。首を傾げたり、うつむいたり、うなずいたりするしぐさの一つひとつにも、発信内容に対する受け手の気持ちや理解の状況が表現されている。

また、声の大きさや高さも、聞き手に影響をおよぼす。相手の声が小さくて聴きとれなければ、もっと大きな声で話してくれないかと思うし、「自信がないのか」と思われることもある。反対に、大きな声だと「元気がよい」「活気がある」という印象をもたれる。同じことを発信したとしても、声の大きさ一つで、聞き手には異なったメッセージが伝わるのである。

子どもの側からみてみよう。保育者の洋服を引っ張ったり、身体を触ったり、抱きついたりすることがあるが、それは、不安な気持ちの表現であったり、親しみの気持ちの表現であったりする。また、自分に関心をもってもらいたいための表現であることもある。子どもは体全体で意思表示をすることがあるので、それを理解することが重要である。言葉を使わないコミュニケーションは、幼い子どもの場合、互いの気持ちをつなぎ、わかり合うという点で、言語的コミュニケーション以上の意味をもつ。

保育者は、言葉を使って子どもたちに働きかけることが多いが、実は、言葉を発する際の表情や、声のトーン、動作や態度などが無意識のうちに子どもたちに影響をおよぼしていることを自覚する必要がある。保育者の表情が柔らかく優しければ、子どもの気持ちは落ち着くが、砂塵が舞うような動きをしていると保育室全体が落ち着きのない空間になる。こうしたことを考えると、保育者の声や動作はとても重要になる。保育者のまなざし、表情、声、雰囲気、動作は、子どもの思考や行動に大きく影響することを念頭において、保育をしていく必要がある。

園には、言葉が十分に話せない子どもも、言葉の発達が遅れ気味の子どもも、あるいは異なる言語の子どももいるだろう。その子どもたちに関わるとき、非言語的コミュニケーションはとても重要になる。子どもが安心感をもつように、身体を通して気持ちの伝え合いをすることが大切になる。また、言葉を発しなくても、子ども同士で同じ動きをしたり、音楽に合わせていっしょに踊ったりすることで、楽しさを共有することができる。子どもは、こうした豊富な非言語的コミュニケーションを土台に、言葉を積み上げていくのである。

なお、服装や化粧、パーソナルスペースなども非言語的コミュニケーションに入るので、保育者の身につけるものにも十分な配慮が必要になる。

②言語的コミュニケーション

言語的コミュニケーション（バーバルコミュニケーション）は、言うまでもなく、

言葉や文字を使ったコミュニケーションである。考えていることや情報を伝え合うには、言葉によるコミュニケーションが必要になる。文字は繰り返し読むことができるので、理解を深めようとするときに重要なものであるが、相手の表情が見えないので、知識や思考は得られても感情を読みとるには難しさがある。読み手によって異なるとらえ方も生じる。

　私たちは言葉を使い、共有しているが、話した人の考えや思いが聞き手にきちんと伝わらないことがあるということを知っておく必要があるだろう。それは、伝達内容の伝え方、聴く人の受け取り方に違いがあるからである。双方のものの見方・感じ方・考え方の違い、経験の違い、人と人との関係性なども影響する。共通の言語を使い、その言葉を共有している社会にあっても、相互に伝わるということは簡単ではない。会話のあとに、そんなつもりではなかった、ということが起こることがあるが、これも相互理解の不十分さからくるものといえる。

　とはいっても、言葉によるコミュニケーションは、思いや考え、情報の伝達には欠かせない。保育の場面でみてみよう。保育のなかで子どもたちが遊びのイメージを伝え合う場合や、遊び方や役割をめぐって相談するようなときには、言葉が重要な役割を果たしている。したがって、子どもが他者とコミュニケーションをとるには、言語の獲得と活用が必要になる。

　言語の獲得と獲得した言語をどのように使うかについては、大人の関わりが重要になる。たとえば、小さな子どもが車を見て「ブーブー」と言ったとき、その言葉の意味は「ブーブー、あった」なのか、「ブーブー、欲しい」のか、「ブーブー、行っちゃった」なのか、それとも、「ブーブー、乗ったよ」「ブーブー、乗りたい」なのか、いくつも考えられる。そのときの状況や子どもの経験によって「ブーブー」の後ろに続く言葉が違ってくる。子どもが言語を獲得していくには、大人が、そのときの状況や経験内容を読み取って、子どもの言葉を繰り返したり、不足の言葉を補ったり、言葉をつないだりすることが必要になる。

　幼児の場合、発達に伴う言葉の未熟さや、表現の仕方が不十分であること、家庭でどのような言語環境で生活しているかなども影響する。また、聞き手が話そうとする子どもの話に関心をもって受容的態度で聞くのと、そうでない聞き方をするのとでは、子どもの話す意欲や言葉の獲得が違ってくる。したがって保育者は、子どもたちが伝えようとしていることを理解し、きちんと応答していくことが大切になる。子どもたちは、保育者の言葉を聞き、保育者とやりとりをしながら言語の獲得と活用を学んでいくのである。

(4) コミュニケーションの始まり

　赤ちゃんは、目の前の大人の表情とよく似た表情をつくり出すことができるという。これは、どのようなことだろうか。まず、妊娠中のことから考えてみよう。心理学者の実験に、赤ちゃんが生まれてから、母親と母親以外の女性に童話を朗読してもらったところ、赤ちゃんは母親の声の方に活発に反応するというものがある。妊婦の声は、胎内の赤ちゃんに聞こえていて、胎内にいながら、まだ見ぬ母親とコミュニケーションをはじめているようだ。

　乳児は、生後9カ月前後になると、大人と同じものに注意を向けたり、物を指したりして大人に働きかける。指を指したものを大人が理解して取ってあげれば、それを学習して次も同じような行動をとる。また、おもちゃをつかむ前に、近くにいる親を振り返って、視線で確認をすることもある。11カ月くらいになって、自分の行動を見て笑った大人を見て、同じ行動を繰り返すこともある。

　こうしたことから、赤ちゃんも他の人とコミュニケーションをとっていることがわかる。さらに、ハイハイをするようになった赤ちゃんは、ハイハイをしながら自分から人やものに近づいていくし、歩くようになった子どもは大人が追いかけると喜び、もっと追いかけてほしいというしぐさをする。

　コミュニケーションの始まりでは、「人－自分」、「物－自分」という二項関係が組み込まれ、物を介して人と関わる「人－物－自分」という三項関係が成立する。この三項関係の理解が土台となり、コミュニケーションの獲得につながっていく。言葉がしゃべれなくても相手に伝わるということを覚えていくので、乳児期からのコミュニケーションは大事にしなければならない。

12-2 子ども同士のコミュニケーション

　保育のなかで子どもたちは、いろいろな話をしている。それは、生活体験の話であったり、これからなにをして遊ぶか、どのように遊ぶかの相談であったりする。また、遊んだあとの話し合い（振り返り）をすることもある。話すことは、集団のなかで営まれる遊びや生活の楽しさを共有したり、仲間と協同的な活動を進めたり、新たな課題に向かって取り組む際などに重要なものであり、遊びの充実には欠かせない。

　ここでは、自由な遊びの場面に見られる子ども同士のやりとりから、思いのくい違いや、イメージのくい違いがみられる事例を通して考えてみよう。

(1) 思いのくい違い

次の事例は、好きな遊びの場面で、3人の子どものやり取りである[4]。

【事例1】
好きな遊びの場面でのくい違い　　　　　　　　　4歳児　2月

マユミとカホ、ナツコの3人で、「お家を作ろう」と言って積み木を並べはじめる。そのうち、カホが「やっぱり病院にしない？」と言う。マユミが「えー、いやだよ。だって、お家作るって言ったじゃない」と怒ったように言うと、カホは「病院の方が楽しいと思ったんだもの」と言う。
ナツコは2人の様子を見て困ったような顔をしている。そして、マユミに「お家がいいの？」と言うと、マユミはうなずく。次にカホに「お家でもいい？」と聞くが、カホは「病院がいいの」と強く言う。もう一度マユミに「病院でもいい？」と聞くと、マユミは「病院なんかいや！だってお家作る約束だったもん」と言う。ナツコは、保育者のところに行き、「マユミちゃんとカホちゃんが、病院にするか、お家にするかで、大変なの」と2人の様子を話す。

3人で「お家を作ろう」と言ってはじめた遊びであったが、3人のうちの1人（カホ）が別の遊びのイメージを浮かべ、それを言葉に表したことから、思いがかみ合わなくなっている。3人のなかの2人（カホ、マユミ）はやりたい遊びが違っていて、それぞれやりたい遊びを主張している。2人の間を取りもつような言動をしているナツコはどうだろうか。主張の異なる両方の友だちの気持ちを尊重しているが、自分の考えは言っていない。ナツコは、お家ごっこでも、病院ごっこでもよいのだろうか。会話の様子からは、遊び自体へのこだわりは少なく、3人でいっしょに仲良く遊びたいという気持ちの方が強いようにみえる。

病院にしないかと新しい提案をしたカホの意見がマユミに受け入れられない原因は、その遊びへの思いの強さや関心の度合いの違いであろう。また、子どもたちの楽しんでいること、体験の違いもあるだろう。保育者は、一方的に主張する2人の子どもと自分の意見を言わないナツコに、どのように援助してコミュニ

ケーション能力を育んだらよいのだろうか。

　ここで、保育者に助けを求めたナツコが、2人に自分の意思を伝えていたらどうかを考えてみよう。たとえば、カホに「お家作るって言ったよね」と言うか、マユミに「病院の方が楽しいよ」と言うかで、そのあとの展開が違ってくるかもしれない。したがって保育者は、「ナツコちゃんはどう思うの？」とナツコの気持ちを確かめることが大事になる。そうすることで、ナツコは自分の意見が言えるだろうし、カホは、自分の主張だけでなく、「マユミちゃんがいやって言うけど、ナツコちゃんはどう？」と仲間の意見を聞くなど、調整する力が育っていくだろう。そうしたやりとりが生まれることで、マユミも当初のこだわりから自分の気持ちを調整する力が育つことになる。もしかすると、「明日、病院ごっこするのはどう？」というような提案が生まれるかもしれない。遊びへの思いやこだわりが強く、そのうえ、言葉が足りずに調整できないでいるとき、子どもたち一人ひとりが自分の思うことを言い、他者の思いに気づけるように、保育者が仲立ちしていくことがコミュニケーション能力を育てていくうえで重要になる。

(2) イメージのくい違い

　次の事例は、遊び方をめぐって5人で相談をしている場面である[5]。

【事例2】
遊び方をめぐる相談　　　　　　　　　　　　　　　5歳児　6月

　マサヤ、ユウト、ケンタの3人が、他の友だちがお店ごっこをしているのを見て、自分たちもゲームやをしようと相談をはじめた。ソウスケとヤヨイも「入れて」と仲間に入った。
　マサヤ、ユウトは、「的当てがいいよね」と話す。ケンタが「どうやるの？」と尋ねると、マサヤは「段ボールを動物の形とかに切って、それにボールを当てて倒すの」と説明する。それを聞いたケンタは「あー、わかった」と納得したように言う。
　しかし、ユウトは「倒すんじゃなくて、穴を開けてそのなかにボールが入ったら10点いうのがいいよ」と話す。さらにソウスケは、「バットでボールを打つのがいいよ」と話す。
　ヤヨイは黙って聞いている。マサヤは、「バットでボールを打つのは難しいよ。小さい組の子も来るかもしれないし」と話す。ソウスケが「段ボールを動物の形に切るのはむずかしいよ」と言うと、ケンタも「そうだよ」と答える。

　3人の子どもは、まわりの子どもたちの遊びに刺激されて自分たちも楽しいこ

とをしようと考えている。そこに2人（ソウスケ、ヤヨイ）が加わり、5人で相談をはじめる。

はじめは「ゲーム屋」をすることで3人（マサヤ、ユウト、ケンタ）が共通の意見になったのだが、どのようなゲームにするかが決まらない。そのうちの2人（マサヤ、ユウト）は「的当て」をすることで一致したが、ケンタはどうするのかわからずに質問をしている。ケンタの質問に対して、マサヤはマサヤの、ユウトはユウトの考えを言っている。

2人にとって「的当て」という言葉は共通しているが、そのイメージは違っていて、それぞれに「的当て」の説明をしている。ソウスケは、2人の説明を聞いたところで自分なりの考えを言葉にしているが、ヤヨイは、自分の意見をまったく言っていない。マサヤは、ソウスケの考えに対して技術的に難しいことを伝えている。しかも、小さな組の子どもたちが遊ぶかもしれないことを想定して意見を述べている。マサヤに自分と異なる考えを言われたソウスケは、マサヤの考えに対しても同じように技術的に難しいと指摘している。ケンタは、マサヤの説明に対して、最初はわかったと発言しているが、話が進むにつれてソウスケに同調した発言に変わっている。

4人は、それぞれ自分の考えは話せても、友だちの話からその遊びのおもしろさを感じとることはできない。せっかく友だちと遊びたいと思って話しているのに、自分の考えを主張するのみで他者の考えを受け入れられないのでは、遊びを楽しむところに至らない。また、こうした遊びの相談では、イメージのある子どもは発言できるが、経験がなくイメージをもちにくい子どもは発言できないことがある。仲間との関係性で発言にぶれも起こる。それぞれの子どもはどこに該当するだろう。

保育者は、自分の意見が先行している子どもたちにどのように援助してコミュニケーション能力をはぐくんだらよいのだろうか。まずは、それぞれのイメージや考えが伝わるように援助しなければならない。子ども同士の話から、自分の意見との違い、自分の考えにないおもしろさを見つけられるよう、聞き役のモデルを示す必要がある。「○○君の話したことって、こういうことかな」と具体的なイメージを想起させる言葉を発信する。そして「おもしろそうね。私もやってみたい」と、子どもたちの発想や発言に関心を寄せた言葉をかけていく。また、実際に材料を用意して、イメージしていることをいっしょに実現してみることも大事になる。その過程で、いろいろな考えが出てくることもある。話をし、作りながら、新しい考えや互いの発想のおもしろさに気づいていくことになるだろう。こうした経験を重ねていくことで、互いの思いや考えを認めることや、調整力が

12 コミュニケーション能力

身についていき、コミュニケーション能力も育っていく。

12-3 コミュニケーション能力を育てる保育者の関わり

(1) 保育者の聴く力

子どもは保育者に家庭での経験や、休日に出かけた話などをすることがある。子どもの話をどのように聴いたらよいか、二つのやりとりから考えてみよう。

◎Aのパターン

> 子ども：昨日、動物園に行ったんだよ
> 保育者：そう、楽しかった？
> 子ども：うん、楽しかったよ

◎Bのパターン

> 子ども：昨日、動物園に行ったんだよ
> 保育者：そう、誰と行ったの？
> 子ども：お母さんと行った
> 保育者：それで、動物園にはなにがいたの？
> 子ども：おサルさんとね、ゾウさんと……
> 保育者：そんなに見たの。おサルさんは、どんなことしてた？
> 子ども：追いかけっこしてたよ。リンゴ食べてたのもいたよ

Aでは、保育者は、子どもが動物園に行ったことに対して楽しかったかどうか結果を聞いている。子どもは「楽しかった」と答えているが、会話が発展していかない。

Bでは、保育者は、誰と行ったのかと次の展開につながるような質問をしている。結果ではなく、過程や状況を聞いているので、子どもはそれについて応えている。さらに、保育者が「それで？」と発話を促しているので、会話がつながっていく。子どもは保育者と話をしながら経験を思い出し、それを言葉でどのように表現するかを思考し、言語で表現しているのである。

会話が続くためには、子どもの話に関心を寄せ、子どもが話したくなるように促していくことが大切になる。子どもは、経験したことを言葉にすることで、楽しかった気持ちを保育者と共有することができる。それは話す意欲となり、言語表現の豊かさにもつながっていく。保育者の聴く力が、子どもが話す喜びを味わうことになり、伝える力をはぐくむのである。

(2) 保育者と子どもの温かな関係

①保育者のまなざし

　幼稚園の入園をとても楽しみにしていた3歳児のA児がいた。しかし、入園して少しすると登園を渋るようになった。家族は、信頼する幼稚園に預けたのにどうしたものかと心を痛めて筆者に話をしてくれた。A児は身の回りのことを自分でできるし、人の話も聞ける。幼稚園で友だちといざこざを起こしたわけでもなく、保育者に叱られたわけでもない。それなのに、A児はなぜ、幼稚園に行きたくなくなってしまったのだろう。

　園生活のはじまりでは、子ども同士の関わり方がわからないために、他の子どもが遊んでいるものを取ってしまったり、物を投げたり、噛みついたりするような行動をとる子どもがいる。子どもたちは集団のなかで自分のやりたいことを実現していくことが大切であるが、その過程では友だちとのいざこざも起こすし、危険な行動をすることもある。保育者は全体の子どもの安全を考慮して、そうした行動をとる子どもを指導する。この場合の保育者は、強い口調で子どもの行動を制止したようだった。A児は、保育者が他の子どもを叱るときの強い口調、荒げた声に対して、恐怖心を抱いたようだった。「先生が怖いので幼稚園に行きたくない」と言ったのである。

　保育者は、一人ひとり課題をもった子どもの指導をするとき、どのような姿勢で関わったらよいのだろうか。A児のように、他の子どもを叱る保育者を見て怖くなる子どももいるのである。他の子どもと関わる保育者の姿勢に、周囲の子どもたちの視線が集まることを覚えておこう。保育者の叱り方、褒め方、日常生活での話し方、言葉の一つひとつが、子どもに影響をおよぼすことを考え、一人ひとりの子どもが安心感を抱けるように、常に温かなまなざしを向ける保育者でありたいものである。

②関心を寄せて聴く

　子どもは、楽しかった体験をすると、大好きな人に話を聴いてもらいたいと思

う。「先生！」「あのね！」と話したい気持ちをいっぱいに膨らませて寄ってくることがある。そのようなときの保育者の姿勢として最も大切なのは、「あなたの話を聴きたい」という姿勢を示すことである。そして、子どもの話を聴きながら、「そう」「そうなの」と受け止め、「それから？」「そして？」と尋ね、「ふーん」「そう」と相槌を打ち、「おもしろいね」「先生もやってみたいな」などと、一層、関心を寄せることである。

　一方、友だちといざこざを起こしていやな気持ちを味わい、助けを求めて来るときもある。そのようなときは、しっかりと受け止めて話を聴くことが大切である。どちらの場合も、聴く人の姿勢として大切なのは、受容・共感、肯定的な受け止めである。それによって前者は話す意欲が高まり、後者はいやな感情を鎮めることができる。

　言葉による表現意欲は、聞いてくれる人の「聴き方」に左右される。子どもが話したくなるように心を傾けて聴くこと、うまく伝えられないときには言葉をつなぎながら聴くことが重要である。保育者とのそうしたやりとりを通して、子どもはコミュニケーションをとることを楽しいと感じるようになる。また子どもは、保育者の関わりを見て学んでいる。5歳児になると、トラブルを起こしたときに自分たちで解決しようとする姿が見られるが、これも、それまでの保育者の姿勢がモデルとなっているのである。

③コミュニケーションの意図を受け止める

　子どもは、身近なものを自分の知識と重ねてみる。拾った石の形がハートみたいに見えると、「ハートだ」と大事に握りしめる。拾った石がなにかの動物の顔に見えることもあるだろう。その石を見て「犬の顔に似ている」と言われたら、みなさんはどうするだろうか。このとき、子どもはなにを発信しているのだろう。

　犬の顔に似ている石を拾ったという「事実」、そんな石を見つけた「私ってすごい」という「内実」の両面がある。大人が「そうね」と受け止めた場合は、事実を受け止めたことになるので、拾った行為は否定されない。しかし、「そうね」だけでは、自分を認めてもらったという実感まではもてないのである。「本当だ」「どこで見つけたの？」「私も探してみよう」などと、そのものや、行為に関心を示すことで、子どもは自分の気持ちを受け止めてもらったと感じることになる。

　一方、「汚い」とか「そんなもの、拾ってきて……」と言われた場合は、大発見して拾ったという行為も、発信したかった思いも否定されたことになり、コミュニケーションの意図を外されてしまう。すると子どもは、相手との関わりに

不安を覚え、自分の行為に自信がもてなくなるので、自尊感情が薄らいでいく。こうしたことが繰り返されると、わかってもらえなかったという気持ちを味わうことが増えるので、人との関わりや、社会的な発達に影響をおよぼしかねない。

したがって、コミュニケーションをとるうえで大事なことは、事実だけを受け止めるのではなく、その事実のなかに潜む気持ち、「内実」をも受け止めていくことが重要になる。それは、子どもの話す意欲につながるので、保育の専門家としての力量を発揮してほしいところである。

(3) 一人ひとりを生かす学級経営

①子どもの行動を言語化する

年齢が小さい場合、物の取り合いがよく起こる。とくに2～3歳児は、相手が持っていたり、使っていたりするものを見て、「ほしい」「使いたい」といった欲求をもつと奪い取ってしまうことがある。取られた子どもが泣く場合もあるし、取り合いになり、嚙みつきが起こる場合もある。奪う、嚙みつくといった行為は指導の対象となるが、その行為のもとは、見たい、欲しいという欲求である。欲求をもつこと自体は自然なことなので、保育者は、その行為に至る前の気持ちを言語化することが必要になる。たとえば「見たかったのね」「使いたかったのね」といった言葉をかけることで、奪うとか、嚙みつきに至る前の自分の気持ちに戻すことになる。

指導のポイントは、保育者が、子どもの行動を整理してやり、「嚙みついた私」ではなく、「絵本を見たかった私」を認識できるようにすることである。保育者に自分の気持ちをわかってもらえたという実感がもてるようにしたうえで、次のステップとして相手との関わり方を学習できるように指導することが大切である。保育者による子どもの行動の言語化は、子どもにとって大事な自己確認となる。相手が使っているものを使いたいときに必要となる「貸して」という言葉や、待つこと、交代することを覚えていくようにする指導は、それがあって生きてくるものである。さらに、自分の気持ちを立て直せるよう、援助することも大切である。

こうした一連の指導が、子ども自身の自己理解を促すので、人とコミュニケーションをとれるようになるためには大切である。

②みんなが発言できる学級

子どものなかには、一方的に話す子どももいれば、なかなか話をしない子ども

もいる。また、自分の話はしても、なかなか人の話を聞けない子どももいる。人の話が聞けない子どもには、保育者がじっくりと話を聞いてみよう。話をしない子どもには、話しやすい雰囲気を作ることから考えてみよう。こんなことを言ったら笑われてしまうかもしれないとか、友だちになにか言われるかもしれないなどと思わないように、子どもたちが自由に意見を言える学級の雰囲気作りが大切になる。話したい気持ちが満足できるように、保育者が「聴く姿勢」をもって関わり、言葉を補いながら会話のキャッチボールを楽しむことができれば、話をしたいと思う子どもが増えてくるだろう。

　また、学級のみんなで共通の体験をし、楽しかったことを言葉にすることも大切になる。それは、ともに体験していることでイメージをもちやすく、伝わりやすいというメリットがある。共通の体験を通して、自分の思ったことや考えたこと、感情などを言葉で表現することは、通じ合いの一歩となる。子どもたちは友だちの言葉を聞いて体験を振り返り、表現の方法を学び合うことができる。一方、うまくいかない体験も活用するとよい。互いを責め合うのではなく、その原因や対策を皆で考え、助け合い、協力することを学べるように、言葉にして理解を図ることが大切になる。

③異文化コミュニケーション

　園のなかには、外国籍の子どもも入園してくるので、保育者はさまざまな言語や文化をもつ保護者や子どもと接することになる。そうした子どもがいる現状を踏まえ、異文化の理解も大事である。外国籍の子どもを理解するには、その子どもの国の文化を知ることが必要である。心が通じるまでには時間がかかるかもしれないが、言葉を必要としない動きの共鳴を通して楽しさを共有することができれば、少しずつ理解し合えるようになる。

　また、日本人でも人々の暮らしが変化し、日本の文化になじみが薄い子どももいる。日本には人の気持ちを察する人が多く、そういう文化があるが、それも少しずつ変化してきているのが今の社会である。異文化理解の基本は自他の尊重である。認め合える社会を目指し、自他の尊重を基盤に、自分の考えを相手にわかるように伝えることが大切になる。

(4) コミュニケーションがとりにくい子どもとの関わり

　地域での関わりが少なくなり、家庭での人間関係も変化しているなか、コミュニケーションがとりにくい子どもが増えている。学級経営のなかで日々、ていね

いに関わり援助をすることは当然のことであるが、コミュニケーションがとりにくい子どもの原因は一様ではないので、大人の関わり方が不十分なのか、身体の機能の問題なのかなど、その原因を探ることが大切になる。

日常的には、言葉だけでなく表情や語調も重要になる。思いや考え、情報は、非言語では伝わりにくいので、言葉の獲得と活用が大事になるが、焦らずに、ゆっくり、ていねいに関わっていくことが求められるだろう。園内の職員間の協力体制を作り、保育者が協力して保育をすることも必要になる。子どもの記録も活用し、情報を共有して原因を探ることは欠かせないことである。

また、発達上の問題を抱えている子どもの場合は、専門的な知見からの対応を考えなければならないので、関係諸機関との連携も必要になる。「保護者とともに」の姿勢をもって、慎重に対応していくことが大切である。

(5) 保育者との連携

保護者との関わりでは、保護者の育ってきた背景を知ることも大切である。いま、保護者もまたコミュニケーションの苦手な人が増えている。先に、石を拾った子どもの話を例に挙げたが、大人からすると子どもが発見したことは驚くことではないだろう。むしろ、泥で汚れたものを大事そうに持っていること自体に拒否反応を示す保護者もいる。しかし、子どもには子どもの見方・感じ方があり、体験からくるイメージの創出と言語表現をしていることは素晴らしいことなのである。それは、未来につながる力となる。さらに、親との関係性を求めていることをしっかり認識してもらうようにする必要がある。子どもは大人に「共感してほしい」のである。関心をもっていっしょに見てほしいし、石を見て話をしたいのである。

子どもが求めているそうしたことに気づけないと、子どもは自分の気持ちが伝わらないと認識して、自分の行動の出し方を変えなければならないと思うなど、コミュニケーションのとり方に自信をなくしてしまう。また、大人が先回りして話をしてしまえば子どもは話す必要がなくなるし、子どもが話をしているときに大人に応答してもらえなければ子どもの話す意欲が失せてしまう。日常の子どもとの関わりには十分な配慮が必要なのである。保育者は、そうしたことを踏まえて、保護者に対して、子どもの見方・感じ方、子どもとの対話の大切さを伝えてく必要がある。

保護者とのコミュニケーションで重要なものには、掲示物、学級通信、連絡帳のように文字によって伝えるものもある。連絡帳のように対個人となるものでは、

保護者の言いたいことを汲みとる力がないと、ちぐはぐな応答になりかねない。保護者が聞きたいことと異なる内容の返信をすれば、保育者に対する不信感が生まれる。そうならないように、保護者の気持ちに寄り添った温かな文章表現を心掛けなければならない。保育者の一言は保護者には重たいものである。それを心に留め、温かなまなざしをもって、傾聴、受容、共感の姿勢を示すことが重要である。

先輩のつぶやきに学ぶ

製作活動をするとき、実習生である私は、クラス全体の子どもに作り方の説明をした。子どもが「わかった、わかった」と言ったので、製作活動をはじめた。ところが、いざ、はじめてみると「どうするの?」と何人にも聞かれた。まったくわかっていなかったということがわかった。どうしてこんなことになるのだろう。

子どもは、人の話を自分なりの解釈の仕方で聞くことがある。私たちは、話をしている相手から「わかった」と言われるとその言葉通りに受け止めてしまうことがあるが、どうなのだろうか。子どもが「わかった」と言っても、すべてわかったわけではないということ、部分的にはわかったのだろうということを覚えておこう。子どもは、早くその活動がやりたくて、実習生の説明を遮ったとも考えられる。こんな時は、なにがわかったのかを子どもに確認してみるとよいだろう。

先輩は、このことから、「1人の意見をみんなの意見と思ってはいけない」ことを学んだそうだ。5歳児になると、周囲を気遣い、保育者を気遣い、こんなことを言ったらどうか、と発言を躊躇することがある。逆に、保育者の意に沿わないことを発言することもある。「1人の意見は1人だけの意見ではない、他にもそう考えている子どもがいるかもしれない」そう考えて、全体の指導の見直しをしてみよう。

引用文献
1) 森上史郎・柏女霊峰編『保育用語辞典［第8版］』ミネルヴァ書房，2016，p.297
2) 松村　明編『大辞林 第三版』三省堂
3) 一般社団法人日本人間関係学会編『人間関係ハンドブック』2017，p.18
4) 塚本美知子・髙梨珪子編著『子どもを見る目が広がる保育事例集』東洋館，2007，p.36

5）前掲書4），p.46

参考文献
・塚本美知子・大沢裕編著『新・保育内容シリーズ2 人間関係』一藝社，2010
・後藤宗理『保育現場のコミュニケーション』あいり出版，2008

第13章
個と集団の育ち

　本章では、子どもが、はじめての集団生活のなかで、保育者との関係で安定し、しだいに子ども同士がつながり楽しさを共有していく姿とこれまでの体験をもとに年長児が協同して活動に取り組む姿などを、事例を通して学ぶ。子どもは集団のなかで自己発揮し、自分にはない他者からの影響を受け、多様な経験を積み重ね、子ども同士の関係を広げたり深めたりしていく。一人ひとりの子どもの育ちと集団は深く関わっていることを認識し、個も集団も高まる指導を考えてみよう。

13-1 個と集団の関連

(1) 子どもにとっての集団とは

　「個」とは1人のこと、「集団」とは一般に2人以上の人の集まりを指す。ここでは、園生活における子どもにとっての集団の意味、および個と集団について考えてみよう。

① 学級集団

　学級は、子どもにとって一番安心していられる場でなければならない。入園して間もない子どもは、園内の好きな場所で遊んでよいと言われてもかえって不安に陥ることであろう。決められた学級があり、担任の保育者がよりどころとなってこそ安心する。子どもにとって、保育者は、はじめは「そばにいる大人」である。そして、日々の生活のなかで「いつもいる大人」から「頼りになる人」と認識され、「先生」となる。保育者は、子どもが自分の居場所を見つけて遊べるように環境を整えたり、集団で遊ぶ楽しさを伝えたりしていく。しだいに、子どもは、生活をともにする友だちを認識するようになり、友だちとのつながりを感じ

て遊ぶという関係が生まれる。このように、子どもは学級という集団を拠点として、自発的に集団を形成し遊びや生活を通して人との関わり方を学んでいく。

②**与えられる集団**

　学級は、保育者の意図のもと編成された集団である。新年度に向けて行うクラス替えもその一つである。その他に、学級経営を行ううえで、クラスの子ども達を何人かに分けて作る小さな集団（グループ）、仲間つくりのために作る集団、なにかの作業をするために作る集団、いっしょに当番活動を行う集団なども与えられる集団といえる。

　また、保育者の意図のもと、ある条件に沿って子どもが決める集団もある。たとえば「1グループの人数は6人、男の子も女の子もいるグループにしよう」などと条件を出す場合、「1グループの人数」を提示して子どもに任せて決めるようにするなどである。生活発表会など園行事では、どんなアトラクションや役割が必要かを学級や学年でいっしょに決めたうえで、子どもが自分の意思で役割を選び集団が生成されることもある。

③**遊び集団**

　子どもが、物や場を共有して友だちとつながり、いっしょに遊ぶことの楽しさが生まれ、自然に形成される集団を「遊び集団」としよう。偶然居合わせたことで生成される集団、同じものへの興味や関心から生成される集団、目的をもって活動するために子どもが自分の意思で生成される集団などである。この集団を「特定の仲の良い友だち同士」「気の合う友だち同士」などと呼ぶこともある。遊び集団は、子どもの発達過程で、それぞれの興味や関心、仲間関係により変化するものである。たとえば、特定の仲の良い友だちではなく「今日は○○さんと遊びたい」ドッチボールやリレーなどのチーム分けでは「△△さんのいるチームに入りたい」などである。このことは、子どもが多様な人がいることを知り、関わり方を学んでいくことにもつながる。自然な姿である。

（2）集団による教育の意義

　園（幼稚園・保育所・認定こども園など）は集団の教育を生かす場である。幼稚園教育要領の内容の取扱いには次のように書かれている。

> (2) 一人一人を生かした集団を形成しながら人と関わる力を育てていくようにすること。その際、集団の生活の中で、幼児が自己を発揮し、教師や他の幼児に認められる体験をし、自分のよさや特徴に気付き、自信をもって行動できるようにすること。

　生育歴の異なる同年齢・同世代の子どもが、学級集団のなかで遊びや生活を通して、個々の成長発達を遂げることになる。保育者は集団のなかで子ども一人ひとりが安心して、自己を発揮できるように援助しなければならない。そのためには、まず、一人ひとりの子どもと保育者の信頼関係を基盤とし、子ども同士の温かい集団を育てることが大切である。集団は、子どもにとって自己実現の場でありたい。子どもが集団で生活するということは、喜びや楽しさばかりでなく葛藤もある。友だちと摩擦を起こすこともある。そうした経験を通して自己実現をしていくことが生きていく力を培うことになる。同時にそれらの経験は人間関係能力の醸成の場としての意味もある。子ども同士が相互に影響し合い集団の質が高まるようにするためには保育者の適切な援助が必要になる。

(3) 子どもが育ちあう集団を形成するための保育者の姿勢

　子どもは、ありのままの姿を温かく見守られると、自分らしい動きができるようになり、自己を発揮するようになる。保育者の重要な役割の一つは、保育者と子ども一人ひとりの信頼関係を基盤に、さらに、子ども同士の心のつながりのある温かい学級集団を育てることである。温かい学級集団は、まとまりのある集団行動を目指した画一的な指導からは生まれてこない。子どもは保育者の意図に沿うようになるだけである。

　子ども一人ひとりのよさや特徴が生かされた学級集団を形成するには、保育者は、まず子どもに寄り添い、その子どものよさを認めることが大切である。子どもは、ありのままの自分が認められている安心感や保育者の温かいまなざしに支えられ自分のよさに気づき、自己肯定感がもてるようになる。

　しかし、子どもは、自己発揮する中でうまく自己を表出できなかったり、失敗を繰り返して不安になったりもする。このような場面では、その子なりに取り組んでいる姿を認め、励まし、安心できるような状況をつくっていく必要がある。保育者の子どもの行動に温かい関心を寄せる、心の動きに応答する、ともに考える、子どもの立場に立って思いを理解しようとする姿勢は、他の子どもにも伝わっていく。温かい学級集団ははじめからあるものではなく、保育者とその学級

の子どもたちによって醸成されるものである。また、個々の育ちは集団を高め、集団の育ちは個々を育てる。個と集団は別個のものではなく相互に影響し合っていることを忘れてはならない。保育者は「モデルである」といわれるように学級集団におよぼす影響は極めて大きい。子どもの姿を通して、自分自身を、そして保育を振り返り、研鑽し続けることが求められる。

(4) 集団における子どもの相互作用

① 模索し、関わりのきっかけをさぐる

入園当初、子どもは、保育者との関係を得ながら安心して行動できるようになっても、まだ友だちや慣れない環境に不安を抱いていることがある。友だちのすることをよく見たり、安心できる場に行ったり、親しみのある玩具で遊んだりすることもある。友だちのすることをよく見て遊びのきっかけを模索していることもある。そうした行動を通して子どもは、友だちの様子や状況を感じとっているのである。このような姿は、入園当初だけでなく、遊びが見つからないときや試行錯誤しているとき、仲間関係が変わるときなどにもみられる。

②受け止め合い、認め合う

子どもは、友だちがしていることに興味をもつと、同じ場で遊んだり、友だちのまねをしたり、同じことをしたり同じものを身につけたりし、友だちと楽しさを共有する。しだいに、友だちとの関わりのなかで、互いに表情や態度からも相手の気持ちがわかるようになる。自分の思いを表現することで新しい発見があり経験が広がる。

また、自己発揮し、互いに自己を主張することでぶつかり合うという葛藤体験をし、自己を抑制したりルールをつくったり妥協したりする。時には、拒否することやその方法を身につけていく。仲間のなかで優位に立とうと主張したり競い合ったり命令言葉を使ったりすることもあるが、折り合いをつけることで遊びが楽しくなることに気づく。そして、自分とは違う見方、感じ方、考え方、イメージに気づき、その情報を自分のなかに取り入れいっしょに遊ぶ楽しさを味わうこともできるようになる。

③支え合う、高め合う

これまでに培ってきた経験や友だち関係をもとに、子どもは主体的に遊びや生活を進めていくようになる。また、友だちが困っているときには、その立場に

立って、表情などから気持ちを察して思いやったり、やり方を教えたり、励ましたりする。発達とともに、グループでの目的や自分の課題を明確にして、見通しをもって取り組むようになる。一人では考えつかないことも数人で考えると発想の広がりや深まりがみられることを経験する。

さらに、グループ同士が交流すると集団の活力と雰囲気が盛り上がりダイナミックに活動が展開する。相互に影響し合うことで集団全体が高まっていく。目的的・探求的に遊びに取り組んでいく過程では、葛藤し試行錯誤もする。それらを乗り越えることでグループでやり遂げたという達成感や満足感を共有し合う。そのことが子どもの自己肯定感となり自信へとつながる。こうして、自己形成する力が育ち生きる力の基礎が培われる。

13-2 協同性をはぐくむ

「協同性」は、「幼児期の終わりまでに育ってほしい姿」の一つである。協同的な遊びを展開していく姿は、3歳、4歳の積み重ねを通して可能となる。事例から子どもの発達する姿と保育者の関わりを考えてみよう。

(1) 幼稚園教育要領から

協同性は、幼稚園教育要領第2節の幼稚園教育においてはぐくみたい資質・能力および「幼児期の終わりまでに育ってほしい姿」の一つに挙げられている。[1]

> (3) 協同性
> 友達と関わる中で、互いの思いや考えなどを共有し、共通の目的の実現に向けて、考えたり、工夫したり、協力したりし、充実感をもってやり遂げるようになる。

協同性がはぐくまれるためには、単に幼児といっしょに活動できることを優先するのではない。他の幼児といっしょに活動するなかで、それぞれの持ち味が発揮され、互いのよさを認め合う関係ができてくることが大切である。保育者は、幼児たちの願いや考えを受け止め、共通の目的の実現のために必要なことや、困難が生じそうな状況などを想定しつつ、子ども同士で試行錯誤しながらもいっ

しょに実現に向かおうとする過程をていねいにとらえる必要がある。一人ひとりの自己発揮や友だちとの関わりの状況に応じて、適切に援助することが求められる。相手を意識しながら活動していても、実際にはうまくいかない場面もあるが、幼児は、援助する保育者の姿勢や言葉かけなどを通して、相手のよさに気づいたり、協同して活動することの楽しさ・大切さを学んだりしていく。

(2) 協同的な学びへのプロセスと発達の過程（イメージ）

次の図は、協同的な学びが大切であるとする時代の背景とそれに向かう子どもの発達の過程を示したものである。

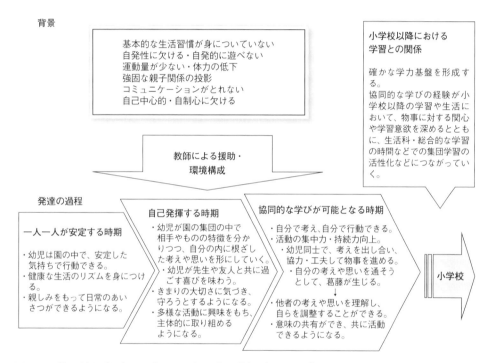

図13-1　協同的な学びへのプロセスと発達の過程（イメージ）

（文部科学省 幼児教育部会（第9回）配布資料より http://www.mext.go.jp/b_menu/shingi/chukyo/chukyo3/008/siryo/04030501.htm）

(3) 発達に沿った体験の積み重ね

①保育者を安心のよりどころとして

子どもは保育者に受け入れられているという安心感をもつと自分から動けるようになる。連休明けウサギに餌をやることをきっかけに自分を取り戻していった事例である。

> **【事例1】**
> ぼくの餌、食べてよ　　　　　　　　　　　　　　　　　　　　3歳児　5月
>
> 　連休明け、タイチは、門のほうを見たまま動きが止まってしまった。「おはようタイチくん」と保育者に声をかけられてもなにも言わずに立っている。タイチは保育者をときどき目で追いながら朝の身支度をしている。保育者が「タイチくん、園服を上手にかけることができたね。1人でできてえらいね」と声をかける。タイチはなにかをじっと見つめている。視線の先にはウサギのケージがある。保育者はタイチといっしょにケージの脇にしゃがむ。保育者に気づいたハナとダイゴが「ごはんあげた」「食べたよ」と話しかけてきた。保育者は「そう、ウサギちゃん、朝ごはんなのね」と応える。
> 　タイチはウサギの様子をじっと見ている。「タイチくんもウサギちゃんにご飯あげてみようか」という保育者の言葉を受けて、ダイゴが「はい」とタイチにキャベツを渡した。タイチはキャベツを受けとるとケージの隙間からキャベツを押し入れて、「ほらほら」とはっきりした声でウサギを呼んでいる。ウサギは、口をモグモグさせたままキャベツを食べずにケージの隅に行ってしまった。その様子を見ていたハナが「おなか一杯みたいだね」とタイチに言う。しばらくして、ダイゴは「ブロックで遊ぼう」と言いながら保育室へ向かった。タイチも「ブロックで遊ぼう」と、元気よく言い、ダイゴに続いた。

　タイチは、4月に入園して園生活に慣れてきたところであったが、連休明け、また不安が戻ってしまったのであろう。保育者は、タイチの不安な気持ちを受け止めながら、身支度の場面でタイチに寄り添い声をかけている。タイチの視線の先を見て「ウサギ」に興味があることに気づく。

　ウサギと関わっていたハナとダイゴは、保育者に自分たちのしていることを話す。その話を受け止める保育者の温かい姿が、タイチが気持ちを切り替えていくことにつながっている。保育者が、タイチに餌をあげてみようと誘うと、ダイゴがタイチにキャベツを渡した。同じ場所にいる友だちの好意的な言動もタイチが安心して自分から遊びに取り組もうとするきっかけとなっている。

　ウサギ小屋という場所があり、保育者とタイチ、ハナ、ダイゴが関連して温かい状況が生まれたことで、タイチは自ら動き出せたと思われる。

　一人ひとりが、園生活のなかで安定して過ごせるようになるためには、自分の

好きな遊び（こと）や居場所を見つけられるよう環境を整えたり、子どもの気持ちを受け止めたりしながら、寄り添い、気持ちを切り替えられるようにしていくことが大切である。子どもは、日々の園生活のなかで繰り返される保育者との関わりを通して、保育者へ信頼を寄せ、心の拠り所とする。一人ひとりの育ちは、その子どもの属する集団との関係の育ちでもある。

②友だちといっしょは楽しい

　3歳児の12月、子どもたちのおしゃべりが弾んでいる。保育者は、子どもが好きな「アンパンマン」のキャラクターを印刷し、画用紙に貼って遊ぶコーナーを設定した。保育室のコーナーで机に向かい7人くらいの子どもが遊んでいる。保育者には、子どもたちに「糊」を貼る経験をさせたいという意図もある。そのときの子どもの様子である。

【事例2】
同じ場でおしゃべり　　　　　　　　　　　　　　　　　3歳児　12月

　子どもたちは、アンパンマンやバイキンマン等の絵を画用紙に貼りつけたり色を塗ったりしながら、思いついたことをしゃべっている。「バイキンマンがきました」「やっつけろ」「アンパンマンが飛んできました」「ドキンちゃんが見ています」「バイキンマンはおしっこをしました」「うんちもしました」「お腹すいて、カレーパンマンを食べました」「辛いっ！て言ってます」「今度はアンパンマンを食べました」「そして、パンチをしました」「アンパンマンは逃げました」……。笑い合ったり、キャラクターになりきって戦いのポーズをとったり……。ときどき何人かの子どもが出入りしている。

　子どもは互いの言葉をよく聞いている。その言葉から自分の思いつきを言葉に出している。保育者は、ときどき来ては、子どもの言葉を追随的に言ったり受け止めたりしている。それぞれの子どもが安心して自分の思いを発言してよいという雰囲気を醸し出している。このような経験が一人では味わえない友だちといっしょの賑わいと楽しさなのであろう。また、保育者の意図する「糊を使うことに慣れてほしい」という願いも、安心して自分を表出できる遊びの流れのなかで子どもは自然に体験している。

　子どもは、同じ場所にいること、同じものをもつこと、同じことをすることによって「共同」という感情や楽しさを身体を通して体験しているのである。

③仲の良い友だちとつながる・広がる

4歳児は、仲の良い友だちといっしょに遊びに必要なものを作ったり、役になったりする。

しだいに、「今していること」が目的らしくなり遊びが展開する。子どもの言葉や動きに注目して友だち相互の関係を考えてみよう。

【事例3】
誕生会、今夜は雪です　　　　　　　　　　　　　　4歳児　12月

　アヤは、ままごと用の棚を囲むようにして中型積み木を運び、「おうち」をつくる。ミキは、登園後、所持品の始末をしながら「アヤちゃん、遊ぼう」と声をかける。タクヤとシンも加わった。アヤは紙を丸めたり切ったりしている。ミキは、「おうち」の囲いとして中型積み木をさらに持ってきて並べ、引き戸のようにし、「こうやってはいるの」とアヤの方を見て説明する。アヤは「うん、いいよ」と応える。それを見ていたタクヤとシンは、そのことを試すように、引き戸を操作して出て、またなかに入ってきた。

　二人は、菓子箱をテレビとして、天気予報の画面を作っている。すでに晴、雨、曇のマークが書かれた紙が置いてある。「地図」も描いてある。シンは別の紙に雪だるまを何個も描き「今日の夜は雪が降るでしょう」と言う。タクヤは「大雪です」と言い、絵を見合って笑っている。

　しばらくしてアヤは、「ねえ、ミキちゃんの誕生会ってことにしよう」。ミキは「ありがとう、いいよ」と言い、準備がはじまった。たこ焼き、引き出しから取り出したケーキ（前に使ったことがあるらしい）、飲み物用のカップなどを並べる。2人はケーキをデコレーションしながら、アヤは「だれ呼びたい」とミキに問いかける。ミキは「先生とユキナちゃん」と返事をする。アヤが「わかった、じゃあ、電話するね」と言って、携帯（板チョコレートの箱）を取り出し、「もしもし、○○先生、今日の夜、ミキちゃんの誕生会をします。来てください……」と言う。保育者は、携帯をもつふりをして応じる。すかさずシンは、「今夜は大雪です」とテレビ画面（雪マーク）を見るようアヤに言う。それを見て、アヤは「今夜は大雪です。気をつけてきてください」と付け加える。保育者は「わかりました。ご招待ありがとう」と言う。シンとタクヤはその様子をじっと見ている。

仲の良い友だちが、この場を拠点として何日か遊びが続いているのであろう。それぞれの子どもが自分のイメージしたことを言葉や動きで表現し、発信役となっている。それが仲間で共有され遊びが展開している。ミキの考えた玄関の引き戸をシンとタクヤは確認している。アヤの提案した誕生会ごっこにミキは賛成し、さっそく準備がはじまる。シンとタクヤは、天気予報に興味をもっているのであろう。

子どものごっこ遊びはこれまでの楽しかった経験や憧れがもとになっている。この遊びのように、子どもは互いの言葉や表現を受け止め合い、受け容れ合うことで、自分では思いつかなかったことを疑似体験しながら経験を広げている。それが友だちといっしょに遊ぶ楽しさにつながっている。

保育者は、子どもが安心して遊べるように、肯定的なまなざしで見守りながら対応している。また、時間を十分に保証している。だからこそ、子どもは安心して自分たちで自分たちのしたいことを遊びを通して実現している。子どもの互いに受け止め合う関係が、友だちと響き合い、快い感情を共有し楽しさとなっている。

4歳児では、自分の思いを相手に伝えたり相手の思いを聞いたりして、自分たちでいっしょに遊びを作っていこうとする姿を育てていきたい。このような経験の積み重ねが、なにかを決めたり困難に出会ったりしたときに、いっしょに考え、相談する力、協力する力となっていく。

④協同的な活動への取り組み —忍者ショー 5歳児11月

A幼稚園では、毎年11月の下旬に、「生活発表会」が計画されている。その年によってどんな遊びにするかは年長2クラス合同で考えることになっている。時期が近づくと子どものほうから「去年の年長組みたいになにかやりたい」という声が聞かれるようになる。年長2クラス合同の話し合いの結果、「遊びランド」というテーマに決まった。6〜8人が一つのグループとなり、輪投げ、ボーリング、迷路、忍者ショー、ダンスショー、人形劇、レストランに取り組む7グループができた。保育者は、グループの友だちと相談しながら進めること、また年中組、年少組を招待する日は決めて、8日間で準備をし、開園するというという見通しを伝える。

ねらいは、「学年で共通の目的をもち、グループの友だちと相談したり協力したりして取り組み活動する充実感を味わう」「友だちのよさに気づき、互いに受け入れあって活動するなかで、一人ひとりが考えたり工夫したりして自分の力を発揮する」である。

ここでは「忍者ショー」の取り組みから子どもが体験する内容と保育者の関わりについて考えてみよう。

●これまでの取り組み

アキラ、ヒデト、ユタカの3人は、10月下旬ころから忍者ごっこをしていたメンバーである。そこへ11月になってショウが加わった。ショウは、自分の思いのまま遊びを転々とするので「勝手にやめない」という約束のもと、仲間入りをした。これまでに、綱渡りの術、分身の術、回転の術を考えては挑戦しながら遊んでいる。

【事例4-1】
新たに2人加わってグループで相談　　　　　　　　　　5歳児　11月

忍者ショーに興味をもったサキとユリが加わり6人となった。アキラが「回転の術」（前転）の説明をし、サキとユリに「できるか？　大丈夫か」と聞く。アキラ、ヒデト、ユタカ、ショウの4人でマットを運び広げる。ユリとサキはさっそく挑戦する。ユリはできるがサキは、前転するときに曲がってしまい、うまく立ち上がれない。サキは「練習するから」と皆に宣言する。

次に、ユタカが「分身の術」を説明する。首をかしげるユリとサキに「見ればわかるよ」と、仲間といっしょに実演する。それを見て「うん、わかった」「かっこいい」と2人は笑っている。ユリが「忍者とか、ほら」と、頭巾を被るしぐさをする。「あるといいね」とヒデトがいう。保育者が通りかかると、ユリが「先生、忍者が被るの？」というと、「頭巾のことね」と応える。アキラが「僕たち黒忍者だよ」と言う。サキは「まだ色、決めてないよ」と言う。保育者は「決まったら教えてね」と言い、その場から去る。頭巾の色をめぐって意見がまとまらない。しばらくして、サキが「黒が一番忍者らしいと思う」と発言すると、皆「いいよ」と応じる。ショウは「僕たち黒忍者だったから、いいに決まっている」と応える。ショウは保育者に「黒」に決まったことを伝えにいき、全員の分の黒の不織布を持って帰ってくる。

●友だちを知る、自分を知る

新メンバーが加わり、はじめての話し合いでは、仲間としていっしょに取り組もうという思いが表れている。サキは回転の術に挑戦するがうまくできない。しかし、「練習するから」という言葉には、頑張ろうという思いが表れているのだろう。仲間の一員という自覚が、苦手なことへの挑戦のきっかけとなっている。また、頭巾の色をめぐって、それぞれの思いがあり、なかなか決まらなかったが、サキの「黒が一番忍者らしい」という一言で黒に決まる。

目的に向かって仲間のなかで一人ひとりが自分を表現することで、友だちのよさに気づくとともに、自分を知っていく。新たな課題が明確になることで、友だちといっしょに取り組む意欲も高まっていく。このような取り組みの過程で、子どもが体験している内容を大切にとらえて援助していくことが、子どもたちの目的の実現には重要となる。

【事例4-2】
回転の術、サキちゃん頑張れ

　サキは、登園して身支度を整えると、すぐに遊戯室へ行く。遊戯室では、保育者といっしょにマットを出して、すぐに前転（回転の術）の練習をはじめた。9時半ころメンバーがそろったときに、突然サキが「私、やっぱりできない、ダメだ」とうつむく。しばらく沈黙が続いた。ヒデトが「僕も、最初、うまくできなかった。アキラくんのやり方を見てできるようになった」という。すると、アキラが「僕より、ショウ君の回転の術、かっこいいよ。よく見ればいい、みんな、修行、修行」という。ユリ「練習すれば、できるようになるよ」とサキに歩み寄り、サキの肩をたたく。サキは、突然顔をあげ「ショウくん、やり方教えて」と大きな声で言う。ショウは「えっ、ぼくが……。いいよ」と言葉を返す。アキラ、ユタカ、ヒデトは「忍者の頭巾を作ってくる」と遊戯室を出ていく。

　ショウは、自分が回転の術をやって見せる。手のつき方、体の丸め方などを説明したり、サキの良くなったところをほめたりする。ユリに「ショウくんは回転の術の先生だ」と言われ、ニコニコしている。ショウは、マットの脇に立ち、サキとユリが、交互に前転する様子を見て、「手をついてから……」「ちょっとだけ曲がった」などと、2人に声をかける。黒頭巾をかぶりアキラ、ユタカ、ヒデトが遊戯室へ戻ってきたちょうどそのとき、サキは、見事に前転し、すっと立ち上がった。ショウをはじめ、みんな「やったね、できた」と飛び上がって喜び合う。

●仲間の支えと励まし

　サキは、前転の術に挑戦するが成果が上がらず、くじけそうになる。そんなとき、ヒデトはサキに自分も最初はうまくできなかったと話すことでサキを励ましている。ショウは、回転の術をアキラに認められ、サキからも「ショウくん、や

り方、教えて」と言われたことで、仲間に受け入れられていることを実感したことであろう。

　これまで友だちとの遊びが続かなかったショウである。この活動を通して、仲間の一員として認められたことは大きな自信となったと思われる。サキもまた、前転という新たな課題に挑戦し、仲間に支えられ克服した。「できた」といううれしい気持ちが、友だちと響き合い、快い感情を共有している。共通の忍者の遊びを通して互いの力を認め合う姿が見てとれる。経験してきたことがつながり、仲間と協力し合い支え合い、目的に向かって自分たちで作り出す取り組みこそ、協同性の育ちへとつながる。

> **【事例4-3】**
> **他の術も考えよう**
>
> 　新たな術として、「側転の術」という案があがった。アキラが提案し実演すると、続いてみんなが行う。ショウとユリはうまくできるが、ユタカ、ヒデトは足が曲がってしまう。サキは、「できる人がやればいいよ」と言う。そして、「通り抜けの術、ほら、縄跳びのあれだよ、やろうよ」と提案する。ユタカが、"縄跳び"と聞いて思い出したように「あーっ、いいね」と賛成する。
> 　すぐに、通り抜けの術の練習をはじめる。6人とも通り抜けの術はすぐにできた。縄を回す役を交代しながら何度も何度も繰り返す。その後、それぞれに、回転の術、側転の術の練習をしたり、忍者の黒頭巾や衣装を製作したりする。

●目的に向かって、受け入れ合い、認め合う関係

　アキラは、「側転の術」を新たに提案する。それに対し、サキの「できる人がやればいいよ」の言葉には、側転の術に挑戦してうまくできたアキラ、ショウ、ユリを、そして足が曲がってしまったユタカ、ヒデトをも肯定的に受け止める温かい雰囲気がみんなに伝わったようである。サキの提案した「通り抜けの術」は、言葉からイメージが仲間に伝わらない。しかし、サキが「縄跳びの……」と言ったその一言で伝わった。縄を回して通り抜ける経験を共有していたからである。これまでともに体験したことが生きている。

　こうして、アキラとサキの提案した新たな2つの術が「忍者ショー」に加えられた。一人ひとりの能力を認めつつ、グループの課題をみんなで考えている姿が伝わってくる。自分のできることや経験したこと、考えたことを、目的に合わせて表現することで、子ども一人ひとりの意思が仲間のなかで生かされる喜びが生まれ、子ども同士が育ち合い、学び合う関係が育まれる。

【事例4-4】

相談―お客さんに見せるには―

　サキが「遊戯室はダンスショーも使うから、順番とか相談して決めないと」と言う。アキラが「もうダンス（グループ）に聞いたよ。さきでもあとでも、どっちでもいいって」と言う。サキは「どうする？」とみんなを見渡す。ヒデトが「一回しかやらないの？」と別の意見を言う。
　サキが「わかんない。先生に聞いてみる」と言う。ユタカが「さきかあとだけ決めればいいんだよ」という。アキラが「どっちがいいかな」と言うと、みんな考え込む。ユリは「どっちでもいい」。ほかの4人は「さきがいい」ということでさきに演じることに決まった。
　ヒデトが「術の順番は？」と言うと、サキ「券とかどうする？説明の係もあったほうがいい」。ショウ「ええ、券とかはみんな（年長合同）で相談するって、先生が言ってたよ」。
　ヒデト「最初、ショーの順番、決めよう」。アキラ「そうだね。みんななにからがいい？」。ユタカ「練習した順番がいい」。アキラは、思い出すように「回転の術、分身の術、側転の術、通り抜けの術」と小声で確認する。ユリとサキは「それでいい」とはっきりと応える。みんなも頷く。サキが「説明だってあったほうがいいよ」と言うと、ユリ「そうだね」と応じる。アキラは、「忍者の修行、早く練習しようよ」と言うショウの方を振り向き、全体に目を向け「説明のこと、もう一回、お弁当の前に相談」と提案する。みんな納得し、それぞれに練習に取り組む。説明は、昼食後、誰がするか担当と順番が決まった。

●見通しをもって主体的に取り組む

　アキラは、サキの心配するダンスショーとの出番の調整についてみんなの考えを聞いてまとめている。また、術の展開順が気になるヒデトの思いを受け止めて、仲間のみんなに相談をもちかけている。その結果、ユタカの発言した「練習した順番」に仲間は同意した。さらに「早く練習しようよ」というショウらの気持ちを察しつつ、サキの提案した「ショーのときの説明」も聞き逃さず受け止めて、「昼食前に集まって決めよう」と提案する。アキラは、グループの皆の思いや考えを整理し、一つひとつ仲間が納得して進められるよう、リーダー的存在として見通しをもって取り組んでいる。
　仲間と目的を共有してそれを実現するために、あらたに起こる課題や問題に対していっしょに考え相談することでグループの関係性が深まっていく。協同的な活動の意味はここにある。

(4) 協同性をはぐくむための保育者の役割

　5歳児になると、遊びの目的によって形成された集団の遊びが継続するようになる。次第に目的が明確になり、実現していこうと見通しをもって遊びを進めていく。

　遊びのなかでの子どもの興味がきっかけとなり、目的をもって子どもたちが主体的に取り組むものと、学年や学級の課題や行事に向かって、子どもがこれまでの経験を生かして取り組むものがある。この「忍者ショー」は行事に向かう活動ではあるが、子どもの遊びのなかから生まれ、友だちと相談し合い、協力し合って内容が深まっていった事例である。

　保育者は、子どもが生活のなかで見つけた遊びのテーマに目を向け、子どもにとっての意味をとらえ、発達に必要な経験となるように子どもとともに保育を作り出していくことが大切である。また、保育者は、グループのなかの子どもが自己を発揮できるように援助していく必要がある。自主的に形成された仲の良い友だち集団ではないことにも配慮し、仲間関係や子ども一人ひとりの理解のもと、必要な援助を心がけたい。

　目的の実現に向けて取り組むなかで、困難に出会うたびに、試行錯誤しながらいっしょに考え、相談したり協力し合うことで、子ども一人ひとりの力が生かされ、協同性が育まれていく。子どもたちが、じっくり取り組める環境、すなわち時間と空間を保障することも保育者の援助として大切である。さらに、言葉の発達、コミュニケーション力、遊びの技能などさまざまな視点から子どもの発達をとらえていくことも忘れないようにしたい。協同性をはぐくむことは、小学校以降の学習の基盤としても極めて重要である。

(5) 保護者との連携―行事に向けて―

　行事の参観にあたって、多くの園では、子どもの行事に向かう取り組みの姿や参観の注意事項を書いた手紙を配布する。たとえば、子どもが「できた。できない」「上手、下手」ではなく、集団のなかで、どのように友だちと関わり、楽しんでいるのか、頑張っているのかを見てほしいこと。子ども一人ひとりは得意なこと苦手なこともあり個人差もある。そのうえで、成長している姿を受け止め、温かい声援を送ってほしいことなどである。また、撮影にあたっては、「カメラやビデオカメラをかまえると全体像が見えにくくなる、肉眼でしっかり子どもの姿をとらえて見る大切さ、友だちとの関わりや成長にも目を向けてほしい」とい

う視点を伝えた。保護者に園の意図が伝わり、温かい視線と声援に包まれて行事が展開した。ところが、最近では、運動会や劇あそびなどの行事で我が子の出番になると、保護者席を乗り越えて前に出て行き、ビデオカメラやスマートフォンなどを構える保護者が増えてきている。園では、保護者が動画撮影などをすることを前提に、他者に迷惑をかけないための注意を促したり、撮影の場をあらかじめ設定したりしている。

　また、参観日というと、以前は保護者は1人、まれに両親が揃ってという姿が一般的だったが、最近では保護者の価値観が多様化し、家族全員、なかには子どもの保護者の両方の祖父母の参観もあり、参観日には、平均して子どもの人数の3～4倍の参観者数となることもあるようだ。

　生活発表会では、楽器遊びの楽器を誰が演奏するのか、また劇遊びでは、役をめぐって保護者からクレームが来ることもある。子どもの活動であるのに、保護者の希望が前面に表れる。一つの例だが、大人がつくった衣装に身を包み、保育者が教えたセリフを大きな声でいっしょに言えることを目的とした劇遊びもあると聞く。また、保育者が提案した店の商品を、ひたすらたくさん製作して開かれるお店屋さんごっこなどの話も聞く。こうした姿は、保護者のニーズに応えることを優先している。その行事でなにを育てたいのかが見えなくなっている。子どもの自主性・主体性を育てることの重要性、活動に取り組む過程で子どもが体験する内容をしっかり伝えていきたいものである。

　行事は、子どもと保育者がともに創り出していく活動であること、その活動に取り組む過程で、発達に応じて子どもがさまざまな体験をしていくことに意味がある。そのことを保育者がまず自覚し、保護者に伝えていく責任があるのではないだろうか。

先輩のつぶやきに学ぶ

●ある学生の「協同する経験」の授業の振り返りから

　子どもを大豆にたとえて、豆腐のような個性がない子どもではなく、納豆のように粘り強く、他ともつながりながら個が生きている集団にしなければならないという話が強く印象に残った。ビデオでは、子どもたちがなにをしたいのか、なにを作りたいのかなど話し合いをしていたが、私ならそこでなにかを提案してしまいそうだ。しかし、子どもたちの主体性を尊重し、意欲的に進められるような言葉かけが大切であると気づいた。つい、結果にこだわってしまいそうになるが、そこに至るまでのプロセスが大切であることを忘れ

ずに、保育をしたいと思った。

協同的な活動は、5歳になればできるというものではない。3歳、4歳で培ってきた経験や友だちと遊んで楽しかったという経験がもとになって、可能になっていくのである。子どもが安心して主体的に遊びや生活を展開できるよう、仲間、時間、空間（場所）を保証すること、子どもの将来を見据えて幼児期に必要な体験ができる内容を考えることが大切であると思う。

この学生は、幼児期の最終の姿を「協同的な活動が可能となる」という目標をもち、保育者として、発達や実態に応じた保育ができるように頑張りたいという思いを新たにしたということである。

引用文献
1) 文部科学省『幼稚園教育要領解説』フレーベル館，2018, pp.55-56

参考文献
1) 岩立京子編者代表『事例で学ぶ保育内容 人間関係』萌文書林，2014
2) 塚本美知子・大沢裕編著『新・保育内容シリーズ2 人間関係』一藝社，2010
3) 坂下喜佐久・濱名浩編『新保育シリーズ 生きる力を培う人間関係』みらい，2010
4) 国立教育政策研究所教育課程研究センター『幼児期から児童期への教育』ひかりのくに，2005
5) 友定啓子・青木久子『幼児教育知の探究16領域研究の現在＜人間関係＞』，萌文書林，2017

第3部

子どもと人間関係

第14章　子どもを取り巻く人間関係

第14章
子どもを取り巻く人間関係

　本章では、保護者と保育者の関係、保護者同士、保育者同士の関係、子どもたちと地域との関わりなど、子どもを取り巻くさまざまな人々との関わりについて学ぶ。子どもたちは、保育者やいろいろな友だちと関わるなかで人間関係を培っていくが、同時に、それを見守る家庭や地域社会などさまざまの人々との関わりからも大きな影響を受けている。したがって、保護者との関係を考えることや、日々の保育の質の向上に向けた保育者の研修について認識を深めることが大切になる。

14-1 保護者との関わり

（1）保護者との信頼関係づくり

　子どもの成長のためには、なによりも保護者との相互理解が求められる。保護者の気持ちが安定し心地よい状態でいると、幼児への関わり方も穏やかになる。保護者の気持ちが安定していると、幼児ものびのびと自分の気持ちを発揮することができ、さまざまな人との関係も深まっていく。

　多様な価値観やライフスタイルをもつ家庭が増えているなか、保護者の理解を求め協力を得ることは、幼児の成長とともに、幼児教育の質を向上させるためにも極めて重要なことである。そこで、保護者とは、登園や降園時の対応、相談や助言、報告や連絡、通信での伝達、会合、行事の参加などさまざまな機会を通して、信頼関係を築く努力を重ねながら幼児の成長が図られるようにすることが重要である。各章においても保護者との関係は述べているが、改めて、具体的に次の視点で保護者との関わりを考えてみたい。

①保育の場を開く

　保護者とともに子どもの成長・発達を考えていこうとする姿勢は、日々の生活のなかにある子どもの姿を通して語り合っていくことで生まれてくる。幼稚園・保育所・認定こども園などでは、入所している子どもの保護者の条件が異なるので、同様の経験ができるわけではないが、一つの方法としてとらえておこう。以下、幼稚園の例をもとに述べる。

　幼稚園生活で我が子の姿を見るのは、運動会や生活発表会などの行事や保育参観日に限られることが多い現状である。本来、行事は、日常の保育の積み重ねのなかで見られる子どもの育ちの「過程」であるが、保護者はその日にしか幼稚園での幼児の育ちを見ることができないため、その限られた場面で我が子の育った「成果」が見えることを期待しがちになる。そうなると保育者の側も、その期待に応えようとして、結果や見た目を気にして子どもたちに練習を強いる状況が起こることがある。

　行事は、取り組みの過程に多くの学びがあるので、それを知ってもらうことが大切になる。その一つに、保育参観の工夫がある。保育参観日から保育「参加の日」として位置付け、「友だちと協同する姿」や「最後まで取り組む姿勢」などが、子どもたちに育っていることを理解してもらえるようにするのである。一日だと都合がつかない保護者もいるので、数日に分けて行ってもよい。一日もしくは半日、保護者が「お母さん先生」として幼児と関わり、保育に参加してもらう。

　また、保育ボランティアやサポーターなどさまざまな形で保育に参加してもらい、幼児が友だちとけんかをしたり、仲間に助けてもらったり、仲直りしたりする姿を実際に見てもらい、幼児の育つ過程を知ってもらうことで、「子どもはけんかしても仲直りができる」「先生はこうやって関わってくれる」など、子どもに対するとらえ方や保育者の援助の方法など感じとってもらうことができる。これは、同じ場にいることでお互いに状況がわかる良さである。保育の意図や子どもにとって必要な援助について、具体的に話すことができ、理解が深まる機会にもなる。こうしたことを通して、保護者は子どもの見方・考え方を知ることができ、子どもにとって必要な援助について保護者とともに考えていくことができれば、保護者と保育者の信頼関係も深まっていく。

②情報を伝達する

　幼稚園に頻繁に来る機会はもたなくても、幼稚園での我が子の様子を知りたいと願っている保護者は多い。そこで、保護者会や学級会などでは、保育者の話だけではなく、具体的に子どもの作品や活動している写真を見せながら様子を伝え

ていくことでわかりやすくなり、保護者の満足度も高くなる。

　また、幼稚園の方針や行事の考え方を書いた幼稚園だより、園長として園全体の子どもの様子や地域との関わり、幼稚園内で働く人々の仕事ぶりの紹介など、園長目線での園長室たより、具体的な学級の子どもの様子がわかる学級たよりなど、さまざまな角度からの子どもの実態を伝えるのも効果的である。運動会や生活発表会では、取り組みの様子や種目とともに配役や出番、立ち位置などを示した特集号も保護者にとっては楽しみの一つになる。子どもたちが活動する一日の様子を写真にとり、教育的意義や発達の過程などのコメントをつけ掲示板に貼り出す方法もある。最近では、ホームページの小まめな更新や幼児の活動をVTRに撮り、保護者のお迎えの時間に放映するなど映像によるタイムリーな情報を伝達する園も増えてきている。このように、さまざまな方法で可視化（見える化）することで、子どもの様子や幼稚園の意図などを丁寧に説明することができ、幼稚園での生活の様子が具体的にわかることで保護者への安心感につながっていく。

　同様の取り組みは、保育所や認定こども園などでも行われている。

(2) 家庭からの要望や情報への対応

　家庭からの要望は、時として幼稚園への「苦情」や「要求」であり、苦慮することが多々ある。これらの原因の多くは、基本的な情報を共有する共通理解がなされかったり、普段からの連携不足だったりすることから起こることが多い。保護者からの要望には、誠実で柔軟な対応が大切である。また、担任として抱え込まないで、早期に先輩や管理職に報告、連絡、相談をするなど、組織として誠意をもって敏速に対応することが大切である。内容にもよるが「今、確認しています」「○○にはお伝えします」など、経過だけでもできるだけ早く伝えることが大切である。このことで保護者の気持ちも少し楽になる。

　保護者に接するときの心得10カ条として、以下のことが挙げられる

1. 相手をねぎらう
2. 心理的事実に心から謝罪する
3. 話し合いの条件を確認する
4. 相手の立場に立ってよく聴く
5. 話が行き詰まったら、状況を変える
6. 言い逃れしない

7. 怒りのエネルギーの源はどこから来るのか考える
8. 対応を常に見直し、同じ失敗を繰り返さない
9. できることとできないことを明確にする
10. 向き合う気持ち、ともに育てる視点をもつ

　このように、保育者が一方的に話したり依頼したりするのではなく、保護者の意向を踏まえながら、対話を重ね、信頼関係を築いていくことが必要である。また一対一の対話だけでなく、内容によって管理職や先輩などに同席してもらい、保護者とともに考え、受容的な姿勢で望むことが信頼関係の構築につながる。必要に応じて関係機関とも連携して課題解決に向け努めていくことも大切なことである。

(3) 保護者同士の関係の広がり

　子どもは、保護者同士の温かい人間関係のまなざしのなかで成長し、のびのびと自己を発揮し、自信をもって行動できるようになる。そのためには、保護者が参加・参画ができ、保護者同士が広がりやつながりが感じられるような保護者会や保育参観、行事などを企画することが大切である。保護者にとって「子どもたちといっしょにできて楽しかった」「またやりたい」「我が子の友だちのお母さんと知りあえてよかった」などの満足感を感じ、次回が待たれる保護者会や行事を工夫する必要がある。保護者同士が関われる機会を通し、そうした関係ができてくると、母親のみならず、父親からも幼稚園の応援団を結成する動きが出てくる。
　このような活動を通して、保護者同士の交流が図られ、子育ての仲間が広がっていく。ともに子育ての苦労と喜びを分かち合い、相談し合うなかで、保護者同士も安定した関わりができるようになり、それが保護者の養育力向上にもつながる。
　さらに、幼稚園が保護者自身の潜在能力やもち味が発揮され自分の得意分野を発揮し、人とのつながりが誘発されるような場となることが望まれる。そのなかで、保護者自身が安心感や自信を得て保護者同士が結び合い、子育ての当事者同士が支え合うことにより子どもの人間関係も確かなものになっていく。
　保護者が幼稚園生活のなかで自己を発揮でき、安定した生活を過ごせるようになると、我が子だけでなく学級の友だちの変化にも目を向けられるようになる。自分の発見を教師や他の保護者にも伝えたり、自分の子どものことのようにうれ

しそうに報告する保護者もでてくる。他の子どもの育ちもいっしょに喜べるまなざしが共有できるようになると、新しく入園してくる幼児の保護者も、在園児の保護者の語り口やまなざしに温かさを感じるようになる。そうした温かさは、新入園児の保護者に伝播し、保護者同士の関係の広がりが生じ、園全体で子どもを育てようとする気運の高まりとなってよい循環へとつながる。

　ここには、保育のなかで子ども同士の関わりをていねいに描き出し、それを個々の保護者だけでなく幼稚園全体で共有、伝えている幼稚園や保育者の働きかけがある。保育者間の異なる価値観を受け入れ、認め合える土壌が必要である。保育者は、保護者が安心して「本音」を話せる関係をていねいに築いていく必要がある。

保育者企画の「夏まつり」

14-2 保育者同士、同僚との関係

(1) 日常の保育での保育者の姿勢

　保育は担任1人が営んでいるものではなく、園全体の職員が関わって展開される。そのなかで、子どもたちや保護者は、保育者同士のなにげない会話や動作、表情から保育者間の人間関係や幼稚園全体の雰囲気も感じとっていく。子どもたちの人間関係の構築には、一人ひとりの子どもを温かく見守る保育者集団の存在が大切である。保育者一人ひとりの人間性が保育者同士の豊かな人間関係の基盤となる。人としての温かいまなざしで互いに助け合い、磨き合い、高め合ってい

く保育者の人間関係は、子どもたちの人間関係を培っていくうえで大きな影響をもたらす。

①社会人としての常識

　保育者は、幼児の教育に携わる教育者であり、保育を仕事として生活する社会人である。したがって、人間関係を培っていく社会人としての基本を身につけておくことは大変重要である。そして、社会人として守るべきことをきちんと実行して職場での有効な人間関係づくりに心がける必要がある。

　具体的には、挨拶をする、時間を守る、報告・連絡・相談を忘れずにするなど「当たり前のこと」を「当たり前のように」実行することである。とくに挨拶は、人と人をつなぐキャチボールといわれるように人間関係を構築していくうえで大切な循環油となる。「あかるく、いつも、さきに、つづけて」を心がけていきたい。また、言うタイミングを逃して躊躇してしまうときもあるが、自分が気づいたときに積極的に声がけをしていくことが、同僚や先輩からも温かいまなざしで受け入れられ、人間関係をスムーズにするうえで重要である。

　出勤時間はもとより、会議には、開始前5～10分の余裕をもって着席していることが大切である。「時間を管理できる人は自分を管理できる」といわれるように、スケジュールをきちんと管理して、周囲の人々に迷惑をかけないようにすることが肝要である。

　報告、連絡、相談（ホウレンソウ）はいうまでもなく、組織の一員として仕事をするうえでの基本になる。メモやノートなどを活用して「忘れない努力や工夫」も重要である。

　また、先輩や同僚など人の動く姿や周囲の動き、様子に気づくことも大切である。清潔な環境を作るためには、清掃など自ら率先して行動する姿勢が大切になる。周囲の変化に気づく力や行為は、保護者や幼児、そして同僚からも信頼される。

　このように基本的なことを実践して過ごすことで、「規律もあり楽しい職場」となり、それは子どもたちの温かい人間関係つくりにもつながっていく。

②全員で見ていく姿勢

　子どもは常に担任の保育者の目が届く範囲で遊びや生活をしているだけではない。子どもの姿は、その時の状況によって異なるので、保育者がとらえた幼児の姿は、一面である。そこで、多面的な理解をするためには、学級担任だけでなく、多くの目が必要になる。園長をはじめ幼稚園の職員全体で子どもたちの成長を支

えていく必要がある。とくに、より広い視野から子どもの置かれているさまざまな状況をとらえ、その子どもが最も自分らしい関わり方で日々発揮できるように、幼児教育の専門家の力を終結したティーム保育も大変有効である。

　ティーム保育とは、学級を1人の担任で保育するのではなく、数名の保育者で担当したり、学級の枠を超えたグループ編成をして保育を行ったりするなど、複数の保育者が協力して保育をすることである。保育の展開や集団の大きさ、編成の方法、保育者の関わりのあり方に弾力性があり、子どもの活動に応じて柔軟に対応できるところに特徴がある。

(2) 保育者全員で取り組む園内行事

　園全体で取り組む活動として、行事を例に考えてみよう。行事は、幼児にとって生活に変化や潤いをもたらすとともに、新しい発見や達成感を味わい、次の成長のステップになっている。それをリードし支えていく保育者同士は、それぞれの学級の実態や内容は違うものの、同じ方向に向かう気持ちをもち、進めていくことが大切である。その過程では、保育者が子どもたちに求める協同の精神が生まれる。そのために、事前に目標やねらいについて明確にして全職員で共通理解をもつ必要がある。

　また、運動会や生活発表会などの大きな行事は、全体の統括や保護者対応など、幼児の活動以外に関する役割分担も明確にし、組織として実施することが大切である。それぞれの役割の分担を遂行するなかで、困ったことや新たな工夫などが生まれたときは、関係職員と話し合い、知恵を出し合って柔軟な対応をし協働することで、より良いあらたなものが作り上げられていく。正にみんなで作り上げ、やり遂げた成果である。

　子どもの活動に関しては、日常の保育で積み上げてきた活動や子どもの発想を生かし、子ども自身が友だちといっしょに人間関係をはぐくみながら、充実感や達成感のもてる展開を心がけなければならない。園によっては、既定の内容や伝統的な種目が計画されているところがあるかもしれないが、どのような場合でも、意欲をもって取り組めるように配慮する必要がある。子どもは、信頼する保育者からの興味のもてる導入や、承認や励ましの言葉かけを通して、やりがいや達成感を覚え、次への意欲につなげていくので、その援助を工夫する必要がある。

　それぞれの幼稚園の文化や歴史があるので、先輩や同僚の保育を見たり、助言も受けたりしながら連携を密にして推進していくことが重要である。そして、実施後は、反省や振り返りを行い、改善していくことが大切である。改善には、子

どもたちの育ち、保護者との連携、保育者の援助の仕方など、いくつかの視点をもつとよい。そうした努力が子どもたちの伸びやかな表現や豊かな育ちにつながっていく。

(3) 幼児との関わり方を広げ、専門性を高める園内研修

　子どもとともに遊ぶのは楽しいが、それだけでは幼児教育のプロとしての専門性は磨かれない。幼児の関わりを深めたり広げたりして成長を促すためには、保育の専門性を高める園内研修が必要である。

　保育の専門性を高めるにはさまざまな方法があるが、子どもの理解が保育の基本であり、「幼児の内面的な欲求を読みとり、その気持ちに沿って物的・人的などの環境を通して援助し、その後の幼児の姿を読み取り、保育者の援助に対して反省・評価して次の保育につなげていこうとする営みが大変重要である」ととらえる。

　そのために、保育者一人ひとりが子どもの姿や自分の指導方法を振り返りながら課題をもち、文献や資料をもとに主体的に学ぶことが大切である。一方、保育実践は子どもの心を読みとり、保育の方向を考え、実践していく複雑な営みであり、子どもの感情を読みとりながら、共感したり、援助したり、動機づけたりするなど感情に支えられて展開されていくので、文献では解決できないことが多々発生する。その解決に向け、子どもの活動の事例をもとに語り合い、他の保育者の意見に耳を傾け、自分の思いや解釈を他の保育者に伝えるなど、同僚同士の連携を密にし、ティームで学び合う保育カンファレンスが必要になる。

　保育カンファレンスとは、医師や看護師、カウンセラーなどの専門家が行う臨床事例についての意見交換や協議を保育に適用したものである。会議や情報交換などを自主的、定期的に実施することで、保育の機能を維持し向上させる目的がある。また、正解を求めるのではなく、他の保育者と対等な立場で話し合い、自分の考えや保育方法を見直し再構築することを目的としている。

　生活や発達課題、子ども同士の関係性、保育者と幼児の関係など、さまざまな状況が複合的に交錯する保育実践において、個別的で具体的な場面に基づいて同僚同士が学び合う園内研修のなかで対話が生まれると、保育者はさまざまな気づきを得たり、保育を見るまなざしが変化したりする。同僚同士で学び合うことは、自己理解や他者理解につながり、園全体のコミュニケーション形成にもつながっていく。子どもを見る目が養われるだけでなく、保育者同士の共通理解となり、信頼関係を深めることにもなっていく。

カンファレンスは、子どもの姿を記録した事例検討だけでなく、繰り返し見ることでいろいろな角度から理解を深めることができるビデオカンファレンスもある。また、保育者全員で同じ場を見ることができないときに、気になるところや話題にしたい場面を写真にして行うピクチャーカンファレンスを採用している園も増えてきている。

　さまざまな方法があるが、保育者が専門性を高めていくためには、毎日の出来事を記録し、それをもとに自分の保育を振り返ることが大切である。振り返りを通して子どもを見る目が育っていくので、磨き合い、高め合う園内研修が大切である。

　また、より専門性を高めるために、幼児期の発達、指導法、特別支援教育、教材研究などそれぞれの専門家を講師として招へいして、新たな角度から専門的に学習し、知識や技能を深めたり高めたりできるような園内研修が重要である。

　幼稚園の園内研修について述べてきたが、保育所においても、保育内容の充実や職員の資質・専門性の向上を図ることが求められている。

14-3　幼児の関わりを広げる地域との関わり

　子どもは幼稚園と家庭だけで育つのではなく、地域に囲まれ、地域の影響を受け、地域の宝として成長していく。子ども同士の人間関係をはぐくむうえで、「保護者」の関わりとともに「地域との関わり」も大切になる。

　また、幼稚園の果たす役割も変化してきており、地域の子育てのネットワークの拠点として「地域に開かれた幼稚園」が求められている。

（1）地域のなかで求められる役割

　地域コミュニティーの衰退が進み、近隣の多くの人々の見守りや助け合いという人間関係のなかで子どもを育てる環境が少なくなってきて、子どもも保護者も地域社会で孤立しがちな現状である。さらに核家族化や地域のつながりの希薄化などにより、子育ての相談をする人もなく、保護者の子育てへの不安感や負担感が大きくなってきている。このような地域社会の衰退の結果として、子どもが地域社会でさまざまな人と触れ合う機会がなくなり、幼稚園に入園するまではほとんどの時間を家庭で母親と二人きりで過ごしてきたという子どもも増えてきている。大人も子どももさまざまな人と関わる場が失われてきている現在、幼稚園に

は、子育て家庭の親と子どもにとってさまざまな人々と多様な関わりをもつ機会と場を提供する「地域の子育てセンター」としての役割が求められている。

(2) 幼児を通して地域の核となっていく具体的な展開

幼稚園によっては、地域社会の人々の熱い想いと要望によって設立された園もあり、まさに地域のなかの幼稚園と言っても過言ではない。現代社会の要請もあり、幼稚園は地域の核となり、地域の人々を巻き込み、地域の子育てネットワークの中心となり、教育活動を展開する使命がある。

①高齢者とのふれあい

核家族化が進行し、さまざま人との関わりの少なくなった今日、とくに高齢者と関わる経験が少なくなっている。そこで、在園児の祖父母や地域の高齢者を幼稚園に招待したり、高齢者の施設を訪問したりして交流を深めることができる。

高齢者との「七夕飾り作り」

幼稚園に招待する際は、高齢者といっしょにできるような折り紙やおはじきなどを準備し、それを使った遊びを楽しめるようにする。また、高齢者からお手玉や剣玉の昔遊びを教えてもらうこともある。子どもたちは、優しく丁寧に接してくれる高齢者に親しみや尊敬の気持ちを言葉や行動で表現している。

また、高齢者施設への訪問では、子どもたちが歌を歌ったり合奏したりすると、帰るときに、「ありがとう。来てくれて」と握手をしながら涙を流している人もいる。それを見て、幼児は一瞬びっくりするが、帰り道に「おばあちゃん うれしいのにどうして泣いたのかな」と保育者に話しかける。保育者が「どうしてか

な」と問い返すと「大人って、すごくうれしいときには涙が出るのかも」とつぶやく。数日後、その施設で会った人と偶然にも外出先で会うことがあったそうだ。その後もたびたび会うことがあったようで、その家族では「東京のおばあちゃんと呼んでいる」ということだった。これは、その子どもと保護者からの話である。施設の訪問を通して地域の人と知り合い、関わりが広がってきている姿である。
　このように、子どもは地域の高齢者とのふれあいを通して、関わりが広がったり、相手の気持ちを考え、感じ、心を動かしてさまざまな感情体験をしている。こうした体験も、子どもたちの心を豊かにしていくのである。

②幼・保・小中学校との連携
　地域の子どもたちが減少し、地域で自分より年齢の低い子や年齢の高い子など異年齢の友だちと関わる機会が少なくなってきている。このような時代だからこそ、幼稚園のなかで異年齢の友だちと関わり合いが生まれる教育を展開していくことが求められている。
　幼稚園と小学校との連携では、地域による差があるが、それぞれに交流を進めている。これは、小学校に入学する時の戸惑いや不安などの段差をなくすためには、幼稚園と小学校の教師が互いに教育内容を理解し、小学校の入学当初や幼稚園終了直後などそれぞれの立場で段差を乗り越えられる力をつけること、幼稚園や小学校は地域のなかにあり地域で子どもを育てる立場であることを自覚し教育活動を展開すること、などの主旨からである。小学校との連携は、保育所・認定こども園等においても行われている。
　具体的には、教師同士の交流、カリキュラムの接続などが挙げられるが、子どもたちの人間関係の広がりにとっては、なんといっても子ども同士の交流である。たとえば、小学校の生活科でお店屋さんにお客さんとして招かれたり、幼稚園で小学生といっしょに砂遊びをしたり、ダンスを教えてもらったりなどの行動を通して、子どもたちは、小学生に憧れの気持ちをもったり模範として真似をしたりする。こうした活動は、幼稚園の子どもたちの成長に大きな影響を及ぼすものであるが、小学生にとっても意義深いものなのである。自分より年齢の低い子どもとともに行動して思いやりの気持ちをもったり、小さな子どもに伝える方法を学んだりしていく。このように両方の子どもたちや教師が互いに「やって良かった」と言えることが大切になる。そのためには、互いにメリットのある互恵性の関係のもてる計画を立てる必要がある。
　小学校と幼稚園の規模の大きさの違いや、小学校教師の意識の違いで、連携がスムーズにいくところばかりではないが、校庭で遊ばせてもらう、学校内見学を

させてもらうなど、できそうなところから推進していく。立地条件が悪く、子ども同士の行き来が無理な場合は、手紙や資料の交換などの交流の方法もある。また、今回の「幼稚園教育要領」等の改訂で示された「幼児期の終わりまでに育ってほしい姿」や幼稚園教育においてはぐくみたい資質・能力を育てていくことで小学校の段差を乗り切れることができるといわれている。

③警察、消防署などの公的機関との関わり

　警察官や消防士などは子どもが憧れる職業の一つである。その格好いい憧れの人と交流がもてることは、子どもにとって驚きと感動であり、自分の家を守ってくれるという尊敬の念を抱くきっかけともなる。とくに警察官は身近な人であり、日常的に世話になっている感覚である。その憧れと緊張感をもつ警察署員を安全指導の日に幼稚園に招いて横断歩道の渡り方や信号の見方などの交通ルールを教えてもらうと一段と親しみが増してくる。そのお礼に、七夕の日には、園児が作った七夕飾りをプレゼントするために交番に届けに行くことで、幼稚園外で家族以外の大人と関わる機会となる。

　このように、子どもたちの身近な所で、地域や社会のなかにはさまざまな職業があり、人の役に立つ仕事があり、自分たちはさまざまな人々に支えられ、守られて過ごしていることを実感する機会となっている。

　また、警察や消防署の他に図書館や児童館、地域のよって名前はさまざまだが「ふるさと歴史館」のような博物館的な施設などがある。幼稚園側からも地域に目を向けると子どもたちの教育活動に導入できる教材がたくさんある。保育者が意識して地域に目を向け、地域を知り、地域のなかの子どもとして自覚をもち、行動できるように教育活動を展開したい。

(3) 子育て支援ネットワークの広がり

　子育てへの不安感や負担感が大きくなると、育児不安による神経的な疲れや子どもへの虐待なども生まれてしまう。こうした人々への支援として、2012（平成24）年には「子ども・子育て支援法」が策定され、就労している保護者への支援から、すべての子どもや保護者が良質な環境で保育や子育ての支援を受けられるように変化している。

　とくに幼稚園で取り組む子育ての支援では、園庭や保育室の開放や具体的な保育の取り組みなど保育の環境を生かした支援が求められている。幼稚園は、子育て家庭に最も身近な子どもの施設として、長い間保育を通して子どもの育ちと保

護者の子育てを支援してきた。保護者との信頼関係を築き、家庭と協力・連携をして保育をすること自体が最も重要な子育ての支援となっている。

　また、保育所や認定こども園では、すでに子育て相談や遊び場の開放など子育て支援には力を入れて、保護者の支援を積極的に行っている。この子育て支援は、園内にとどまらず、さまざまな相談機関とも連携をとり合い、地域の子育てネットワークの拠点としての働きも大きい。今後も、幼稚園や保育所、認定こども園などの実態にあった子育て支援が望まれている。

参考文献
- 文部科学省『幼稚園教育要領』フレーベル館，2017
- 厚生労働省『保育所保育指針』フレーベル館，2017
- 内閣府・文部科学省・厚生労働省『幼保連携型こども園教育・保育要領』フレーベル館，2017
- 東京都教育委員会『学校問題解決のための手引き』2010
- 榎沢良彦 入江礼子 編著『保育内容人間関係（第2版）』建帛社，2013
- 成田朋子・小沢文雄編著『保育実践を支える人間関係』福村出版，2013
- 中坪史典「保育者の専門性を高める園内研修」『発達134』ミネルヴァ書房，2013
- 天野路「地域の子育て支援・保護者支援の専門性」『発達134』ミネルヴァ書房，2013
- 東京都社会福祉保健医療研修センター「地域子育て支援」関係資料　2013
- 秋田喜代美編集『幼保連携型こども園教育・保育要領徹底ガイド』チャイルド社，2015
- 神山安弘『新しい時代の学校教育と教職の意義』大空社，2017

● 編著者

塚本美知子（つかもと・みちこ）
聖徳大学短期大学部名誉教授
（第1部第1章、第2部第9、12章）

● 著　者（50音順）

大熊　光穂（おおくま・みつほ）
聖徳大学短期大学部保育科教授
（第2部第6章）

小野寺知子（おのでら・ともこ）
元聖徳大学兼任講師
（第1部第2章）

小原貴恵子（おはら・きえこ）
聖徳大学短期大学部保育科准教授
（第2部第4章）

高橋かほる（たかはし・かほる）
帝京短期大学こども教育学科教授／聖徳大学兼任講師
（第2部第7章）

近内　愛子（ちかうち・あいこ）
聖徳大学短期大学部保育科教授
（第2部第10、11章）

永井　妙子（ながい・たえこ）
聖徳大学短期大学部保育科教授
（第2部第13章）

鳩山多加子（はとやま・たかこ）
竹早教員保育士養成所非常勤講師／元文京学院大学人間学部児童発達学科教授
（第1部第3章、第3部第14章）

古川由紀子（ふるかわ・ゆきこ）
聖徳大学短期大学部保育科教授
（第2部第5章）

矢萩　恭子（やはぎ・やすこ）
和洋女子大学人文学部こども発達学科教授
（第2部第8章）

装幀	大路浩実
本文レイアウト	有限会社ゲイザー
イラスト	鳥取秀子
DTP制作	本薗直美

対話的・深い学びの保育内容 人間関係

2018年5月22日　初版第1刷発行
2019年5月18日　第2版第1刷発行
2023年4月1日　第2版第4刷発行

編 著 者　塚本 美知子

発 行 者　服部 直人

発 行 所　㈱萌文書林
　　　　　〒113-0021　東京都文京区本駒込 6-15-11
　　　　　TEL 03-3943-0576　FAX 03-3943-0567
　　　　　https://www.houbun.com
　　　　　info@houbun.com

印刷・製本　シナノ印刷株式会社　　　　　　　　　　〈検印省略〉

© 2018 Michiko Tsukamoto,　　Printed in Japan　　ISBN 978-4-89347-301-1 C3037

●落丁・乱丁本は弊社までお送りください。送料弊社負担でお取り替えいたします。
●本書の内容を一部または全部を無断で複写・複製、転記・転載することは、法律で認められた場合を除き、著作者および出版社の権利の侵害となります。本書からの複写・複製、転記・転載をご希望の場合は、あらかじめ弊社あてに許諾をお求めください。